Scene Della Vita D'artista...

Henry Murger, Gian Vincenzo Bruni

Nabu Public Domain Reprints:

You are holding a reproduction of an original work published before 1923 that is in the public domain in the United States of America, and possibly other countries. You may freely copy and distribute this work as no entity (individual or corporate) has a copyright on the body of the work. This book may contain prior copyright references, and library stamps (as most of these works were scanned from library copies). These have been scanned and retained as part of the historical artifact.

This book may have occasional imperfections such as missing or blurred pages, poor pictures, errant marks, etc. that were either part of the original artifact, or were introduced by the scanning process. We believe this work is culturally important, and despite the imperfections, have elected to bring it back into print as part of our continuing commitment to the preservation of printed works worldwide. We appreciate your understanding of the imperfections in the preservation process, and hope you enjoy this valuable book.

AZ
8036
Rir VA
①

A/

Ai benevoli Lettori.

Un libro che per qualche tempo vi tolga alle miserie dei tempi attuali, poco su poco giù omai comuni a tutti, che vi ricrei lo spirito e vi muova al sorriso le labbra diradando dal volto le rughe d' un malumore eterno, non è al giorno d' oggi, o lettori carissimi, un vero giojello?

E questo libro è appunto quel desso in carne ed ossa. Leggetelo dunque e buon prò vi faccia.

L' Editore.

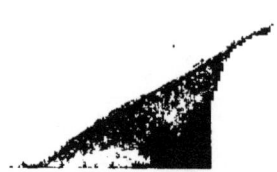

SCENE
DELLA VITA D'ARTISTA

CAPITOLO I.

COME S'INSTITUI' IL CENACOLO DELLE BOEME [1].

Ecco come il caso, che gli scettici chiamano l'uomo d'affari di Dio, mise in contatto le persone la cui fraterna associazione doveva formare più tardi il cenacolo di questa frazione della *Boemia*, che l'autore di questo libro tenta di far conoscere al pubblico.

Una mattina, — era l'8 aprile — Alessandro Scheunard, il quale coltivava le due arti liberali della

---

[1] A Parigi si chiama Bohème nel gergo degli artisti, sia la classe presa in genere di coloro che non provveduti di fortuna, ma di spirito e di talento vivono a caso spendendo in un giorno quanto guadagnarono in un anno, sia l'uomo, individualmente che non possiede nulla e che vive spensieratamente. Il titolo di Bohème non implica nulla di offensivo, perchè l'onore, la franchezza, la cordialità ne sono il fondamento.

pittura e della musica, fu sgarbatamente risvegliato da un *do diesis* di un gallo del vicinato, che gli serviva di orologio.

— Perbacco! gridò Schaunard, il mio orologio a piume corre: non è possibile che questa mattina sia già oggi.

Così dicendo balzò precipitosamente fuori d'un mobile di sua industre invenzione, il quale rappresentando un letto la notte (parte ch'esso rappresentava assai male) teneva luogo, il giorno, di tutti gli altri mobili assenti, in causa dell'intenso freddo dell'inverno precedente; era una specie di mobile Omnibus.

Per garantirsi dai morsi di una brezza mattutina assai fresca, Schaunard infilò più che di fretta una sottana di raso color di rosa sparsa di stelle, la quale gli serviva di veste da camera. Quest'orpello era stato dimenticato in casa dell'artista una notte di ballo in maschera da una *Camelia* la quale aveva commesso la pazzia di lasciarsi accalappiare dalle fallaci promesse di Schaunard, che mascherato da Marchese di Mondor faceva cantare nelle sue tasche i suoni seduttori di una dozzina di scudi, moneta di fantasia, fabbricata a taglio secco con una foglia di rame, e ch'egli aveva preso a prestito in un magazzino d'un teatro.

Quando l'Artista ebbe fatta la sua toletta di casa, aperse la finestra. Un raggio di sole, simile ad una freccia di luce invase la camera e costrinse l'artista a spalancare gli occhi ancora velati dalla nebbia del mattino. Suonavano in quel momento le cinque ore ad un campanile.

— È l'aurora in persona, mormorò Schaunard; è sorprendente! Ma, soggiunse egli consultando un almanacco appeso al muro, ad'ogni modo v'è uno sbaglio. Le indicazioni delle scienze affermano che a quest'epoca dell'anno il sole non deve levarsi che a cinque ore e mezzo: sono le cinque soltanto ed ed egli è in piedi!! Zelo colpevole! Quest'astro ha torto. Disporò una querela all'ufficio della longitudine; bisognerebbe per altro, aggiunse egli, ch'io incominciassi a darmi un pò di pensiero. Oggi è ben il domani di jeri, e siccome jeri era il 7, oggi dovrebbe essere l'8 a meno che Saturno non cammini all'indietro. — Se io presto fede ai discorsi di questa cartaccia, diceva Schaunard andando a rileggere una formola di congedo giudiziale incollata sul muro, è oggi a mezzo giorno preciso ch'io debbo lasciar liberi questi locali e contare nelle mani del Sig. Bernard mio padrone di casa una somma di 75 franchi per tre mesi di fitto scaduto e ch'egli reclama con una pessima scrittura. — Avevo sperato, come sempre, che il caso si sarebbe incaricato di liquidare questa pendenza, ma pare ch'egli non ne abbia avuto il tempo. — Basta ho ancora sei ore a mia disposizione... chi sà se impiegandole bene.... Eh andiamo, andiamo... aggiungeva Schaunard.

Egli si disponeva a mettersi un paletot, la cui stoffa in origine a lunghi peli era afflitta da una profonda calvizie, allorchè tutt'ad un tratto si mise ad eseguire nelle sue camere un passo coreografico di sua composizione, il quale nei balli pubblici gli aveva spesso meritato gli onori della gendarmeria.

— Tò, tò... gridava egli; è strano come l'aria del mattino ci fa spuntar delle idee! Credo di essere sulle traccie della mia aria.... Vediamo.

E Schaunard mezzo vestito andò a sedersi davanti il suo cembalo. Dopo aver svegliato l'istrumento col mezzo di un tempestoso parto di accordi, egli incominciò, sempre parlando fra sè, a perseguitare sulla tastiera la frase melodica ch'egli cercava da sì gran tempo.

— *Do, sol, mi, do, la, si, do, re,* bôôm, bôôm, *fa, re, mi, re* ahi, ahi, è falso come Giuda questo *re*, disse Schaunard battendo con rabbia sulla nota dal dubbio suono. Vediamo il *minore*.... Questo deve abilmente dipingere l'affanno di una donzella che sfoglia una margherita bianca in un lago azzurro. — Ecco qui un'idea che non è minore... d'età. — Basta, dal momento che è di moda e dal momento che non si troverebbe un'editore che osi pubblicare una romanza dove non ci sia un lago bleu.... bisogna rassegnarsi.... *Do, sol, mi, do, la, si, do, re*... non ne sono malcontento, — questa frase dà abbastanza bene l'idea di una margheritina, e soprattutto a coloro che sono profondi in botanica. — *La, si, do, re,* birbante di *re*, va! — Adesso per far ben capire il lago azzurro ci vorrebbe qualche cosa d'umido, d'azzurrino, di chiaro di luna, perchè la luna c'entra anch'essa.... Tò, tò, ma cosa vi dico io? — viene, viene, — non dimentichiamo il cigno — *fa, mi, la, sol,* continuava Schaunard facendo gorgogliare le note cristalline dell'ottava bassa — Manca l'addio della donzella, che si decide a gettarsi nel lago azzurro, per raggiungere il suo diletto sepolto sotto la nave. Questo intreccio non è chiaro, non è interessante — Ci vorrebbe qualche cosa di tenero, di melanconico... viene, viene... Ecco qui una dozzina di battute che piangono come tante Maddalene — il cor si spacca!... Brr, brr, fece Schaunard rabbrividendo nella sua sottana sparsa di stelle, se si potesse spaccar della legna! Nella mia alcova c'è una trave che mi incomoda assai quand'ho gente... a pranzo; accenderei con essa un po' di fuoco... *la, la... re... mi,* poichè sento che l'ispirazione m'arriva avviluppata in un raffreddore... Ah bah, tanto peggio... Continuiamo ad annegare la mite ragazza....

E mentre le dita tormentavano la tastiera palpitante, Schaunard coll'occhio acceso, l'orecchio teso correva dietro la sua melodia, la quale, simile ad un fuggente silfo, caracollava in mezzo alla nebbia sonora, che le vibrazioni del cembalo sembravano sviluppare nella camera.

— Vediamo adesso, riprendeva Schaunard, come la mia musica inbrocca la parte del mio poeta.

E con una voce molto fessa e antipatica egli canterellò questo frammento di poesia, usato specialmente nelle opere semi serie e nelle leggende

La bionda vergine
Al ciel stellato
Alza spogliandosi
Un guardo alato
E in l'onda *cerula*
Del lago *argenteo*...

. . . .

— Come? Come, errore? sclamò Schaunard invaso da un giusto sdegno: *l'onde azzurre d'un lago d'argento!* Di questo qui, per esempio, non m'ero ancora accorto... È però troppo romantico in fin dei conti... questo poeta è un idiota; egli non ha mai veduto nè argento, nè laghi — Del resto la sua ballata è stupida e il metro dei suoi versi mi incomoda per la mia musica. D'ora in poi comporrò io stesso i miei poemi, e non più tardi che adesso, subito; giacchè sono in vena mi fabbricherò un abbozzo di strofe per adattarvi le mie melodie.

E Schaunard prendendosi la testa fra le mani prese l'attitudine del mortale che ha delle relazioni colle Muse. Dopo alcuni minuti passati in questo sacro concubinaggio egli mise al mondo una di quelle deformità che i fabbricatori di libretti chiamano a ragione *Mostri*, che essi improvvisano abbastanza facilmente per servire di canevaccio provvisorio all'inspirazione del compositore.

Il *Mostro* di Schaunard però aveva il senso comune ed esprimeva con bastante chiarezza l'inquietudine svegliata nel suo spirito dal brutale arrivo di questa data — l'8 aprile. —

Ecco un campione di quelle strofe:
   Fan otto ed otto sedici,
   Sei metto e porto l'uno;
   Felice felicissimo
   Sarei se qualcheduno
   A me volesse offrire
   Un' ottocento lire
   Per poi con tutto il comodo
   I debiti pagar.
           Ritornello.
   E allora che il quadrante
   Del Cielo segnerà
   Dodici meno un quarto
   Il mio signor... *Bernardo*
   L'affitto piglierà.

— Diavolo! disse Schaunard rileggendo la sua composizione — ecco qui delle rime che non sono delle migliori — *Quarto* e *Bernardo* — ma non ho tempo di limarle — Vediamo un pò come le note si maritano colle sillabe.

E con quell'orribile voce che gli era particolare egli ricominciò l'esecuzione della sua romanza. Soddisfatto del risultato Schaunard se ne felicitò con una smorfia sua particolare giubilatoria, la quale, simile ad un'accento circonflesso si metteva a cavallo sul suo naso ogni qualvolta egli era contento di sè stesso. Ma questa beatitudine orgogliosa non durò molto. Undici ore suonarono al vicino campanile. Ognuno di quei colpi entrava nella camera e vi si perdeva in suoni beffardi che sembravano dire all'infelice Schaunard: Sei tu pronto?

L'artista traballò sulla sua sedia.

— Il tempo corre come un cervo, diss'egli... Non ho più che tre quarti d'ora per trovare i miei 75 franchi ed un nuovo alloggio. Io non ne verrò mai più a capo; quest'affare appartiene troppo al dominio della magia. Vediamo... io vi accordo cinque minuti per trovare...

Ed egli discese negli abissi della riflessione tenendosi la testa fra le mani.

I cinque minuti passarono e Schaunard rialzò la testa senza aver trovato una qualche cosa che somigliasse a 75 franchi.

— Decisamente io non ho che un partito da prendere per uscire di qua ed è quello di andarmene naturalmente. Il tempo è bello, ed il *Caso* mio amico sta forse passeggiando al sole. Bisognerà bene ch'egli mi dia l'ospitalità fino a che io trovi il modo di liquidarmi col sig. Bernardo.

Schaunard dopo aver riempite le tasche del suo paletot di tutto ciò ch'esse potevano contenere, mise in un fazzoletto da naso qualche oggetto di biancheria ed abbandonò la sua camera, dopo averle dato un tenero addio con patetiche parole.

Ma mentre traversava la corte, il portinajo della casa che pareva lo spiasse, lo fermò all'improvviso.

— Eh, signor Schaunard, sclamò egli barricandogli il passo, non ci pensate voi? Oggi è l'otto corrente.

— Fan due otto sedici
Sei metto e porto l'uno....
canterellò Schaunard — non penso ad altro.

— Voi, vedete, siete un pò in ritardo pel vostro sloggio, disse il portinajo, sono undici ore e mezzo ed il nuovo inquilino che ha preso la vostra camera può arrivare da un momento all'altro. — Bisognerebbe cercare di far presto.

— In tal caso lasciatemi passare, vado a cercare una vettura pei miei mobili.

— Va benissimo, ma prima di sloggiare c'è una piccola formalità da adempiere. Io ho ordine di non lasciarvi portar via un capello se non pagate le tre pigioni scadute. Voi siete probabilmente in grado....?

— Diamine!.. disse Schaunard facendo un passo avanti.

— In tal caso se voi volete entrare un momento nella mia loggia vi darò la vostra ricevuta.

— La piglierò or ora ritornando.

— Perchè non la volete subito?

— Vado dal cambio-valute. Non ho moneta.

— Ah ah! riprese l'altro inquieto, voi andate a prendere della moneta? Allora per farvi piacere terrò qui io quell'involto che avete sotto il braccio e che vi incomoda.

— Signor guardaportone, disse Schaunard con dignità, avreste voi forse delle diffidenze? Credete voi che io possa portar via i miei mobili in un fazzoletto da naso?

— Vi domando perdono, signore, rispose raumiliato il portinajo, questa è la mia consegna. Il sig. Bernardo mi ha espressamente raccomandato di non lasciarvi portar via un capello se prima non avete pagato.

— Guardate dunque, disse Schaunard aprendo il suo involto, non sono capelli, sono camicie che porto alla lavandaja che sta qui accanto al cambiavalute, a venti passi di qui.

— Allora è un'altra cosa, disse il portinajo dopo aver esaminato il contenuto del pacco. Potrei senza indiscrezione domandarvi il vostro nuovo indirizzo?

— Io abito in via di Rivoli, rispose freddamente l'artista, il quale avendo finalmente potuto portare i piedi fuori di casa prese il largo addirittura.

— Via di Rivoli, mormorava il portinajo cacciandosi le dita nelle narici, è strano che gli abbiano affittato in via di Rivoli senza neppure essere venuti a prendere informazioni; quest'è strana... A ogni modo egli non porterà via i suoi mobili senza pagare. Basta che l'altro inquilino non arrivi per prendere possesso proprio nel momento in cui il sig. Schaunard se ne anderà. Questo concorso mi farebbe un bell'affare su per la scala!! — Ah diavolo, sclamò tutt'ad un tratto mettendo la testa allo sportello, eccolo qui, proprio lui, il mio nuovo inquilino.

Un giovinotto colla testa coperta d'un cappello bianco alla Luigi XIII entrava difatti nel vestibolo, seguito da un facchino che pareva non piegasse troppo sotto il peso che portava.

— Signore, domandò al portinajo che gli era andato incontro, è libero il mio appartamento?

— Non ancora, signore, ma lo sarà a momenti. La persona che lo occupa è uscita per prendere una vettura da trasportare i mobili. Del resto il signore potrebbe pel momento far deporre i suoi mobili nella corte.

— Ho paura che piova, rispose il giovanotto masticando tranquillamente un mazzetto di viole, chè teneva tra i denti, il mio mobilio potrebbe guastarsi. Facchino, diss' egli all' uomo ch' era restato là dietro a lui con in ispalla un fascio d'oggetti di cui il portinajo non sapeva spiegare la natura, posate tutto ciò sotto il vestibolo e ritornate al mio vecchio alloggio a prendere il resto dei mobili preziosi e degli oggetti d'arte.

Il facchino accomodò lungo il muro diverse impennate dell'altezza di sei o sette piedi, le imposte delle quali ripiegate le une sulle altre sembrava potessero spiegarsi a piacere.

— Guardate, disse il giovinotto al facchino aprendo a metà una delle imposte e facendogli vedere uno strappo fatto nella tela, ecco qui una disgrazia — voi m'avete spezzato il mio specchio di Venezia — procurate d'essere più attento nel vostro secondo viaggio — abbiate cura soprattutto della mia biblioteca.

— Che diavolo vuol egli dire col suo specchio di Venezia? borbottava il portinajo girando intorno alle impennate appoggiate al muro; io non vedo specchi... è uno scherzo di certo... io non vedo che un paravento — basta, vedremo cosa arriverà col secondo viaggio.

— Ma quand'è che il vostro inquilino mi lascerà la camera libera? È mezzogiorno e mezzo ed io vorrei prendere possesso del mio alloggio, disse il giovanotto.

— Oh non credo che possa tardare molto, rispose il portinajo; del resto non è un gran male dal momento che i vostri mobili non sono ancora arrivati — ed il portinajo appoggiava colla intonazione della voce su quest'ultima frase.

Il giovinotto stava per rispondere quando un dragone di servizio entrò a cavallo nella corte.

— Il sig. Bernard, domandò egli tirando fuori una lettera dal suo portafogli di pelle che gli batteva i fianchi.

— Sta qui, rispose il portinajo.

— Ecco una lettera per lui, rispose il dragone, datemene ricevuta; ed egli porse al portinajo un bollettino di dispacci, che egli andò a firmare nella sua loggia.

— Vi domando scusa di lasciarvi solo, disse il portinajo al giovane che passeggiava con impazienza nella corte: ho qui una lettera del ministero pel sig. Bernard, mio padrone di casa, e vado di sopra a portargliela.

Quando il portinajo entrò, il sig. Bernard stava radendosi la barba.

— Cosa volete, Durand?

— Signore, rispose costui sollevando il suo berretto, è un dragone che portò questa faccende per voi; — arriva dal Ministero.

Ed egli porse a M. Bernard la lettera il cui involucro era bollato col suggello del Ministero della guerra.

— Oh mio Dio! sclamò il sig. Bernard sì commosso che arrischiò di tagliarsi col rasojo che aveva in mano; dal Ministero della guerra! — Sono certo che è la mia nomina al grado di cavaliere della legion d'onore che domando da tanto tempo — si rende finalmente giustizia alla mia buona tenuta — Prendete, Durand, disse egli frugando nel taschino del suo gilet, eccovi uno scudo per bere alla mia salute. Ah! non ho in tasca la mia borsa — aspettate, ve lo darò a momenti.

Il portinajo fu tanto confuso da questo accesso di generosità fulminante, alla quale il suo padrone non l'aveva assuefatto, che si ripose il berretto in testa.

Il sig. Bernard, il quale in un altro momento avrebbe severamente biasimata questa infrazione alle leggi della gerarchia sociale, non se ne accorse. Egli si pose gli occhiali, ruppe il suggello colla rispettosa emozione di un Visir che riceve un firmano del Sultano ed incominciò la lettura del dispaccio.

Alle prime righe una spaventevole smorfia tracciò delle pieghe cremisine nel lardo delle sue gote monastiche ed i suoi occhietti lanciarono scintille tali da mettere il fuoco alle ciocche della sua parrucca a cespugli. Insomma tutti i suoi lineamenti erano tanto sconvolti che si sarebbe detto essere la sua faccia in preda ad un terremoto.

Ecco qui qual'era il contenuto del messaggio scritto su carta intestata dal ministero della guerra e portato a spron battuto da un dragone, del quale dispaccio Durand aveva rilasciato ricevuta al governo:

» *Mio signore e padrone di casa.* La buona crean-
» za, la quale, se si presta fede alla mitologia, è
» l'avola delle belle maniere, m'obbliga a farvi
» sapere che io mi trovo nella crudele necessità di
» non poter adempiere l'usanza che si ha di pa-
» gare il fitto, soprattutto quando si è debitore.
» Ho accarezzate fino a stamattina le speranze di
» poter festeggiare un sì bel giorno, pagando le
» tre quietanze della mia pigione — Chimere! illu-
» sioni!! utopie! — Mentre io dormiva sul guan-
» ciale della sicurezza, la disetta (in greco *ananke*)
» mandava disperse le mie speranze. — Le rimesse
» sulle quali io calcolava — Dio! come il com-
» mercio è arenato! — non si sono verificate —
» e non ho ancora potuto incassare che tre soli
» franchi sulle ragguardevoli somme che debbo ri-
» cevere; tre franchi che mi furono prestati, e che
» io non vi offro. Giorni migliori spunteranno per
» la nostra bella Francia e per me, — non dubi-
» tatene, Signore! Appena essi brilleranno io mi
» metterò le ali per venire ad avvertirvene e riti-
» rare dal vostro stabile gli oggetti preziosi che vi
» ho lasciati, e che io metto sotto la protezione
» vostra e della legge, la quale vi proibisce di ven-
» derli prima che sia scorso un anno. Ve lo dico

» pel caso che voi voleste tentarne il commercio
» per rientrare nella somma per la quale siete ac-
» creditato sul registro della mia probità. Vi rac-
» comando in modo speciale il mio piano-forte e
» la grande cornice nella quale si trovano sessanta
» ciocche di capelli i cui differenti colori percor-
» rono tutta la scala delle tinte capillari e che
» furono involati dallo scalpello d'Amore sul capo
» delle Grazie.
» Voi potete perciò, mio signore e padrone di
» casa, disporre del tetto sotto il quale ho abitato.
» Io ve ne accordo il mio permesso qui in calce,
» rivestito del mio suggello.

Alessandro Schaunard.

Quando il sig. Bernard ebbe letta questa epistola che l'artista avea scritto nell'uffizio d'un suo amico impiegato al Ministero della guerra, egli la sciupò sdegnoso, e vedendo il padre Durand che aspettava la promessa gratificazione, gli domandò sgarbato cosa faceva lì.

— Io?... aspetto, signore.

— Cosa?

— Ma... la generosità che ella, a motivo della buona notizia... balbettò il portinajo.

— Uscite. — Come? briccone! voi state alla mia presenza col berretto in testa?

— Ma, signore....

— Andiamo, non rispondete; uscite! nò... aspettate.... — Noi saliremo nella camera di questo birbante d'artista, che sloggia senza pagarmi.

— Come? disse il portinajo, il sig. Schaunard!

— Sì, seguitò il padrone il cui furore andava aumentando, e se egli ha portato via la più piccola cosa io vi scaccio, capite? vi scaccio!....

— Questo è impossibile, mormorava il povero portinajo. Il sig. Schaunard non ha sloggiato, egli è andato a far cambiare per pagarvi ed a prendere una vettura per trasportare i suoi mobili...

— Trasportare i suoi mobili!... esclamò il sig. Bernard; son certo che lo sta facendo; egli vi ha teso una trappola per farvi abbandonare la vostra portinaria e fare il suo colpo, imbecille che siete!

— Oh Dio! imbecille che sono! gridò il padre Durand tremante davanti l'olimpica ira del suo superiore che lo trascinava per la scala.

Appena posero piede nella corte il portinajo fu apostrofato dal giovinotto del cappello bianco:

— Ebbene, portinajo? Non mi mettete voi in possesso del mio domicilio: è o non è oggi l'8 aprile? è qui o nò che io ho affittato? Vi ho io dato o nò la buona mano, sì, o nò?

— Scusatemi, signore, scusatemi, disse il padrone; sono da voi. Durand, aggiunse egli volgendosi al portinajo, risponderò io al signore. Correte lassù, quel birbone di Schaunard è rientrato senza fallo per far fagotto e se voi lo sorprendete, chiudetelo in camera e venite giù a chiamar la forza. Il Padre Durand scomparve su per le scale.

— Vi domando perdono, signore, disse il padrone, facendo un'inchino al giovane che era rimasto solo; a chi ho l'onore di parlare?

— Signore, io sono il vostro nuovo inquilino; ho preso in affitto in questa casa una camera al sesto piano, ed incomincio a perdere la pazienza vedendo che l'alloggio non è libero.

— Voi mi vedete tutto mortificato o signore, rispose al signor Bernard: è sorta una difficoltà fra me ed uno de' miei inquilini, quello che voi dovete rimpiazzare.

— Signor padrone, gridò il padre Durand da una finestra posta all'ultimo piano della casa; il signor Schaunard non c'è, ma la sua stanza è qui... Bestia ch'io sono! voglio dire ch'egli non ha portato via nulla, neppure un capello, signore...

— Va bene: scendete: rispose il signor Bernard; Dio mio, aggiungeva rivolto al giovinotto, abbiate un momento di sofferenza, ve ne prego. Il portinajo porterà in cantina i mobili che stanno nella camera del mio inquilino insolvibile e fra una mezz'ora voi potrete prenderne possesso: d'altronde i vostri mobili non sono ancora arrivati.

— Vi domando scusa, signore; rispose tranquillamente il giovane.

Il signor Bernard si guardò intorno e non vide altri che il gran paravento che aveva già inquietato il portinajo.

— Come? vi domando scusa?... come? mormorò, ma... io non vedo nulla.

— Ecco, rispose il giovane... spiegando le imposte dell'impennata ed offrendo alla vista dell'e-

2

statico padrone di casa un magnifico interno di palazzo con colonne di diaspro a bassi-rilievi.

— Ma i vostri mobili?...

— Eccoli qui, rispose il giovane indicando la suntuosa mobilia che si vedeva dipinta nel palazzo, da lui allora allora comperato ad un'asta pubblica dove si vendevano le decorazioni di un teatro di società.

— Signore, disse il padrone; voglio credere che voi avrete dei mobili migliori di questi.

— Come? ma questi sono dei veri mobili di Boule . . . .

— Voi capite bene che io voglio una garanzia pei miei fitti.

— Bagatella!! un palazzo non vi basta per rispondervi della pigione d'una soffitta?

— Nò, signore; io voglio dei mobili, de' veri mobili di legno e non della carta impiastrata.

— Ahimè, signor mio, nè l'oro, nè il mògano non ci fanno felici, disse un'antico — e poi io non posso soffrirli; il mògano è un legno troppo comune; tutti ne hanno.

— Ma alla fin dei conti voi avrete bene dei mobili, qualunque essi sieno.

— No; essi occupano troppo spazio negli appartamenti: dal momento che si hanno delle sedie non si sà più dove sedere.

— Ma ad ogni modo voi avrete un letto! Su qual cosa vi riposate voi?

— Io, io riposo sulla Provvidenza, signore.

— Mille scuse, signore, un'ultima domanda, disse il signor Bernard, la vostra professione di grazia?

In quel momento il facchino del giovane entrava nella corte di ritorno dal suo secondo viaggio. Fra gli oggetti ch'egli portava in ispalla si notava un cavalletto.

— Ah! signore! gridò il padre Durand spaventato e mostrando al padrone il cavalletto: è un pittore!!!!

— Un artista; ne ero certo — esclamò il padre Bernard, ed i capelli della sua parrucca quasi si drizzarono colpiti da terrore — un pittore!!! Ma voi dunque non avete prese informazioni su questo signore, diss'egli dirigendosi al portinajo. Voi non sapevate dunque ciò ch'egli faceva?

— Diancine! rispose il pover'uomo, egli mi aveva dato cinque franchi di *buonamano;* potevo io supporre....

— Quando avrete finito, disse il giovane.

— Signore, replicò il signor Bernard inforcando i suoi occhiali sul naso, dal momento che non avete mobili, voi non potete alloggiare qui. La legge autorizza a rifiutare un inquilino che non ha garanzia.

— E la mia parola?.... disse dignitosamente l'artista.

— Essa non vale dei mobili;.. voi potete cercare altrove un'alloggio — Durand vi restituirà la buonamano che gli avete dato.

— Ah! disse il portinajo stupefatto; l'ho già portata alla cassa di risparmio.

— Ma, signore, rispose il giovane, io non posso in un momento trovarmi un nuovo alloggio. Datemi l'ospitalità almeno per un giorno.

— Andate all'albergo, rispose il signor Bernard. A proposito, soggiunse tosto per una subitanea riflessione; se volete io vi affitterò coi mobili la camera, che voi dovevate occupare, dove si trovano quelli del mio inquilino insolvibile. Però voi sapete che in questo genere di locazione la pigione si paga anticipata.

— Si tratta di sapere quanto mi farete pagare per quella tana, disse l'artista costretto a rassegnarsi.

— L'alloggio è assai pulito; mi darete 25 franchi al mese, grazie alle circostanze... Si paga anticipato.

— L'avete già detto: quella frase lì non merita l'onore del *bis*, disse il giovane frugando nelle tasche. — Avete da rendermi su d'un viglietto di 500 franchi?

— Eh?... disse il padrone stupefatto, cosa?

— Per bacco! — la metà di mille; che c'è di straordinario? Non ne avete mai visti? aggiunse l'artista facendo passare il viglietto di banca sotto gli occhi del padrone e del portinajo i quali a tal vista parvero perder l'equilibrio.

— Vado a prendervi il resto, riprese rispettosamente il signor Bernard. Non riterrò che 20 franchi, perchè Durand vi restituirà la buona mano.

— Gliela lascio, disse l'artista, a condizione che tutte le mattine voi verrete a dirmi il giorno e le date del mese, il quarto della luna, il tempo che farà e le forme di governo sotto la quale vivremo.

— Ah, signore, sclamò Durand descrivendo una curva di novanta gradi.

— Va bene, brav'uomo; voi sarete il mio almanacco. — Intanto ajutate il mio facchino a portare le mie cose in camera.

— Signore, disse il padrone, vi mando subito la ricevuta.

La stessa sera il nuovo inquilino del signor Bernard, il pittore Marcello, era installato nell'alloggio del fuggitivo Schaunard trasformato in palazzo.

In questo frattempo il detto Schaunard correva Parigi battendo quella ch'egli chiamava *la generale della moneta*.

Schaunard aveva elevato l'imprestito alla altezza di una scienza. — Prevedendo il caso in cui egli avrebbe dovuto *opprimere* qualche straniero egli aveva imparato a domandare cinque franchi in prestito in tutte le lingue del globo. Egli aveva studiato a fondo tutte le furberie che adopera il metallo per sfuggire chi lo cerca; egli conosceva le epoche in cui le *acque* sono basse ed alte, assai meglio di quello che un pilota conosce le ore della marea, cioè egli sapeva a memoria i giorni in cui i suoi amici e le sue conoscenze avevano l'abitudine di ricevere del denaro. C'erano perciò delle case nelle quali vedendolo entrare la mattina non si diceva già: ecco qui il signor Schaunard, — ma si diceva invece — ecco qui il primo o il 15 del mese. — Per facilitare e nello stesso tempo livellare questa specie di decima ch'egli prelevava quando le circostanze l'obbligavano, Schaunard aveva compilato un quadro alfabetico per ordine di quartieri e di circondarii, nel qual quadro si trovavano tutti i nomi dei suoi amici e delle sue conoscenze. Accanto a ciascun nome stavano scritto il maximum della somma che si poteva domandare relativamente allo stato di fortuna, le epoche in cui erano in fondi, l'ora dei pasti delle case e le distinte dei piatti che generalmente vi si trovavano. Oltre questo quadro, Schaunard aveva un piccolo registro perfettamente in ordine sul quale annotava le somme che gli venivano prestate fino alle più piccole frazioni perchè egli non voleva indebitarsi al di là di una certa somma che stava ancora sulla punta della penna di un zio di Normandia del quale egli doveva essere l'erede. Quando Schaunard doveva 20 franchi a qualcuno egli chiudeva il suo conto e lo rimborsava integralmente in una volta sola a costo di farsi prestare da coloro ai quali doveva meno, per pagarlo. In questo modo egli si manteneva sempre sulla piazza un certo credito che chiamava il suo debito fluttuante.

Siccome poi si sapeva ch'egli aveva l'abitudine di restituire appena glielo permettevano le sue risorse personali, tutti gli rendevano servigio quando appena lo potevano.

Ma, dalle undici ore del mattino, dacchè era partito da casa sua per metter insieme i settantacinque franchi necesarii, egli non aveva ancor potuto raggranellare che un piccolo scudo dovuto alla collaborazione della lettera M. V. ed R. della famosa sua lista: tutto il resto dell'alfabeto, che come lui aveva il fitto da pagare, lo aveva respinto con un *Non farsi luogo*.

A sei ore un violento appetito suonò nel suo ventricolo le campane del pranzo; egli si trovava allora alla porta Du Maine dove alloggiava la lettera *U* al cui desco egli aveva il suo tovagliuolo, quando c'erano tovaglioli.

— Dove andate, signore, gli domandò il portinajo fermandolo al varco.

— Dal signor U.... rispose l'artista.

— Non c'è.

— E le sue signore?

— Neppure; essi mi hanno incaricato di dire ad un loro amico che doveva venire stassera che erano andati a pranzo fuori; di fatti se siete voi la persona ch'essi aspettavano ecco qui l'indirizzo che mi lasciarono; ed il portinajo diede a Schaunard un pezzo di carta sulla quale il suo amico U.... aveva scritto: « Siamo andati a pranzo da Schaunard in via.... N. vieni a trovarci. »

Va benissimo, disse l'artista andandosene; — quando il caso se ne immischia fà delle opere buffe curiose.

Schaunard si ricordò allora che si trovava a

due passi da una piccola osteria dove egli si era refiziato due o tre volte a buon mercato. Si diresse dunque a quello stabilimento che si trovava sulla strada du Maine, e che nella *bassa boemia* era conosciuto sotto il nome di Madre Cadet. Era una *taverna mangiante* la cui clientela ordinaria era composta dei carrettieri della strada di Orléans, dalle cantanti del teatro del *Mont-parnasse* [1] e dei *primi amorosi* del *Bobino*.

Durante la bella stagione i letterati inediti, e scribaccini delle gazzette misteriose e gli *Sgorbiini* dei molti studii di pittore che si trovano presso il Luxembourg vanno in coro a pranzo da Mamma Cadet celebre per le sue *fricassèe*, pel suo *saltz-craut* autentico, e pel suo vinetto bianco che puzza di pietra focaja.

Schaunard andò a mettersi sotto i boschetti, (si chiama così in quel luogo il fogliame di due o tre piante rachitiche col quale si compose una specie di volta alla verzura malaticcia.)

— Parola d'onore, tanto peggio, diceva Schaunard fra sè, bando alla malinconia: mi regalerò un convito di Baldassarre.

E senza dire nè un nè due comandò una zuppa, una *piccola* di saltz-craut e due *piccole* di fricassée. Egli aveva notato che dividendo una porzione si guadagnava almeno un quarto sul totale.

Gli ordini d'un tal pranzo attirarono su di lui

[1] Due teatri di quinto o sest'ordine posti fuori di città.

gli sguardi di una giovane vestita di bianco, pettinata a fiori d'arancio e calzata di scarpe da ballo. Un velo trasparente svolazzava sulle di lei spalle, che avrebbero fatto meglio a conservare l'incognito.

Era una cantante del teatro *Mont-parnasse* le cui quinte vengono a far capo nella cucina della Mamma Cadet. Ella era venuta a pranzare durante un'intermezzo della *Lucia* e chiudeva in quel momento, prendendo il caffè, il suo pasto composto esclusivamente di un carciofo all'olio.

— Due fricassèe! per bacco! diss'ella sottovoce alla ragazza che faceva le funzioni di cameriere: è un giovinotto che si tratta bene. Quanto vi devo?

— Quattro di carciofo, quattro di caffè, e un soldo di pane, in tutto nove soldi.

— Prendete, disse la cantante e se ne andò cantarellando.

   Quando rapita in estasi
   Dal più cocente amore.

— Tò, tò, tò, ella piglia il *la!* disse allora un personaggio misterioso seduto alla stessa tavola dove stava Schaunard e mezzo nascosto dietro una muraglia di vecchi libracci.

— Ella lo piglia!! mi pare invece ch'ella lo lasci, disse Schaunard. Non si può farsi un'idea di questa gente, diss'egli indicando col dito il piatto nel quale *Lucia di Lamermoor* aveva mangiato il suo carciofo: mettere in infusione il suo falsetto nell'aceto!...

— Difatti esso è un acido violento, aggiunse il

personaggio che aveva già parlato. La città di Orlèans ne fabbrica delle qualità che godono a ragione d'una grande rinomanza.

Schaunard esaminò attentamente questo *quidam* che gli gettava in tal modo l'amo per intavolare la conversazione. Lo sguardo fisso dei suoi grandi occhi azzurri, che parevano sempre in cerca di qualche cosa, dava alla sua fisionomia quel carattere di beata placidezza che distingue i seminaristi. La sua faccia aveva la tinta dell'avorio vecchio, meno le guancie però, le quali erano coperte d'una sfregazzatura a color *mattone-pesto*. La sua bocca pareva fosse stata disegnata da uno scolaro dei *primi principj* al quale avesser dato delle spinte al gomito mentre disegnava. Le labbra, un pò rovesciate come quelle della razza mora, lasciavano allo scoperto dei denti di cane da caccia, il suo mento posava le due sue pieghe su di una cravatta bianca, una punta della quale minacciava gli astri e l'altra forava la terra, le sue chiome fuggivano in bionde cascate fuori di un cappello ad ale smisuratamente larghe. Portava un paletot color nocciuola a pellegrina e la stoffa ridotta alla trama aveva la scabrosità di una grattugia. Dalle spalancate tasche di questo paletot spontavano fascicoli di carte e libercoli. Senza occuparsi affatto dell'esame di cui egli era l'oggetto, egli assaporava un *saltz-craut* guernito, dando spessi segni della sua alta soddisfazione. Leggeva mangiando un vecchio libraccio che stava aperto dinanzi a lui, sul quale di tanto in tanto scriveva delle note con un lapis ch'egli portava all'orecchio.

— Ebbene? gridò tutt'ad un tratto Schaunard battendo sul bicchiere col coltello; e la mia fricassata?

— Signore, rispose la serva accorrendo con un piatto in mano, non ce n'è più: — questa è l'ultima e fu già domandata da questo signore, aggiungeva ella posando il piatto in faccia all'uomo dei libri vecchi.

— Sacra......!! gridò Schaunard. C'era tanto rammarico in questa esclamazione, che l'uomo dai libri vecchi ne fu profondamente tocco. Egli respinse la barricata di libri che s'innalzava fra lui e Schaunard e mettendo il piatto fra loro due gli disse coi più dolci suoni della sua voce:

— Signore, oserò io pregarvi di dividere questa pietanza con me?

— Signore, rispose Schaunard, non vorrei privarvene.

— Chè, mi priverete dunque del piacere di servirvi?

— Quand'è così, signore...... (Schaunard spinse avanti il suo piatto.)

— Permettetemi di non darvi la testa, disse lo straniero.

— Ah signore, sclamò Schaunard, non soffrirò mai... Ma tirando a sè il suo piatto egli s'accorse che lo straniero gli aveva proprio dato quel pezzo che diceva voler tenersi per sè.

— Cosa mi viene a contare colle sue gentilezze costui? borbottò Schaunard fra sè.

— Se la testa è la parte più nobile dell'uomo, essa è la più scipita parte del coniglio, disse lo straniero. Perciò vi sono molti che non lo possono soffrire. Per me è un altro affare: io l'adoro.

— In tal caso sono dolentissimo che voi ve ne siate privato per me.

— Come? vi domando scusa, disse l'uomo dai libri, la testa l'ho tenuta io! Anzi ebbi l'onore di farvi osservare, che.....

— Permettete; disse Schaunard mettendogli il suo piatto sotto il naso. Cos'è questa qui?

— Giusto cielo, che vedo io mai?!! — O Dei! Un'altra testa!! È un coniglio bicefalo, sclamò lo straniero.

— Bice.... disse Schaunard.

— falo. — Deriva dal greco. — Difatti il signor Buffon, il quale portava dei manichini trinati, cita alcuni esempj di simile singolarità. In fede mia sono contento di aver mangiato un fenomeno.

In causa di questo incidente la conversazione era incominciata davvero.

Schaunard che non voleva avere il disotto in gentilezze domandò una bottiglia dippiù. L'uomo dei libri ne fece venire un'altra, Schaunard offrì un'insalata; l'uomo dei libracci regalò un dessert. — Alle ott'ore di sera c'erano sei bottiglie vuote sulla tavola. Chiacchierando sempre e bevendo, la confidenza era venuta e li aveva eccitati a farsi l'un l'altro la loro biografia, talchè dopo due ore di compagnia si conoscevano come se avessero vissuto sempre assieme. L'uomo dai libri, dopo aver ascoltate le confidenze di Schaunard, gli disse ch'egli aveva nome Gustavo Colline, che esercitava la professione di filosofo e si guadagnava il pane quotidiano dando lezioni di matematica, di scolastica, di botanica, e di molte altre scienze in *ica*.

Il poco ch'egli guadagnava correndo dietro gli scolari lo spendeva comprando libri vecchi. Il suo paletot nocciuola era conosciuto da tutti i rivenditori di libri usati che stanno all'aria aperta sul *quai* del ponte della Concordia fino a quello di san Michele. Nessuno al mondo sapeva che diavolo egli facesse di tutti quei libri, che la vita d'un uomo non avrebbe bastato a leggere; egli poi lo sapeva meno d'ogni altro. Ma questo ticchio aveva preso le proporzioni d'una passione; quand'egli si ritirava la sera senza portar a casa un nuovo libraccio, egli rifaceva per suo uso il motto di Tito e diceva: — Ho perduto la mia giornata. — I suoi modi graziosi, e il suo linguaggio, che presentava un mosaico di tutti gli stili, i terribili giuochi di parole coi quali smaltava la sua conversazione avevano sedotto Schaunard. Egli domandò subito a Colline il permesso di aggiungere il suo nome a quelli che componevano le famose liste che stavano nel portafogli di cui abbiamo parlato.

Essi uscirono dallo Stabilimento della Mamma Cadet a nove ore di sera, abbastanza brilli entram-

bi, e camminando come gente che finisce di conversare colle bottiglie.

Colline offerse il caffè a Schaunard, e questi accettò a condizione di pagare i liquori. Salirono quindi in un caffè della contrada s. Germain l'Auxerrois che aveva per insegna *Momo* il Dio dei giuochi e del Riso.

Nel momento ch'essi vi entravano era impegnata una vivissima discussione fra due frequentatori del luogo. Uno d'essi era un giovane il cui volto si perdeva in fondo ad un bosco di barba variopinta. Una calvizie precoce aveva sguernita la sua fronte, un'antitesi dell'abbondanza del *pelo mentoniero*: la fronte di lui pareva un ginocchio ed un gruppo di capegli, tanto rari che si potevan contare, tentava invano di nasconderne la nudità. Egli era vestito di un abito tonsurato sui gomiti, il quale, allorchè egli alzava le braccia, lasciava vedere dei ventilatori praticati all'attaccatura delle maniche. I suoi calzoni avevano potuto essere stati neri, ma i suoi stivali, che non furono mai nuovi, pareva avessero fatto diverse volte il giro del mondo sui piedi dell'*Ebreo Errante*.

Schaunard notò che il suo nuovo amico Colline ed il giovane barbuto si salutarono.

— Conoscete voi quel signore? domandò al filosofo.

— Non affatto, rispose quegli, — l'incontro qualche volta alla biblioteca. Credo che sia un letterato.

— In ogni caso ne ha il vestito, replicò Schaunard.

Il personaggio col quale questo giovane stava in discussione era un uomo sulla quarantina, predestinato ad un colpo d'apoplessia fulminante, — così l'indicava la sua grossa testa sepolta immediatamente nelle spalle senza la transizione del collo. L'idiotismo si leggeva a lettere majuscole sulla sua fronte depressa e coperta d'una piccola calotta nera. Egli si chiamava Monton ed era impiegato alla Congregazione Municipale del IV Circondario.

— Signor Rodolfo! sclamava egli con una voce d'eunuco e scuotendo il giovane ch'egli aveva abbrancato per un bottone del suo abito, — volete ch'io vi dica la mia opinione? — Ebbene! tutti i giornali non servono a nulla — Vedete; un'ipotesi. Io sono padre di famiglia, io, non è vero? Bene.... Io vengo al caffè a giuocare la mia partita al domino — Seguito bene il mio ragionamento?

— Camminate, camminate, disse Rodolfo.

— Ebbene, continuava il padre Monton, marcando ognuna delle sue frasi con un pugno che faceva tremare le bottiglie di birra ed i bicchieri che stavano sulla tavola. Ebbene, io prendo un giornale, bene. — Cosa vi trovo?.... L'uno dice bianco, l'altro dice nero et pata-ti et pata-tà Cosa mi fa a me tutto questo pasticcio? Io sono un buon padre di famiglia che viene per fare ....

— La sua partita al domino, disse Rodolfo.

— Tutte le sere, — continuò il sig. Monton, — Ebbene, un'ipotesi: voi capite....

— Benissimo, disse Rodolfo.

— Leggo un articolo che non è della mia opinione. Sta roba mi mette in collera e mi mangio il sangue; — perchè, vedete, tutti i giornali sono bugiarderie. — Si, delle bugiarderie, urlò egli nel suo più acuto falsetto, ed i giornalisti sono briganti, scribaccini....

— Però, sig Monton.....

— Si, briganti, continuava l'impiegato. — Son essi la causa delle disgrazie di tutti. — Sono essi che hanno fatto la rivoluzione agli assegnati; e prova Murat.

— Scusatemi, notò Rodolfo, voi volete dire Marat.

— Ma nò, ma nò, ripigliava Monton; — Murat; — quando vi dico che ho veduto io i suoi funerali quand'ero piccino.

— Vi assicuro...

— Se ne è fatto perfino una rappresentazione al Circo dei cavalli;... là.

— Appunto per questo, disse Rodolfo; è Marat.

— Ma dunque? cos'è che vi dico io da un'ora? gridò l'ostinato Monton. Murat, che lavorava in una cantina. Ebbene, un'ipotesi. — Non hanno forse fatto bene i Borboni mandandolo alla ghigliottina dal momento che aveva tradito?

— Chi ghigliottinato? chi tradito? Cosa? sclamò Rodolfo afferrando anch'egli il signor Monton pel bottone della sua veste.

— Chi dunque? Marat...

— Ma nò, ma nò, — signor Monton, — Murat, intendiamoci sacra....

— Sì certo, Marat, una canaglia. Egli ha tradito l'imperatore nel 1815. — È per questo che dico che tutti i giornali sono gli stessi, continuava Monton rientrando nella tesi di quella ch'egli chiamava una spiegazione. Sapete voi cosa vorrei, io? Ebbene un'ipotesi.... — Io vorrei un buon giornale, eh!... Non grande.... bene!... e che non facesse frasi...

— Voi siete troppo esigente, disse Rodolfo: un giornale senza frasi!

— Vi dico di sì: seguite bene la mia idea.

— Faccio il possibile.

— Un giornale che dica semplicemente — la salute del re ed i beni della terra. Perchè infine a che servono tutte le vostre gazzette, dalle quali non si capisce niente? — Un'ipotesi; — io sono al Municipio, or bene? — Io tengo il mio registro, benissimo! Ebbene è come se venissero a dirmi: « Sig. Monton voi notate i decessi; ebbene fate questo, fate quest'altro. — Ebbene cos'è? cos'è? cos'è? — Ebbene i giornali sono le stesse cose, finì egli conchiudendo.

— Evidentemente, disse un vicino che aveva capito.

Ed il signor Monton, ricevute le felicitazioni di coloro che erano del suo parere, andò a continuare la sua partita al domino.

— L'ho messo al suo posto, diss'egli indicando

Rodolfo, il quale era andato a sedersi allo stesso tavolino dove si trovavano Schaunard e Colline.

— Che sciocccone! disse questi ai due giovani mostrando loro l'impiegato.

— Egli ha una buona testa con quelle palpebre a ventaglio, e con quelli occhi da cicala, disse Schaunard tirando fuori di tasca con indifferenza una pipa di gesso stupendamente annerita.

— Per bacco, signore, disse Rodolfo, voi avete una pipa ben bella.

— Oh! ne ho un'altra più bella per andare in società, rispose Schaunard — Datemi un pò di tabacco Colline.

— Oh bella, sclamò il filosofo, non ne ho più!

— Permettetemi di offrirvene del mio, disse Rodolfo, tirando fuori un cartoccio di tabacco che depose sul tavolino.

A simile gentilezza Colline credette suo dovere di corrispondere coll'offerta di un bicchierino di *Sligovitz*.

Rodolfo accettò.

La conversazione cadde sulla letteratura. — Rodolfo interrogato sulla sua professione, già tradita dal suo abito, confessò la sua relazione colle Muse e fece portare un secondo servizio di *cognac*. Il garzone del caffè servì e stava per portar via la bottiglia, allorchè Schaunard lo pregò di dimenticarla. — Egli aveva udito suonare in una delle tasche di Colline l'argentino duetto di due pezzi da cinque franchi. — Rodolfo salì bentosto al livello di espansione al quale stavano già i due amici e fece anch'egli le sue confidenze.

Essi avrebbero indubbiamente passato la notte al caffè se non li avessero pregati di ritirarsi. Non avevamo per anco fatto dieci passi nella contrada (e vi avevano impiegato un quarto d'ora) quando li sorprese un rovescio di pioggia. Colline e Rodolfo abitavano le due opposte estremità di Parigi, uno cioè stava all'isola S. Luigi, l'altro a Mont-matre.

Schaunard, il quale aveva completamente dimenticato di essere senza domicilio, offerse loro l'ospitalità.

— Venite a casa mia, diss'egli: io stò qui vicino; — noi passeremo la notte cianciando di letteratura e di belle arti.

— Tu suonerai e Rodolfo ci reciterà dei versi, disse Colline.

— Sì, davvero, rispose Schaunard; bisogna ridere, non si vive che una volta sola.

Giunti davanti la casa che Schaunard ebbe difficoltà a riconoscere egli s'assise un momento sovra un pilastrino per aspettare Rodolfo e Colline che erano entrati da un mercante di vino a prendere gli elementi di una cena. Quand'essi ritornarono, Schaunard battè ripetutamente la porta, poichè egli si ricordava vagamente che il portinajo aveva l'abitudine di farlo aspettare. La porta finalmente si aperse, ed il padre Durand, immerso nelle delizie del primo sonno, ed avendo dimenticato che Schaunard non era più suo inquilino, non si scompose affatto quando questi gli gridò passando il suo nome.

Allorchè furono giunti tutti tre in cima alla scala, Schaunard, che camminava in testa alla colonna, gettò un grido di sorpresa trovando la chiave alla porta della sua camera.

— Cosa c'è, domandò Rodolfo.

— Non ne capisco nulla, mormorava l'altro, trovo alla mia porta la chiave che stamane ho portata via io. — Adesso, adesso vedremo. L'avevo messa in tasca — Eh! giuraddio! eccola qui ancora! sclamò, mostrando una chiave.

— Quest'è magia!....

— Fantasmagoria! disse Colline.

— Fantasia, aggiunse Rodolfo.

— Ma, riprese Schaunard, la cui voce palesava un principio di terrore, udite voi?

— Cosa?

— Che?

— Il mio piano forte che suona da sè — *ut, la, mi, re, do, la, sol, si, re...* Briccone di *re*, egli sarà sempre falso.

— Ma, non è in casa vostra senza dubbio — disse Rodolfo, che aggiunse a bassa voce nell'orecchio di Colline sul quale si appoggiò di peso; è brillo!

— Lo credo... Prima di tutto non è un pianoforte, è un flauto.

— Ma... anche voi siete brillo, mio caro; riprese il poeta continuando a parlare al filosofo che si era seduto sul pianerottolo; è un violino.

— Un vio... Peuh!... Senti, Schaunard, balbettò Colline, tirando per le gambe il suo amico. Quest'è buona! ecco qui il signore che pretende che è un vio...

— Per Iddio! gridò Schaunard al colmo dello spavento, — il mio piano-forte continua a suonare; questa è magia!!

— Fantasma..... goria, urlò Colline lasciando cadere una delle bottiglie che aveva in mano.

— È fantasia! abbajò Rodolfo alla sua volta.

In mezzo a questo fracasso la porta della camera si aperse ad un tratto e si vide comparire sulla soglia un personaggio, che teneva in mano un candeliere a tre brocche sulle quali ardevano delle stearine color di rosa.

— Cosa desiderate, signori? Chiese egli salutando cortesemente gli amici.

— Oh Cielo! che feci io mai!! mi sono ingannato; questa non è casa mia! disse Schaunard.

— Signore, continuarono insieme Colline e Rodolfo parlando al personaggio che aveva aperto; abbiatelo per iscusato: egli è brillo fino al terzo grado.

Tutto ad un tratto un lampo di intelligenza balenò traverso l'ubbriachezza di Schaunard; — egli leggeva sulla sua porta queste righe scrittevi colla biacca:

« *Sono venuta tre volte per prendere la mia strenna* »   *Femia.*

— Ma sì, ma sì, io sono a casa mia! — gridò egli allora; ecco lì il viglietto di visita che

Femia mi portò pel capo d'anno: — questa è proprio la mia porta.

— Dio mio, sono davvero confuso, signore, diceva Rodolfo.

— Crediate, signore, che dal canto mio io collaboro con molta attività alla confusione del mio amico, diceva Colline.

Il giovane non poteva far a meno di ridere.

— Se voi volete entrare un momento, rispose egli, il vostro amico riconoscerà il suo errore appena avrà veduto l'appartamento.

— Volontieri.

Ed il poeta ed il filosofo presero Schaunard ciascuno per un braccio e l'introdussero nella camera o piuttosto nel palazzo di Marcello, che il lettore ha riconosciuto.

Schaunard girò vagamente lo sguardo intorno a sè e disse:

— È strano, come il mio soggiorno si è fatto bello!

— Ebbene, sei convinto adesso? gli domandò Colline.

Ma Schaunard, visto il piano, vi si era accostato e faceva delle scale.

— Eh voi altri, — ascoltate qui, diss'egli facendo suonare gli accordi... In buonora! l'animale ha conosciuto il suo padrone: *si, la, sol, fa, mi, re!* Ah ladro d'un *re!* tu sarai sempre lo stesso! — Ve lo diceva ben io ch'era il mio stromento.

— Egli insiste, disse Colline a Rodolfo.

— Egli insiste, disse Rodolfo e Marcello.

— E questo qui, aggiunse Schaunard mostrando la sottana seminata di stelle, che era gettata là sovra una sedia, — non è il mio ornamento questo forse? eh? ed egli guardava Marcello sotto il naso. — E questo qui, continuò egli staccando dal muro il congedo giudiziale del quale abbiamo parlato più indietro. E si mise a leggere « In conseguenza il » signor Schaunard sarà obbligato di lasciar liberi » i locali e di restituirli in buono stato di ripara- » zioni locative, l'8 aprile prima di mezzo dì. Ed » io sottoscritto gli ho notificato il presente atto il » cui costo è di fr. 5. » — Ah ah! non sono io il padre Schaunard? Non sono io che ho ricevuto congedo, cogli onori del bollo, del costo di 5 franchi? E quest'altra, continuò riconoscendo la sua pantofola che Marcello aveva calzato, non sono le mie *babouches*, dono di adorata mano? A voi, signore, disse egli a Marcello, spiegate la vostra presenza nei lari miei.

— Signori, rispose Marcello, parlando a Colline e Rodolfo ed indicando Schaunard — il signore è in casa sua; lo confesso.

— Ah, sclamò Schaunard, fortunatamente!

— Ma, continuò Marcello, anch'io sono in casa mia.

— Per altro, signore, interruppe Rodolfo, se il nostro amico riconosce.

— Sì, disse Colline, se il nostro amico...

— E se dal canto vostro voi vi ricordate che... aggiunse Rodolfo, com'è che?...

— Sì, riprese Colline, - ecco - com'è che?...

— Abbiate la bontà di sedere, signori, replicò Marcello, io vi spiegherò il mistero.

— Se noi inaffiassimo la spiegazione?... arrischiò Colline.

— Mangiando un boccone, aggiunse Rodolfo. I quattro giovani si misero a tavola e diedero l'assalto ad un pezzo di vitello freddo che il mercante di vino loro aveva venduto.

Marcello allora spiegò quel ch'era successo la mattina fra lui ed il padrone di casa, allorchè era venuto per prendere possesso.

— In tal caso, disse Rodolfo, il signore ha perfettamente ragione: noi siamo in casa sua.

— Voi siete in casa vostra, rispose pulitamente Marcello.

Ma ci volle un'enorme fatica per far capire a Schaunard quello ch'era successo. Un incidente burlesco venne a complicare la situazione — Schaunard, cercando qualche cosa in un'armadio vi scoperse il resto del viglietto da 500 fr. che Marcello aveva fatto cambiare alla mattina dal Sig Bernard.

— Oooh! ne ero certo! esclamò, che il *caso* non mi abbandonerebbe. — Adesso mi ricordo: stamattina ero corso fuori di casa per corrergli dietro, è vero: egli sarà venuto mentr'io ero assente. — Noi ci siamo incrociati, ecco tutto — Come ho fatto bene a lasciare la chiave sul tiratojo!

— Dolce follia! mormorò Rodolfo vedendo Schaunard che faceva delle pile di scudi.

— Sogno, menzogna — questa è la vita, aggiunse il filosofo.

Marcello rideva.

Un'ora dopo tutti quattro dormivano.

L'indomani a mezzodì essi si svegliarono, e parvero assai stupiti di trovarsi insieme: Schaunard, Colline e Rodolfo avevano l'aria di non conoscersi e si davano del *signore*.

Bisognò che Marcello rammentasse loro che erano venuti insieme la sera.

In questo punto il padre Durand entrò nella camera.

— Signore, disse egli a Marcello. — Oggi ne abbiamo nove del mese d'aprile 1840; c'è molto fango nelle contrade, e S. M. Luigi Filippo è ancora Re di Francia e di Navarra — Oh! bella! sclamò il padre Durand vedendo il suo antico inquilino; — il signor Schaunard, — come siete venuto?

— Col telegrafo riprese Schaunard.

— Ma dite un pò, riprese il portinajo, siete sempre un burlone, voi?

— Durand, disse Marcello, io non amo che la livrea si mischi nelle mie conversazioni — andate dal vicino trattore e dite che ci portino da colazione per quattro — Questa è la carta, aggiunse dandogli un pezzo di carta sul quale aveva scritto i piatti che voleva.

Uscite.

— Signori, riprese Marcello, voi mi offriste da

cena jersera, permettete che questa mattina io vi offra da colazione, — non in casa mia ma in casa nostra — aggiunse stringendo la mano a Schaunard.

Alla fine della colazione, Rodolfo chiese la parola.

— Signori, — diss'egli, — permettetemi di lasciarvi....

— Oh nò, — disse Schaunard sentimentalmente — non lasciamoci più.

— È vero; si sta ottimamente qui, aggiunse Colline.

— Permettetemi di lasciarvi un momento, continuava Rodolfo; domani si pubblica la *Sciarpe d'Iride,* un giornale di moda di cui io sono il redattore in capo; — bisogna che vada a correggere le mie prove — Fra un'ora sarò di nuovo qui.

— Diavolo! disse Colline, mi viene in mente che deggio dare una lezione ad un principe indiano, che venne a Parigi per imparare la lingua Araba.

— Anderete domani, disse Marcello.

— Oh nò, rispose il filosofo — il principe deve pagarmi oggi — E poi — vi confesserò che questa bella giornata per me sarebbe rovinata se io non andassi a far un giro sul mercato dei libri vecchi.

— Ma ritornerai? domandò Schaunard.

— Colla rapidità d'un dardo lanciato da una mano sicura, rispose il filosofo che aveva una passione per le immagini eccentriche.

Egli sortì con Rodolfo.

— Nel concreto, disse Schaunard rimasto solo con Marcello, se invece di cullarmi sul guanciale del dolce far niente io andassi alla ricerca di un po' d'oro per calmare la cupidigia del signor Bernard...

— Ma, disse Marcello con inquietudine — voi fate dunque sempre conto di sloggiare?

— Ma... bisogna bene, dal momento che ho un congedo giudiziale del costo 5 franchi.

— E.... se voi sloggiate, continuò Marcello, porterete via i mobili?

— Io ne ho la pretesa; — non ci lascerò un capello come dice il sig. Bernard.

— Diavolo io sarò imbarazzato, io che ho preso in affitto la vostra camera bella e mobigliata.

— Oh! è vero! Bah, diss'egli melanconicamente, non avvi alcun indizio che io trovi i miei 75 franchi, nè oggi, nè domani, nè dopo.

— Aspettate, aspettate, sclamò Marcello; ho un' idea.

— Esponete.

— La posizione è questa: — legalmente questo alloggio è mio, poichè io ho pagato un mese anticipato.

— L'alloggio sì: ma i mobili, se io pago, posso legalmente portarmeli via; — e se fosse possibile io li porterei via anche stralegalmente.

— Dimodochè, continuava Marcello, voi avete dei mobili e non avete alloggio, ed io ho un alloggio e non ho i mobili.

— Ecco il fatto, disse Schaunard.

— Quest'alloggio mi piace, a me....

— E a me dunque?!.... Esso non mi ha mai più piaciuto.

— Cosa? disse Marcello.

— *Più piaciuto*, per piaciuto dippiù. Oh! io conosco la mia lingua.

— Ebbene — noi possiamo accomodare questa facenda, — riprese Marcello, — state qui con me, io ci metterò l'alloggio — voi somministrerete i mobili.

— E i fitti scaduti? disse Schaunard.

— Siccome ho del denaro pel momento, io li pagherò — alla prima scadenza toccherà a voi. — Riflettete.

— Io non rifletto mai — soprattutto quando si tratta d'accettare una proposizione che mi piace; accetto a prima vista — difatti la pittura e la musica sono sorelle.

— Cognate, disse Marcello.

Verso le 5 entravano Colline e Rodolfo, che si erano incontrati.

Marcello e Schaunard gli informarono della loro associazione.

— Signori, gridò Rodolfo facendo suonare il suo taschino — Io offro da pranzo alla compagnia.

Quest'è precisamente quanto io volevo aver l'onore di proporre — disse Colline cavando di tasca una moneta d'oro ed incastrandosela nell'occhio — Il mio principe mi ha dato quest'oro per comperare una grammatica Araba-indostanica, che ho pagato poco fa sei soldi contanti.

— Ed io mi sono fatto anticipare trenta franchi dal cassiere della *Sciarpe d'Iride* — disse Rodolfo — ho preso il pretesto che ho bisogno di farmi vaccinare.

— Oggi dunque è un giorno d'incasso — disse Schaunard — io solo non ho avuto una lira; è umiliante!

— Intanto, riprese Rodolfo — io mantengo l'offerta del pranzo.

— Anch'io, disse Colline.

— Va bene, rispose Rodolfo — noi giuocheremo a testa od arme per sapere chi di noi pagherà il conto.

— Nò, gridò Schaunard, — ho qualche cosa di meglio — ma d'infinitamente meglio da proporvi per togliervi d'imbarazzo.

— Udiamo.

— Rodolfo pagherà il pranzo — Colline ci offrirà una cena.

— Ecco qui una sentenza, che io chiamerò da *Giurisprudente-Salomonico*, sclamò il filosofo.

— Bravo, bene gridarono gli altri.

Il pranzo ebbe luogo da un trattore provenzale della via Dauphine, celebre pei suoi camerieri letterati e pel suo *stuffato*. Siccome bisognava lasciar un po' di posto per la cena si mangiò e si bevve moderatamente. — L'amicizia sbozzata il dì prima fra Colline, Rodolfo e Schaunard é dopo con Marcello, diventò più intima; — ciascuno dei quattro giovanotti inalberò la bandiera della sua opinione in fatto d'arte; — tutti quattro riconobbero di avere un eguale coraggio ed una stessa speranza. — Chiaccherando e discutendo essi s'accorsero, che le loro simpatie erano comuni, che tutti avevano la stessa scioltezza di spirito che fa ridere senza offendere, e che tutte le belle virtù della giovinezza non avevano lasciato alcun posto vuoto nel loro cuore, il quale era facile ad essere commosso alla vista od al racconto d'una bella cosa. — Partiti tutti quattro dallo stesso punto per giungere alla medesima meta, essi pensarono, che nella loro riunione c'era ben altro che il volgare *quiproquo* del caso; la Provvidenza, tutrice naturale dei derelitti, poteva ben entrarci per qualche cosa, ella che li prendeva così per mano, e che soffiava loro nelle orecchie la parabola evangelica, la quale dovrebbe essere la sola Costituzione del genere umano: « Ajutatevi ed amatevi l'un l'altro ».

Alla fine del pranzo, che si chiudeva con una certa gravità — Rodolfo si alzò per fare un brindisi all'avvenire; — Colline gli rispose con un discorso non imprestato ad alcun vecchio libro, e non appartenente in alcun modo al bello stile: — quel discorso parlava il buon vernacolo della sincerità, che fa capire così bene ciò che si dice sì male.

— Che bestia di filosofo! mormorò Schaunard, il quale aveva il naso nel bicchiere; — egli mi costringe a metter dell'aqua nel vino.

Dopo pranzo andarono a prendere il caffè da *Momus* dove il dì prima avevano passato la sera. Fu da quel giorno che quello stabilimento incominciò a non essere abitabile per gli avventori soliti.

Dopo il caffè ed i liquori — la tribù Boema, definitivamente costituita ritornò all'alloggio di Marcello, — il quale fu battezzato *Eliso Schaunard* — Mentre Colline era andato ad ordinare la cena che egli aveva promesso, — gli altri facevano provvisione dei razzi, dei petardi ed altri arnesi pirotecnici; — prima di mettersi a tavola si incendiò dalla finestra un magnifico fuoco d'artifizio, che sconvolse tutta la casa, e durante il quale i quattro amici cantavano.

« Salutiamo, festeggiamo
Celebriamo sì bel dì. »

L'indomani mattina essi si ritrovarono ancora assieme, ma questa volta senza sorprendersene. — Prima d'andar ciascuno pei propri affari essi recaronsi al caffè *Momus* e fecero colazione — là si diedero appuntamento per la sera, — e da quel giorno vi andarono assiduamente tutti i giorni.

Questi sono i principali personaggi che si vedranno ricomparire nelle storielle che compongono questo volume, il quale non è un romanzo, e non ha altre pretese che quella del suo titolo. — *Le scene di Boemia* — non sono altro che studii di costumi i cui eroi appartengono ad una classe fin ora mal giudicata, il cui più gran difetto è il disordine; difetto ch'essa potrebbe farsi perdonare perchè è una necessità inerente alla sua vita.

CAPITOLO II.

UN'INVIATO DELLA PROVVIDENZA

Schaunard e Marcello, i quali fino dalla mattina si erano messi coraggiosamente a lavorare, sospesero tutt' ad un tratto la loro foga.

— Sacram....! che fame che fà! disse Schaunard: e con negligenza aggiunse: — Non si fa colazione oggi?

Marcello sembrò stupefatto da simile domanda più che mai inopportuna.

— Da quando in quà si fa colazione due giorni di seguito? Jeri era giovedì.

Ed egli completò la sua risposta indicando col suo bacchetto questo comandamento della chiesa.

« Non si mangino carni il venerdì.
» E si faccia del resto pur così. »

Schaunard non trovò nulla da rispondere e si rimise al suo quadro, il quale rappresentava una pianura abitata da una pianta azzurra e da un albero rosso che si danno una stretta di rami. Allusione trasparente delle dolcezze dell'amicizia e che era assai filosofica.

In quel momento il portinajo bussò all'uscio.

Egli portava una lettera per Marcello.

— Tre soldi, diss'egli.

— Ne siete sicuro ? gli richiese l'artista. Va bene: ce li dovrete.

E gli chiuse la porta in faccia.

Marcello aveva presa la lettera e rotto il suggello. Dopo lette le prime parole egli si mise a fare dei salti acrobatici per lo studio ed intuonò a voce spiegata la celebre romanza seguente, che indicava in lui l'apogeo del giubilo:

« C'eran tre giovani — in un quartiere
« E si trovarono — tutti ammalati;
« Li trasportarono — all'ospital
     Ai, ai, aai!

— Sì, benissimo! disse Schaunard continuando:

« Li collocarono — in un gran letto
« Due dalli piedi — due dal guancial

— Lo sappiamo : riprese Marcello

« Arrivar videro — di carità
« Una sorella — di carità
« A, àà, ààà! »

— Se tu non taci, disse Schaunard, il quale incominciava a sentire dei sintomi di alienazione mentale, io ti suono l'allegro della mia sinfonia *sull'influenza del colore azzurro sulle arti.*

Ed egli si avvicinò al suo piano forte.

Questa minaccia produsse l'effetto di una tazza d'acqua che cada in un liquido bollente.

Marcello si calmò come per incanto.

— Prendi, diss'egli dando al suo amico la lettera, e leggi.

Era un invito a pranzo della parte d'un deputato, intelligente protettore delle belle arti, e di Marcello in particolare, il quale aveva fatto il ritratto della sua casa di campagna.

— È per quest'oggi, disse Schaunard, che disgrazia che il viglietto non valga per due persone! — Ma, adesso che ci penso, il tuo deputato è ministeriale; tu non puoi — tu non devi accettare: — i tuoi principii ti proibiscono d'andare a mangiare un pane bagnato dai sudori del popolo.

Ah bah! riprese Marcello: il mio deputato è del centro sinistro; l'altro giorno ha votato contro il ministero. D'altra parte poi egli deve farmi avere una commissione e mi ha promesso di presentarmi in società; e poi, vedi, ha bell'essere Venerdì... io mi sento presa da una voracità *Ugolinica* ed oggi voglio desinare; ecco il caso.

— Vi sono altri ostacoli, mio caro, disse Schaunard, il quale era un po' geloso della buona ventura che toccava al suo amico. Tu non puoi andare a pranzo in società con giacchetta rossa e con un cappello da facchino.

— Anderò a farmi prestare gli abiti da Colline o da Rodolfo.

— Stolto giovane, hai tu dimenticato che noi abbiamo passato il 20 del mese e che a quest'ora i vestiti sono inchiodati e strainchiodati.[1]

[1] Mettre au clou, (mettere al chiodo) nel gergo degli artisti significa mettere al monte di Pietà.

— Da qui a cinque ore troverò almeno un'abito nero, disse Marcello.

— A me mi ci vollero tre settimane per trovarne uno quando andai alle nozze di mio cugino, ed eravamo al principio di gennajo.

— Ebbene! anderò così, riprese Marcello passeggiando a gran passi. Non sarà mai detto che una meschina quistione di etichetta mi abbia impedito di fare il primo passo in società.

— A proposito! e gli stivali? interruppe Schaunard, il quale si divertiva a far arrabbiare il suo amico.

— Ah! sclamò Marcello ed uscì in uno stato impossibile a descriversi. Due ore dopo ritornava carico di.... un colletto da camicia.

— Ecco qui tutto quanto ho potuto trovare, diss'egli sentimentalmente.

— Non valeva la pena di correre per sì piccola cosa, riprese Schaunard, qui c'è della carta bastante da farne una dozzina.

— Ma, disse Marcello strappandosi i capelli, — noi dobbiamo avere qualche oggetto, diavolo!

Poscia incominciò una lunga perquisizione in tutti gli angoli della camera.

Dopo un'ora di ricerche egli realizzò una toletta così composta:

Un calzone scozzese,
Un cappello grigio,
Una cravatta rossa,
Un guanto bianco,
Un guanto nero.

— In caso di bisogno puoi farti due guanti neri, disse Schaunard, ma quando tu sarai vestito tu sembrerai lo spettro solare.

Intanto Marcello provava gli stivali.

Fatalità! essi erano entrambi dello stesso piede!

L'artista disperato scorse in un canto un vecchio stivale dove si mettevano le vesciche dei colori vuote. Egli l'afferrò.

— Da *la padella nelle bragie* disse il suo ironico amico: l'uno ha la punta acuta e l'altro l'ha quadrata.

— Non si vedrà: l'invernicerò.

— È un'idea! Non ti manca più altro che un abito nero.

— Oh, disse Marcello — e si mordeva i pugni — darei dieci anni di vita, e la mia mano dritta per averne uno.

A questo punto si udì di nuovo bussare all'uscio. Marcello aperse.

— Il sig. Schaunard? disse un forestiero che si fermò sulla soglia.

— Son io, rispose il pittore pregandolo di entrare.

— Signore, disse lo sconosciuto, possessore di una di quelle faccie oneste che sono il tipo del provinciale; mio cugino m'ha parlato molto vantaggiosamente del vostro talento nel fare ritratti, e siccome io sto per andare alle Colonie, dove sono mandato in delegazione dai raffinatori di zuccheri di Nantes, vorrei lasciare alla mia famiglia un mio ricordo. Ecco perchè sono venuto a trovarvi.

— O santa Provvidenza!... mormorò Schaunard a Marcello, — dà una sedia al signore....

— Blancheron, riprese lo straniero; — Blancheron da Nanty, delegato dell'industria zuccheriera, antico podestà di V...., capitano della guardia nazionale, ed autore di un trattato sulla questione degli zuccheri.

— Sono ben onorato dalla vostra scelta, disse l'artista inchinando il delegato dei raffinatori. — Come volete sia fatto il ritratto?

— In miniatura, come quello là, rispose il signor Blancheron indicando un ritratto all'olio; poichè pel delegato come per molti altri individui tutto ciò che non è pittura di stanza è miniatura; non c'è via di mezzo. Quest'innocenza diede a Schaunard la misura del buon uomo che aveva per le mani, e soprattutto allorchè quegli gli disse che desiderava avere il ritratto dipinto con colori fini.

— Io non ne adopero mai altri, disse Schaunard. Di qual grandezza lo desiderate voi?

— Grande così, disse il Blancheron indicando una tela di venti. — Quanto costa questo?

— Da cinquanta a sessanta franchi; cinquanta senza mani; sessanta colle mani.

— Diancine, mio cugino mi aveva parlato di trenta franchi.

— È secondo la stagione, rispose il pittore; i colori sono più o meno cari secondo il tempo.

— Oh! bella! come lo zucchero!

— Tal e quale.

— Sia dunque: cinquanta franchi.

— Voi avete torto; per dieci franchi di più voi avreste le mani, ed io vi metterei il vostro trattato sulla questione degli zuccheri, è lusinghiero!

— Voi avete ragione davvero.

— Sacrebleu! disse fra sè Schaunard, se egli continua così mi farà scoppiare ed io lo ferirò con una delle mie scheggie.

— Hai veduto? disse Marcello in un orecchio a Schaunard.

— Cosa?

— Ha un vestito nero!

— Capisco ed entro nelle tue idee. Lascia fare a me.

— Ebbene, signore, disse il delegato; quand' è che cominceremo?

— Vorrei far presto, perchè parto fra giorni.

— Anch' io debbo fare un piccolo viaggio: dopo domani parto, dunque se volete possiamo incominciare subito. Una buona seduta porterà avanti il lavoro.

— Ma.... a momenti sarà notte ed io credo che non si possa dipingere al lume della candela.

— Il mio studio è disposto in modo che si può dipingere ad ogni ora..... rispose il pittore. Se voi volete togliervi il vestito e prendere la posa noi incominceremo.

— Togliermi il vestito?.... e perchè?...

— Ma, voi m' avete detto che voi destinate il vostro ritratto alla vostra famiglia?

— Certo che sì.

— In tal caso voi dovete essere rappresentato col vostro abito di casa, una veste da camera. Del resto quest'è l'usanza.

— Ma qui non ho veste da camera.

— Ne ho ben io. — Il caso è preveduto.

E Schaunard presentò al suo modello un cencio storiato di macchie di colori, e sì strano che l'onesto provinciale esitava a prenderlo.

— Quest'abito è singolare, diss'egli.

— É ben prezioso, rispose il pittore. — Un visir turco lo regalò ad Orazio Vernet, il quale lo regalò a me. — Io sono suo allievo.

— Voi siete allievo di Vernet, disse Blancheron.

— Sì, signore, e me ne vanto. — Orrore!!! io rinnego i miei Dei! mormorò fra sè il pittore.

— Ne avete ragione, giovinotto, rispose il delegato mettendosi la veste da camera d'una sì nobile origine.

— Attacca l'abito di questo signore al portamantelli, disse Schaunard al suo amico con un ammicco significativo.

— Di', mormorò Marcello slanciandosi sulla sua preda e mostrando il Blancheron, com'è buono!! se tu potessi tenerlo qui un pezzetto?

— Procurerò! ma non si tratta di ciò: vestiti e vattene. Ritorna per le dieci; lo terrò qui fino allora. Sovratutto ricordati di portarmi qualche cosa in tasca.

— Ti porterò un'ananas, disse Marcello fuggendo via.

Si vestì: l'abito gli andava come un guanto: poi uscì dalla seconda porta dello studio.

Schaunard s'era messo a lavorare. Calata affatto la sera il sig. Blancheron udì suonare sei ore e si ricordò che non aveva ancora pranzato. Egli lo disse al pittore.

— Sono anch'io nello stesso caso, ma per questa sera ne farò a meno per farvi piacere. Ero invitato in una casa del sobborgo S. Germano, peccato. Ma noi non possiamo muoverci; la rassomiglianza si guasterebbe.

E riprese il lavoro.

— Però, diss'egli tutt'ad un tratto, noi possiamo pranzare senza muoverci. Qui abbasso c'è un trattore eccellente il quale ci porterà disopra tutto ciò che vorremo.

E Schaunard aspettò l'effetto del suo colpo strategico.

— Divido la vostra idea, disse Blancheron, e spero che mi farete l'onore di farmi compagnia. Schaunard fece un'inchino.

— Davvero è un brav'uomo, diss'egli fra sè, è un vero inviato della Provvidenza. Poi a lui — Volete scrivere ciò che desiderate?

— Mi fareste piacere occupandovene voi stesso.

— Te ne pentirai, Nicola, canterellò il pittore scendendo la scala a precipizio.

Egli entrò dal trattore, si mise al banco e scrisse una nota che fece impallidire il Vatel di questa classe.

— Del Bordeaux al solito.

— Chi paga! chiese l'oste.

— Probabilmente non sarò io, rispose Schaunard, ma un mio zio che vedrete su in istudio, un ghiottone finito. Procurate dunque di distinguervi e serviteci fra una mezz'ora: — piatti di porcellana, neh!...

. . . .

A ott'ore il Signor Blancheron sentiva già il bisogno di espandere nel seno d'un amico le sue idee sull'industria zuccherina, ed egli recitò a Schaunard il trattato da lui scritto.

Questi l'accompagnava al piano forte.

Alle dieci ore il Signor Blancheron ed il suo compagno ballavano il galop e si davano del *tu*.

Alle undici giurarono di non abbandonarsi mai più; e ciascun di loro scrisse il suo testamento nel quale si instituivano eredi a vicenda.

A mezzanotte Marcello tornò a casa e li trovò abbracciati: essi piangevano disperatamente. C'era già un mezzo pollice d'acqua nello studio. Marcello inciampò nel tavolino e vide gli splendidi avanzi del magnifico banchetto. Esaminò le bottiglie: esse erano a secco.

Volle svegliar Schaunard, ma questi lo minacciò d'ucciderlo se tentava di rapirgli il suo Blancheron, che gli serviva di guanciale.

— Ingrato, disse Marcello; — ed io gli portavo da pranzo.

E depose sul tavolino un pugno di nocciuole.

CAPITOLO III.

AMORI QUARESIMALI.

Una sera di quaresima Rodolfo si ritirò di buon ora coll'intenzione di lavorare, ma egli s'era appena messo al tavolino, che uno strano rumore lo distrasse. Applicando l'orecchio alla indiscreta impennata che lo separava dalla vicina camera, stette un momento in ascolto ed udì distintamente un dialogo alternato di baci ed altre amorose onomatopee.

— Diavolo! pensò Rodolfo guardando il pendolo, non è tardi e la mia vicina è una Giulietta, che di solito tiene con lei il suo Romeo fin dopo il mattutino canto dell'allodola. Stanotte non potrò lavorare.

Prese il cappello ed uscì.

Deponendo la chiave nella loggia del portinajo egli vide la moglie dello stesso portinajo fra le braccia d'un galante. La povera donna ne rimase sì spaventata, che per cinque minuti non seppe aprire la porta.

— È un fatto, pensò Rodolfo, che vi sono dei momenti in cui le portinaje ridiventano donne.

Aprendo la porta egli vide sul canto un *sapeur* pompiere ed una cuciniera che si tenevano per mano e si scambiavano delle caparre d'amore.

— Per bacco! disse fra sè Rodolfo, facendo allusione al guerriero ed alla sua robusta compagna: ecco qui degli eretici, i quali non pensano che siamo in quaresima.

Egli s'avviò verso la casa d'un suo amico, che abitava in quella vicinanza.

— Se Marcello è in casa, pensava, passeremo insieme la serata parlando male di Colline. Bisogna ben far qualche cosa...

Mentre egli batteva una clamorosa chiamata, la porta si aprì ed un giovinotto, semplicissimamente vestito d'una camicia e d'un occhialino, si presentò.

— Non ti posso ricevere, diss'egli a Rodolfo.

— Perchè?

— Ecco, rispose Marcello indicando una testa di donna che si mostrava dietro una tenda. Ecco lì la mia risposta.

— Non è bella, riprese Rodolfo mentre gli si chiudeva sul naso la porta.

— Che fare? diss'egli fra sè quando fu in istrada — Se andassi da Colline? — Noi passeremmo la serata parlando male di Marcello.

Traversando la via dell'Ouest, generalmente oscura e poco frequentata, Rodolfo vide un'ombra che passeggiava malinconicamente masticando delle rime fra i denti.

— Eh, eh, disse Rodolfo, chi è quel sonetto che monta la sentinella? Oh bella, Colline?

— Oooh! Rodolfo! Dove vai?

— A casa tua.

— Non mi troverai.

— Cosa fai quì?

— Aspetto.

— E.... cos' aspetti?

— Ah! rispose Colline con una sarcastica enfasi, che si può mai aspettare quando si hanno vent'anni, e che vi sono delle stelle nel cielo, e delle canzoni nell'aria?

— Parla in prosa.

— Aspetto una donna.

— Buona sera, disse Rodolfo continuando la sua strada e parlando fra sè. Ahi! è forse S. Cupido oggi? Non potrò far un passo senza inciampare in una coppia amorosa! È una cosa immorale scandalosa. Che diavolo fà la polizia?

Siccome il Luxembourg era ancora aperto, Rodolfo vi entrò per accorciare la strada. Ma in mezzo ai viali vedeva fuggirgli davanti spaurite dai suoi passi delle coppie amorosamente intrecciate, le quali cercavano, come disse un poeta, la doppia voluttà del silenzio e dell'ombra.

— Questa è una serata che fu copiata in nessun romanzo, disse Rodolfo.

Intanto, colpito suo malgrado da un voluttuoso incanto, egli sedette su d'un banco di pietra e guardò sentimentalmente la luna.

In capo ad alcuni minuti egli era completamente sotto il giogo di una febbre allucinante. Gli sembrava che gli dei e gli eroi di marmo che popolano il giardino scendessero dai loro piedestalli per andare a far la corte alle Dee ed alle eroine loro vicine; egli udì chiaramente il grosso Ercole spifferare un madrigale alla Valleda, la tunica della quale sembrava a Rodolfo straordinariamente corta. Infine dal luogo dov'era seduto vide il cigno della vasca dirigersi verso una ninfa dei dintorni.

— Bene, pensò Rodolfo, il quale accettava tutta questa mitologia: ecco Giove che va al suo appuntamento con Leda. Basta che il guardiano non li colga!...

Poi si prese la fronte fra le mani e conficcò più addentro le bianco-spino del sentimento. Ma in questo bel momento del suo sogno Rodolfo fu risvegliato da un guardiano che battendogli sulle spalle gli disse:

— Bisogna sortire, signore.

— Fortunatamente, pensò Rodolfo: — se fossi stato qui cinque minuti ancora avrei finito col fare all'amore anch'io con qualcuna di queste marmoree beltà.

E, salutato il guardiano, uscì in fretta dal Luxembourg, canterellando a bassa voce una romanza sentimentale, che per lui era la marsigliese dell'amore.

Una mezz'ora dopo — io non so come — egli

era al *Prado*,[1] seduto ad un tavolino con del punch e occupato a parlare con un giovanotto celebre pel suo naso, e il quale per un privilegio particolare avea il profilo aquilino, e di faccia era schiacciato, — un naso famoso, che ebbe tante galanti avventure da poter dare un buon consiglio in certi casi, ed essere utile ad un'amico.

— Dunque, diceva Alessandro Schaunard, il padrone di quel naso — tu sei innamorato.

— Sì, caro mio. Quest'incomodo mi assalì poco fa tutto ad un tratto: è come un forte mal di denti che ho al cuore.

— Dammi del tabacco, disse Alessandro.

— Figurati, continuava Rodolfo, che da due ore in quà non incontro che innamorati — uomini e donne due a due. Mi venne in mente di passare pel Luxembourg e vi ho veduto ogni specie di fantasmagorie; tutto ciò mi ha sconvolto il cuore in modo straordinario. Mi spuntano delle elegie; belo, vado tubando come un piccione; sono metà-anguilla, metà tortorella. — Guarda bene, io debbo avere della lana e delle penne.

— Cos' hai bevuto? disse Alessandro ridendo: tu mi fai stupire...

— Ti giuro che sono a sangue freddo, rispose Rodolfo. Cioè, nò, ma ti annunzio che ho bisogno di

---

[1] Si chiama Prado una sala dove si danno pubblici balli tre o quattro volte la settimana. È presso il Ponte des Jardins ed è frequentato specialmente dagli studenti ed artisti.

abbracciare qualche cosa. Vedi, Alessandro ? l'uomo non deve vivere solo; in poche parole bisogna che tu mi ajuti a cercare una donna. — Facciamo il giro del ballo e tu anderai a dire alla prima donna che ti indicherò che io l'amo pazzamente.

— Perchè non anderai tu stesso a dirglielo, riprese Alessandro colla sua magnifica voce di basso nasale.

— Eh mio caro, ti assicuro che ho dimenticato affatto il modo di dirle queste cose. I miei amici hanno sempre scritte le prefazioni di tutti i miei romanzi d'amore, — alcuni poi scrissero anche la catastrofe.

— Basta saper finire, disse Alessandro, ti capisco. — Ho veduto una ragazza che è passionata pel corno inglese: tu potresti fare il caso suo, forse.

— Ah, disse Rodolfo, desidererei ch'essa avesse dei guanti bianchi e gli occhi azzurri.

— Diavolo! gli occhi azzurri, non dico.... ma guanti!.... tu sai che non si può aver tutto alla volta. — Nondimeno, andiamo nel quartiere dell'aristocrazia.

— Guarda, disse Rodolfo entrando nella sala dove si fermano le più eleganti donne del luogo; eccone là una che ha una fisonomia abbastanza dolce, ed egli indicò una ragazza elegantemente abbigliata, che stava in un canto.

— Va bene, disse Alessandro: stà un pò indietro, io vado a lanciare il brulotto della passione per tuo conto. Quando dovrai venire, ti chiamerò.

Alessandro intrattenne la giovanetta per dieci minuti, ed essa dopo aver riso giocondamente coll'araldo amoroso finì col lanciare a Rodolfo un'occhiata, che diceva abbastanza chiaro: Venite, il vostro avvocato ha guadagnata la causa.

— Va, disse Alessandro, la vittoria è nostra: la piccina non è crudele, mi pare, ma per incominciare sarebbe bene che tu facessi l'innocente.

— Non c'è bisogno di raccomandarmelo.

— Allora dammi del tabacco, e vatti a sedere accanto a lei.

— Dio mio, disse la giovanetta allorchè Rodolfo si fu seduto presso di lei, come è originale il vostro amico; parla come un corno da caccia.

— Difatti è filarmonico, rispose Rodolfo.

Due ore dopo Rodolfo e la sua compagna erano fermi davanti una casa della via S. Denis.

— Io abito qui, diss'ella.

— Ebbene, carissima Luisa, quando e dove vi rivedrò?

— Domani sera alle otto, in casa vostra.

— Davvero?

— Ecco la mia promessa, rispose Luisa offrendo le fresche sue gote a Rodolfo, il quale morse a sazietà quei bei frutti maturi di giovinezza e di salute.

Rodolfo ritornò a casa pazzo ubbriaco.

— Oh, diss'egli passeggiando la sua camera a gran passi; — così non può passare; — bisogna che faccia dei versi.

L' indomani mattina il suo portinajo trovò nella camera di Rodolfo una trentina di fogli di carta in cima ai quali si pavoneggiava maestosamente questo solitario verso:

« Oh amore, amor, di gioventude il prence ».

Rodolfo s'era, contro la sua abitudine, svegliato di buon'ora, e si era alzato subito benchè avesse dormito assai poco.

— Oh! sclamava, oggi dunque è il gran giorno! Ma dodici ore di aspettativa!... Come riempire queste dodici eternità?...

E cadendo il suo sguardo sul tavolino, egli vide la penna che sembrava dirgli: Lavora!...

— Ah sì, lavora!! al diavolo la prosa! Non voglio star qui; c'è un puzzo d' inchiostro...

Andò a mettersi in un caffè dove era certo di non trovar amici.

— Essi si accorgerebbero ch'io sono innamorato, pensava fra sè, e mi spennerebbero il mio ideale.

Prese un succinto pasto e corse ad una strada ferrata.

Mezz'ora dopo egli era in mezzo ai boschi di Ville d'Avray.

Ivi passeggiò tutto il giorno, sguinzagliato attraverso la natura ringiovanita, e non ritornò a Parigi, che al cader della notte.

Dopo aver fatto mettere in ordine il tempio che doveva ricevere il suo idolo, Rodolfo fece una toiletta di circostanza, e fu assai dolente di non potersi vestire tutto di bianco.

Dalle sette alle otto ore Rodolfo fu in preda alla febbre acuta dello aspettare, lento supplizio, il quale gli ricordò i suoi giorni passati e gli antichi amori che li avevano abbelliti. Poi secondo il suo solito, egli sognò una gran passione, un' amore in dieci volumi, un vero poema lirico con chiari di luna, tramonti di sole, appuntamenti sotto i salici, gelosie, sospiri ed il rimanente. Tutte le volte che il caso conduceva una donna alla sua porta succedeva sempre lo stesso: nessuna di esse lo aveva abbandonato senza portare con sè un' aureola di lagrime sulla fronte, od una collana, pure di lagrime, al collo.

— Esse vedrebbero più volontieri un cappello o degli stivallini, gli dicevano i suoi amici, ma Rodolfo si ostinava, e fino adesso le molte lezioni avute non avevano potuto guarirlo. Egli aspettava sempre una donna che volesse rappresentare la parte di idolo; un angelo in veste di velluto, al quale egli potesse dedicare a suo bell' agio dei sonetti scritti su delle foglie di salice piangente.

Finalmente il nostro innamorato sentì suonare *l'ora santa*, e, mentre batteva l'ultimo tocco, gli parve che l'*Amore* e la *Psiche* che ornavano la sua pendola confondessero insieme i loro corpi di alabastro. In quel punto furono bussati due timidi colpi alla porta.

Rodolfo andò ad aprire; era Luisa.

— Io sono di parola, diss' ella, vedete?

Rodolfo tirò la tenda ed accese una candela nuova.

La ragazza intanto s'era tolto il cappello e lo scialle, che pose sul letto. L'abbagliante candidezza delle lenzuola la fece sorridere ed arrossire.... quasi...

Luisa era piuttosto graziosa che bella; il suo fresco visetto aveva un'espressione metà innocente metà maliziosa. Tutta l'attraente giovinezza di lei era messa in rilievo da un abbigliamento, il quale, benchè semplicissimo, provava il suo gusto innato per l'ambizione proprio di tutte le donne dalle fascie fino alla veste di sposa.

Luisa sembrava avesse specialmente studiato la teoria della posa ed ella davanti Rodolfo prendeva delle seducenti attitudini le quali benchè manierate avevano però della grazia: — i suoi piedi calzati accuratamente erano d'una soddisfacente piccolezza... anche per un romantico innamorato delle miniature andaluse o chinesi. Quanto alle sue mani, la loro delicatezza attestava il suo far niente. Diffatti già da sei mesi esse non temevano i morsi dell'ago. Insomma Luisa era uno di quegli uccelli instabili e passaggeri i quali per capriccio o per bisogno fanno il loro nido per un giorno in una soffitta del quartiere latino [1] o vi stanno qualche dì, se si ha il talento di ritenerli con un capriccio o con dei nastri.

1 Quartiere o paese latino si chiama la parte del sobborgo S. Germain più specialmente abitata dagli studenti e dagli artisti.

Dopo aver chiaccherato un'ora con Luisa il nostro Rodolfo le fece vedere come un modello il gruppo d'Amore e Psiche.

— È il gruppo di Paolo e Virginia? Domandò Luisa.

— Sì, rispose Rodolfo, il quale non volle contraddirle per la prima volta.

— Sono bene imitati disse Luisa.

— Ahimè! pensò Rodolfo guardandola: la poveretta non possiede troppa letteratura! Sono sicuro ch'ella si limita all'ortografia del cuore, quella che non mette la s al plurale. Bisognerà che le comperi una grammatica.

— Intanto, siccome Luisa si lamentava che i suoi stivaletti le facevano male, Rodolfo l'ajutò a slacciarli.

Tutt'ad un tratto la candela si spense.

— Oh bella! chi è che l'ha spenta? disse Rodolfo.

La risposta fu uno scoppio di risa....

. . . .

Alcuni giorni dopo Rodolfo incontrò per istrada un suo amico.

— Che fai tu? chiese l'amico. Non ti si vede più?

— Faccio della poesia intima. Rispose Rodolfo.

Lo sciagurato diceva la verità. Egli aveva voluto ottenere da Luisa più di quanto la poverina poteva accordargli. Essendo *Zampogna* non poteva suonare come una *Lira*. Ella parlava il vernacolo; per dir così, dell'amore, e Rodolfo voleva assolutamente parlarle la bella lingua: — perciò non si capivano troppo.

Otto giorni dopo, allo stesso ballo dove aveva incontrato Rodolfo, Luisa trovò un giovanetto biondo, il quale la fece ballare diverse volte e dopo il ballo l'accompagnò a casa sua.

Era uno studente del second'anno: egli parlava eccellentemente la prosa dei divertimenti, aveva dei begli occhi ed il taschino suonante.

Luisa si fece dare da lui carta, penna e calamajo e scrisse a Rodolfo una lettera così concepita

« Non far più conto su me: io ti abbraccio per l'ultima volta. Addio.

Luisa.

Mentre Rodolfo leggeva quel viglietto la sera appena tornato a casa la candela si spense consunta.

— Oh! il caso! disse Rodolfo in via di riflessione, è la candela che accesi la sera che Luisa venne per la prima volta; essa doveva finire colla nostra relazione. — Se l'avessi saputo l'avrei scelta più lunga, soggiunse con un accento fra il dispetto e il dispiacere; poi ripose il viglietto della sua *innamorata* in un cassetto ch'egli aveva battezzato le *catacombe dei suoi amori.*

. . . .

Un giorno, in casa di Marcello, Rodolfo raccolse da terra un pezzetto di carta per accendere la pipa e riconobbe la scrittura e la ortografia di Luisa.

— Ho anch'io un autografo della stessa persona, disse egli, però nel mio vi sono due errori di meno che nel tuo. È ella questa una prova ch'ella mi amasse più di te?

— Questa è una prova che tu sei uno scempio, rispose Marcello: le spalle bianche e le candide braccia non hanno bisogno di sapere la grammatica.

CAPITOLO IV.

RODOLFO, OSSIA IL TURCO PER NECESSITÀ.

Colpito d'ostracismo da un padrone di casa nemico dell'ospitalità, Rodolfo da qualche tempo viveva più felice delle nuvole e perfezionava a tutto potere l'arte di andare a letto senza cena. Il suo cuoco si chiamava *Caso* ed il suo albergo era spesso quello della *Stella*.

C'erano però due cose che non abbandonavano mai Rodolfo in mezzo alle sue traversie, cioè il suo buon umore ed il manoscritto del *Vendicatore*, dramma che aveva picchiato invano, invano fatte delle stazioni in tutti i siti drammatici di Parigi.

Un giorno Rodolfo, condotto in prigione per aver ballato un pò troppo macabrescamente, si trovò naso a naso con un suo zio — certo signor Monetti, fumista, fabbricante di stufe e sergente della guardia Nazionale, che Rodolfo non aveva veduto da un'eternità.

Commosso dalla disgrazia di suo nipote lo zio Monetti promise di migliorare la sua condizione; e vedremo come, se il lettore non ha paura di salire sei piani.

Pigliamo dunque l'appoggiatojo e saliamo. Auff! Cento-venti-cinque gradini! Eccoci arrivati — Un passo di più e siamo in camera — un'altro e saremo usciti; l'appartamento è piccolo, ma è alto; e del resto buon'aria e bella vista.

I mobili sono molti, camini alla prussiana, due stufe, dei fornelli economici e ... (soprattutto quando non vi si accenda fuoco) — una dozzina di tubi di terra rossa ed una folla di utensili per riscaldare gli appartamenti. Citiamo finalmente per finir l'inventario, un *hamac* sospeso a due chiodi piantati nel muro, un sedile di giardino amputato d'una gamba, un candelliere ornato del suo piattello e diversi altri oggetti di arte fantastici.

Quanto al secondo locale — il balcone — durante la bella stagione si trasformava in *parco* grazie a due cipressi nani.

Nel momento in cui noi entriamo l'abitatore del luogo, vestito da turco d'opera buffa, sta terminando una refezione colla quale egli offende sfacciatamente la legge del Profeta, il che è dimostrato da un ex-prosciutto, e da una bottiglia *alias* piena di vino. — Finito il pasto il giovane turco si sdrajò all'orientale per terra e si mise a fumare negligentemente un narghilèh marcato J.-G. [1] Nel tempo stesso ch'egli si abbandonava all'asiatica beatitudine egli accarezzava la schiena di un magnifico cane di Terra Nuova, il quale avrebbe certamente corrisposto alle sue carezze se non fosse stato di terra cotta.

[1] Pipa da gesso della fabbrica J. Gambier.

Tutt'ad un tratto si udì un rumore di passi nel corritojo e la porta della camera s'aperse per lasciar passare un personaggio il quale, senza proferir verbo, andò difilato presso una stufa che serviva di tavola da scrivere, aperse la porta del forno, e ne tirò fuori un rotolo di carta ch'egli esaminò con molta attenzione.

— Come? gridò il nuovo arrivato, con un accento Piemontese — tu non hai ancora finito il capitolo della Ventosa?

— Vi domando scusa, caro zio, — rispose il Turco — il capitolo della Ventosa è uno dei più interessanti dell'opera, e vuol essere accuratamente studiato. — Io lo stò studiando.

— Ma sciagurato, tu mi rispondi sempre la stessa cosa! — Ed il capitolo dei Caloriferi? dov'è?

— Il Calorifero va bene. — Ma a proposito, caro zio, se voi poteste darmi un pò di legna non mi farebbe male. — Qui sono in una piccola Siberia. — Ho tanto freddo che farei scendere il termometro sotto lo zero, soltanto guardandolo.

— Come? hai già abbruciato la fascina?

— Vi domando scusa, zio mio, vi sono fascine e fascine, e la vostra era sì piccola!

— Ti manderò un ceppo economico: — esso conserva il calorico.

— Sì, ed è perchè lo conserva per sè che non ne manda fuori.

— Bene, disse ritirandosi il Piemontese, — ti farò portar sù un pò di legna, ma per domani voglio il mio capitolo dei Caloriferi.

— Quando avrò del fuoco esso m'inspirerà, disse il Turco: e lo zio lo chiuse in camera a chiave. Se noi scrivessimo una tragedia questo sarebbe il vero momento di far comparire il confidente. — Egli, che avrebbe nome Nureddin oppure Osmano, si accosterebbe al nostro eroe con un fare misterioso e protettore e gli farebbe partorire dei versi col mezzo di questi altri ch'egli reciterebbe:

« Qual funesto dolor sì t'ange, o Sire?
» Perchè tanto pallor t'imbianca il ciglio?
» Forse è nemico Allah al tuo desire?
» Forse il feroce Ali con vil consiglio,
» Gensaio dell'amor tuo, bandir faceva
» Colei che agli occhi tuoi tanto piaceva?

Ma noi non scriviamo tragedie, e siamo costretti di far a meno d'un confidente, per quanto grande sia il bisogno che ne abbiamo.

E poi il nostro eroe non è ciò che pare — il turbante non fà il Turco — Questo giovanotto è il nostro amico Rodolfo, ospitato da suo zio, pel quale stà redigendo un manuale del *Perfetto Fumista*.

Questo degno Piemontese aveva fabbricato per suo uso e consumo un'assioma che poteva fare la pariglia con quello di Cicerone, e nei suoi momenti d'entusiasmo egli sclamava:

Nascuntur poèliers!

Un giorno pensò a formulare un codice teorico per l'utilità delle razze future, e sceglieva suo nipote, come abbiamo veduto, per mettere in quadro le sue idee con una forma che potesse farle capire. — Rodolfo aveva vitto, alloggio ec. ec. e finito il *Manuale* doveva ricevere trecento franchi di gratificazione.

I primi giorni il signor Monetti, per incoraggiare il nipote, gli aveva fatto una anticipazione di cinquanta franchi. — Ma Rodolfo che da più d'un anno non aveva veduto simili somme era uscito mezzo pazzo in compagnia dei suoi scudi ed era rimasto fuori tre giorni; — ritornando il quarto di soltanto a casa — e solo!

Monetti, il quale aveva premura di vedere finito il suo *Manuale*, poichè egli voleva domandare un privilegio, temeva che suo nipote facesse nuove scappate e per obbligarlo a lavorare pensò di metterlo nell'impossibilità di uscire, quindi gli portò via tutti i suoi abiti, lasciandogli invece il vestito da maschera col quale l'abbiamo veduto.

Ciononostante il *Manuale* andava sempre pianino: Rodolfo non aveva nessuna delle corde necessarie per questo genere di letteratura. Lo zio si vendicava di questa indifferenza in fatto di camini facendogli soffrire mille miserie. — Una volta gli diminuiva il pasto — un'altra, più spesso, non gli dava tabacco da fumare.

Una domenica Rodolfo, dopo aver sudato sangue ed acqua sul famoso capitolo della Ventosa, ruppe la penna che gli abbruciava le dita ed andò a passeggiare nel *parco*.

Come per fargli rabbia e fargli venire ancora più voglia egli non poteva arrischiarsi a guardare d'intorno senza vedere a tutte le finestre una faccia di fumatore.

Al dorato balcone d'una casa nuova un dion in veste da camera masticava tra' denti l'aristocratico *panatella*. Al piano disopra un'artista cacciava fuori la nebbia odorosa d'un tabacco di levante che abbruciava in una pipa a becchette d'ambra. Alla finestra d'un caffè un rubicondo Tedesco faceva spumeggiare la birra e gettava le nubi opache che scappavano fuori da una pipa di Cudmer. Da un' altra parte gruppi di operai che, se ne andavano fuori delle porte della città passavano cantando col loro *gessino* in bocca. — Insomma tutti i pedoni che riempivano la contrada, tutti fumavano.

— Ahimè! diceva invidiosamente Rodolfo — i camini di mio zio ed io siamo i soli che non fumiamo in tutto il creato!

E Rodolfo colla fronte appoggiata alla ringhiera del balcone pensò alle amarezze della vita.

Tutto ad un tratto un sonoro scoppio di riso si fece udire sotto di lui. Rodolfo si sporse un po' in fuori per vedere donde usciva questo razzo di pazza allegria e s'accorse d'essere stato veduto dalla inquilina del piano dissotto. — Madamigella Sidonia, prima donna del teatro di Luxembourg.

La signora Sidonia s'avanzò sulla sua terrazza rotolando fra le dita con una sveltezza Castigliana un foglietino di carta pieno di tabacco biondo che ella portava in un sacco di velluto ricamato.

— Oh! la bella fumatrice! mormorò Rodolfo con un' ammirazione contemplativa.

— Chi è questo Alì-Bascià? pensava dal canto suo madamigella Sidonia.

E fra sè ella cercava un pretesto per intavolare la conversazione con Rodolfo, che dal canto suo faceva altrettanto.

— Ah Dio mio! sclamò la signorina Sidonia, come parlando fra sè — che noja! — non ho zolfanelli!

— Signora mi permettereste di offrirvene? disse Rodolfo lasciando cadere sulla terrazza due o tre zolfanelli involti in un pezzo di carta.

— Mille grazie! rispose Sidonia accendendo il suo sigaretto.

— Dio mio, signora,.... continuò Rodolfo potrei ardire di domandarvi un cambio del piccolo servigio che il mio buon angelo mi ha concesso di rendervi....

— Come? egli domanda già? pensò Sidonia guardando Rodolfo attentamente. — Ah.... questi Turchi! si dice che siano volubili ma divertenti. — Parlate, signore, disse ella alzando la testa verso Rodolfo, — che desiderate?

— Signora, io vi domanderei la carità d'un pò di tabacco: son due giorni che non fumo. — Una pipa sola....

— Con molto piacere, signore. Come faremo? Datevi il disturbo di scendere un piano.

— Ahimè! non mi è possibile!.... son chiuso in camera, ma mi resta la libertà di servirmi di un mezzo assai semplice, disse Rodolfo. — Egli attaccò la sua pipa ad una cordicella e la lasciò sdrucciolare sulla terrazza: madamigella Sidonia la caricò ella stessa e con abbondanza: Poi Rodolfo si mise ad operare l'ascensione della sua pipa adagio e con riguardo: essa arrivò sana e salva.

— Ah signora, diss'egli a Sidonia, quanto mi sarebbe sembrata migliore questa pipa se io avessi potuto accenderla al fuoco dei vostri occhi!

Quest'era la centesima edizione almeno di questa piacevolezza, ma Madamigella Sidonia la trovò superba egualmente.

— Voi m'adulate, si credette in dovere di rispondere.

— Vi assicuro signora, che voi mi sembrate bella quanto le tre grazie.

— Decisamente *Ali-Bascià* è galante, pensò Sidonia.... Siete voi turco davvero, domandò ella a Rodolfo.

— Non per vocazione, rispose Rodolfo, ma per necessità. Io sono autore drammatico, signora.

— Ed io artista, — rispose Sidonia, ed aggiunse: mio signor vicino, volete farmi l'onore di venire a pranzo e passare la sera in casa mia?

— Ah! signora! benchè la vostra offerta mi schiuda il cielo, m'è impossibile accettarla. Ho già avuto l'onore di dirvi — ch'io sono chiuso in camera; è mio zio che mi tien carcerato, il signor Monetti fumista, del quale sono il segretario.

— Ah, ah, ma voi pranzerete con me istessamente, rispose Sidonia; — ascoltate bene; — io entrerò in camera mia e batterò sul soffitto. — Al luogo dove io batterò voi guarderete bene e vedrete i segni di un abbaino che c'era una volta e che fu chiuso: — trovate il modo di tirar fuori il pezzo che chiude il buco, benchè ciascuno in casa nostra noi saremo quasi insieme.

Rodolfo si mise al lavoro immediatamente e dopo cinque minuti di sforzi riuscì ad aprire la comunicazione fra le due camere.

— Ah, disse Rodolfo, il buco è piccolo, ma vi è spazio abbastanza per mandarvi il mio cuore.

— Adesso mettiamoci a pranzo. Preparate la tavola in casa vostra, io vi passerò i piatti. Rodolfo lasciò calare nella camera di Sidonia il suo turbante attaccato ad una cordicina e lo tirò su carico di commestibili — poi il poeta e l'artista si misero a mangiare ciascuno dal canto suo. — Rodolfo divorava coi denti il pasticcio, — cogli occhi Sidonia.

— Ahimè! disse Rodolfo, finito il pranzo — grazie a voi il mio stomaco è soddisfatto: non acquieterete voi la fame del mio cuore che è digiuno da tanto tempo?

— Povero ragazzo! disse Sidonia. — E salita sur un mobile, spinse fino alle labbra di Rodolfo una mano, che questi coperse di baci.

— Che disgrazia, disse Rodolfo, che voi non possiate imitare s. Dionigi, il quale aveva il diritto di portare in mano la propria testa!

Dopo pranzo incominciò una conversazione amoroso-letteraria. Rodolfo parlò del suo *Venditatore* e madamigella Sidonia lo pregò di leggerglielo. Chino sull'orlo del buco Rodolfo incominciò a declamare il suo dramma all'attrice, la quale s'era seduta nella sua poltrona messa sul *canterà*. Madamigella Sidonia dichiarò che il *Vendicatore* era un capolavoro, e siccome ella era un po' padrona in teatro promise a Rodolfo di far ricevere il suo dramma.

Nel momento più tenero della conversazione lo zio Monetti fece risuonare dal corritojo il suo passo leggiero — come quello del *Commendatore di Pietra*.

Rodolfo ebbe appena il tempo di chiudere l'abbaino.

— Prendi, disse Monetti a suo nipote — è una lettera per te, la quale ti corre dietro da un mese.

— Vediamo, disse Rodolfo. — Ah zio mio! egli sclamò, zio mio, sono ricco! Questa lettera mi annunzia che ho guadagnato un premio di 300 franchi ad un'Accademia di giuochi fiorali. — Presto il mio vestito, le mie cose. Io non posso uscire in questa figura.

— Tu non uscirai se non quando il mio *Manuale* sarà finito, disse lo zio, chiudendo in camera Rodolfo.

Rodolfo rimasto solo non esitò un minuto sul partito da prendere.

Egli legò ben forte al suo balcone un lenzuolo trasformato in corda a nodi, e ad onta del pericolo del tentativo egli discese sulla terrazza di Sidonia.

— Chi è? gridò Sidonia udendo battere ai vetri.

— Silenzio, aprite.

— Che volete? Chi siete?

— Potete voi domandarlo? Sono l'autore del *Vendicatore* — vengo a prendere il mio cuore che ho lasciato cadere in camera vostra dall'abbajno.

— Sciagurato ragazzo! avreste potuto cadere!

— Ascoltatemi, Sidonia, continuò Rodolfo, facendo vedere la lettera poco prima ricevuta, — Voi lo vedete la gloria e le ricchezze mi sorridono: faccia altrettanto l'amore. . . . . . .

. . . .

L'indomani mattina, coll'ajuto d'un travestimento mascolino procurato da Sidonia, Rodolfo potè fuggire dalla casa di suo zio. Egli volò dal corrispondente dell'Accademia dei giuochi fiorili, e vi ricevette una rosa selvatica d'oro della forza di 500 franchi.

Un mese dopo il signor Monetti veniva invitato ad assistere alla prima rappresentazione del *Vendicatore*. — Mercè il talento di Sidonia il dramma ebbe diciassette rappresentazioni, che fruttarono all'autore la cospicua somma di 40 franchi.

Qualche tempo dopo — durante la bella stagione — Rodolfo stava di casa sul viale di S. Cloud — egli abitava il terzo albero a sinistra uscendo dal bosco di Boulogne al quinto ramo.

CAPITOLO V.

LO SCUDO DI CARLO MAGNO.

Verso la fine del mese di dicembre i fattorini dell'Amministrazione Bidault furono incaricati di distribuire un centinajo circa di viglietti d'invito, dei quali ecco una copia viva ed autentica:

» Signore,

» I signori Rodolfo e Marcello vi pregano di far loro l'onore di passare la sera in casa loro, sabato prossimo, vigilia di Natale.

» Si riderà.

» Non si vive che una volta.

Programma della festa

» Alle sette ore si apriranno le sale; conversazione viva ed animata.

» Alle otto ingresso e passeggiata nella sala degli spiritosi autori della *Montagna partoriente*, comedia non accettata al Teatro dell'Odeou.

» Alle otto e mezzo il distinto virtuoso sig. Alessandro Schaunard eseguirà sul piano forte la famosa sinfonia imitativa: *L'influenza del bleu sulle arti*.

» Alle nove: prima lettura delle Memorie sulla abolizione della tragedia.

» Alle nove e mezzo il sig. Gustavo Colline, filosofo iperfisico ed il Sig. Schaunard apriranno la discussione di filosofia e politica comparata. — Allo scopo di evitare ogni possibile collisione fra i due antagonisti essi saranno entrambi legati.

» Alle dieci il sig. Tristan, letterato, racconterà i suoi primi amori. — Il sig. Schaunard l'accompagnerà sul piano forte.

» Alle dieci e mezzo seconda lettura delle memorie sull'abolizione della tragedia.

» Alle undici racconto fatto da un principe straniero di una caccia del Casoar.

Seconda parte

» A mezzanotte il sig. Marcello, pittore storico, si farà bendare gli occhi ed improvviserà alla matita bianca, l'incontro di Napoleone e Voltaire ai Campi Elisi. Il sig. Rodolfo improvviserà pure un paralello fra l'autore della *Zaira* e l'autore della Battaglia d'Austerlitz.

« A mezzanotte e mezzo il signor Colline, modestamente svestito, imiterà i giuochi atletici della quarta Olimpiade.

» Ad un'ora dopo mezzanotte terza lettura delle memorie sull'abolizione della tragedia e questua a benefizio degli autori tragici, che un giorno saranno senz'impiego.

» Alle due apertura dei giuochi ed organizzazione delle contradanze che si prolungheranno fino al mattino.

» Alle sei levata del sole e coro finale.

» Durante tutta la festa vi saranno dei ventilatori.

» NB. Chiunque volesse leggere o recitar versi sarà immediatamente scacciato é consegnato ai gendarmi. — Gli invitati sono pregati di non portar via i moccoli. »

Due dì dopo diverse copie di questa lettera circolavano nella terza categoria della letteratura e delle arti e vi suscitavano una profonda sensazione.

Però fra gli invitati ve ne erano alcuni, che mettevano in dubbio le splendidezze annunziate dai due amici.

— Diffido assai, diceva uno degli scettici — andai qualche volta ai mercoledì di Rodolfo — via della Tour d'Auvergne — non si poteva sedere che moralmente e si beveva dell'acqua torbida dentro vasi eclettici.

— Questa volta la cosa sarà seria — Marcello m'ha fatto vedere il programma della festa e promette un'effetto magico.

— Ci saranno donne?

— Sì: — Femia Teinturiére ha chiesto d'essere la regina della festa, e Schaunard deve condurvi delle signore del gran mondo.

Ecco in poche parole l'origine di questa festa che destava tanto stupore nel mondo Boemo che vive giù dei ponti. Da circa un'anno Marcello e Rodolfo avevano annunziato questo sontuoso festino, che doveva aver sempre luogo *sabato prossimo*; — ma penose circostanze avevano costretto la loro promessa a fare il giro di tutte le 52 settimane, di modo che essi erano giunti al punto di non poter più fare un passo senza inciampare in qualche ironia dei loro amici, fra i quali ce n'erano di quelli così indiscreti da formolare energiche proteste. La cosa incominciava a prendere il carattere d'una tortura: allora i due amici risolsero di mettervi fine liquidando l'impegno assunto. Per questo motivo essi avevano spedito l'invito che si è veduto.

— Ora, disse Rodolfo — non si può più ritirarsi; — noi abbiamo abbruciate le nostre navi: abbiamo ancora otto giorni per trovare i cento franchi che ci sono indispensabili per far bene le cose.

— Dal momento che ci vogliono li avremo, rispose Marcello.

E colla insolente confidenza che avevano nel caso i due amici si addormentarono convinti che i loro cento franchi erano in viaggio — il viaggio dell'impossibile.

Però l'antivigilia del giorno fissato per la festa, vedendo che non era arrivato nulla ancora, Rodolfo pensò che forse sarebbe stato più sicuro d'ajutare il *caso*, se non si voleva restare in piazza al momento di accendere i lampedari. Per maggiore facilità i due amici modificarono progressivamente la sontuosità del programma ch'essi s'erano imposti.

Di modificazione in modificazione, dopo aver fatto subire molti *deleatur* all'articolo rinfreschi, dopo avere accuratamente riveduto e corretto l'articolo *dolci*, il totale della spesa si trovò ridotto a 15 franchi.

La quistione era semplificata, — ma non risolta.

— Vediamo, vediamo, disse Rodolfo: — bisogna ricorrere ai grandi mezzi: — prima di tutto questa volta non possiamo far *riposo*.

— Impossibile! rispose Marcello.

— Quanto tempo è ch'io ho udito il racconto della Battaglia di Studzianka?

— Due mesi circa.

— Due mesi — bene, è un'onesta dilazione — mio zio non potrà lamentarsi — Anderò domani a farmi raccontare la battaglia della Studzianka — saranno cinque franchi — questi sono sicuri.

— Ed io, disse Marcello, anderò a vendere il mio *torrione abbandonato* al vecchio Medici. Saranno altri cinque franchi. Se ho tempo da farci due torrette, ed un molino ne caverò forse dieci franchi e noi avremo il nostro *budget*.

I due amici si addormentarono — e sognarono che la Principessa Belgiojoso li pregava di cambiare i loro giorni di ricevimento, per non costringerla a cambiare i suoi.

Marcello svegliatosi per tempissimo prese una tela e si mise presto presto a fabbricare un *torrione abbandonato*, articolo che un rigattiere della piazza del Carrousel gli domandava particolarmente.

Rodolfo dal canto suo andò a trovare il suo zio Monetti, il quale primeggiava nel racconto della ritirata di Russia. Rodolfo cinque o sei volte all'anno e nelle più gravi circostanze, gli procurava la soddisfazione di raccontare le sue campagne, mediante un pò di denaro che il fumista-veterano non gli disputava troppo quando sapeva dimostrare un grand'entusiasmo al racconto delle sue imprese.

Verso le due ore Marcello a fronte bassa e con un quadro sotto il braccio incontrò sulla piazza del Carrousel il suo amico Rodolfo, che ritornava da suo zio : — la sua attitudine annunziava una cattiva notizia.

— Ebbene, domandò Marcello, sei riuscito?

— No: mio zio andò a Varsailles a vedere il museo : e tu?

— Quell'animale di Medici non vuol più *torrioni in rovina*: egli mi ha chiesto un *Bombardamento di Tangeri*.

— Noi perdiamo la riputazione se non diamo la nostra festa, mormorò Rodolfo. Che penserà mai il mio amico, il critico influente, se gli faccio mettere per nulla una cravatta bianca e dei guanti gialli?

Ritornarono tutti e due allo studio in preda a vive inquietudine.

In quel momento suonarono le quattro al pendolo — d'un vicino.

— Non abbiamo più che tre ore per noi, disse Rodolfo.

— Ma, sclamò Marcello accostandosi al suo amico, sei tu sicuro, proprio sicuro, che non ci resta più denaro in casa? eh!

— Nè in casa, nè altrove. Da dove mai potrebbe venire un tale avanzo?

— Se guardassimo sotto i mobili . . . nelle sedie? Si dice che ai tempi dei Robespierre gli emigrati nascondevano i loro tesori. Chi sà? La nostra sedia a bracciuoli appartenne forse ad un'emigrato; è sì dura che ho pensato spesso che dentro vi sia del metallo. Vuoi farle l'autopsia?

— Quest'è un'opera comica, disse Rodolfo con un tuono severo indulgente.

Tutt'ad un tratto Marcello che aveva continuato le sue ricerche in tutti i canti dello studio gettò un grido di trionfo.

Siamo salvi! io ero sicuro che c'erano dei valori qui dentro! Prendi... guarda!

Ed egli faceva vedere a Rodolfo una moneta grande come uno scudo rosa a metà dalla ruggine e dal verderame.

Era una moneta Carlovingia di un certo qualche valore artistico. Sulla leggenda ben conservata si leggeva la data del Regno di Carlomagno.

— Questa vale trenta soldi, disse Rodolfo dando uno sguardo di sprezzo alla scoperta del suo amico.

— Trenta soldi bene spesi fanno molto effetto, rispose Marcello. — Buonaparte ha fatto miracoli con 1200 uomini. — L'abilità compensa il numero. — Vado a cambiare lo scudo di Carlomagno; vado dal Medici. Non c'è niente da vendere qui! Ma, per esempio, se portassi via il modello del tibia di Jaconowski, il tamburo maggiore Russo!! esso accrescerebbe il volume.

— Porta via il tibia. É desolante! non ci resterà più neppure un solo oggetto di arte!!

Mentre Marcello era assente Rodolfo deciso a dare la sua festa a qualunque costo andò a trovare il suo amico Colline, il filosofo iperfisico, che stava di casa lì presso.

— Vengo a pregarti di farmi un piacere, gli disse. Nella mia qualità di padrone di casa bisogna assolutamente ch'io abbia un abito nero, ed..... io non ne ho.... prestami il tuo.

— Ma, rispose esitando Colline — nella mia qualità di invitato ho anch'io bisogno del mio abito nero.

— Ti permetto di venire in *redingote*.

— Tu sai bene che io non ho mai avuto *redingote*.

— Bene, ascolta; la cosa può accomodarsi altrimenti. In caso di bisogno tu potresti anche non venire alla mia festa, e prestarmi il tuo abito nero.

— Tutto ciò non può stare; dal momento che sono sul programma non voglio mancare.

— Mancherà ben altro, rispose Rodolfo — Prestami il tuo abito nero, e se vuoi venire vieni come vuoi.... in manica di camicia..... ti farò passare per un servitore fedele.

— Oh nò, disse Colline arrossendo — Metterò il mio paletot nocciuola — Ma ad ogni modo ciò non mi è troppo spiacevole.

E vedendo che Rodolfo si era già impossessato del famoso abito nero, egli gridò:

— Ma aspetta, aspetta. — C'è dentro qualche cosetta.

Il vestito di Colline merita una speciale menzione. Prima di tutto quell'abito era completamente azzurro ed era per abitudine che Colline lo chiamava il suo abito nero. Siccome egli era il solo di tutta la compagnia che possedesse un vestito, così i suoi amici avevano preso anch'essi l'abitudine di dire, parlando del vestito ufficiale del filosofo — l'abito nero di Colline. Questo celebre vestito aveva inoltre una forma particolare e la più bizzarra: le falde erano lunghissime ed attaccate ad una taglia cortissima: esse possedevano due saccoccie veri abissi, nei quali Colline aveva l'abitudine di alloggiare una trentina di volumi, che egli portava ordinariamente con sè, il che faceva dire ai suoi amici, che durante le vacanze delle biblioteche, i sapienti ed i letterati potevano andar a prendere i loro riscontri nelle falde dell'abito di Colline, biblioteca ambulante sempre aperta ai lettori.

Per un caso straordinario quel dì l'abito di Colline non conteneva se non un volume in quarto di Bayle, un trattato delle facoltà iperfisiche in tre volumi, un tomo di Condillac, due volumi di Swedenborg ed il *Saggio sull'uomo* di Pope. Quando ebbe sbarazzato il suo vestito-biblioteca egli permise a Rodolfo di metterselo.

— Oh bella, disse questi, la tasca sinistra è ancora assai pesante.

Ah è vero! disse Colline, ho dimenticato di vuotare la tasca delle lingue straniere.

E ne tirò fuori due grammatiche arabe, un dizionario malese, ed un perfetto allevatore di buoi in Chinese: quest'era la sua favorita lettura.

Allorchè Rodolfo ritornò a casa trovò Marcello che giuocava alle piastrelle con dei pezzi da cinque franchi. A primo tratto Rodolfo respinse la mano che il suo amico gli porgeva: — Egli sospettava un delitto.

— Facciamo presto, facciamo presto, disse Marcello. Noi abbiamo i 15 franchi richiesti. Senti come li ho avuti. — Là dal Medici ho trovato un antiquario — Quand'ebbe veduto la mia moneta egli stette per svenire: era la sola che mancasse al suo medagliere. — Mandò in tutti i paesi del globo per trovarla; invano: — egli aveva perduto ogni speranza. Quand'egli ebbe bene esaminato il mio scudo di Carlomagno non esitò un minuto ad offrirmi 5 franchi. Medici mi diede un colpo di gomito ed il suo sguardo compì la frase. Egli voleva dire: Dividiamo il guadagno ed io faccio il contro offritore. Così salimmo fino a 30 franchi. Ne diedi 15 all'Ebreo ed il resto è qui. — Adesso i nostri invitati possono arrivare: noi siamo in grado di far loro venir le traveggole — Come, tu hai un vestito nero, tu?

— Sì, disse Rodolfo, l'abito nero di Colline.

E frugando nelle tasche per pigliare il fazzoletto da naso ne fece uscire un piccolo volume di mand-

chou, dimenticato nella tasca delle lingue straniere.

I due amici si misero immediatamente a fare i preparativi. Misero in ordine lo studio: accesero il fuoco nella stuffa: una impennata di tela ornata di candele steariche fu sospesa al soffitto come lumiera: posero un tavolo da scrivere in mezzo allo studio perchè servisse di tribuna agli oratori, e davanti la tavola collocarono l'unica sedia a bracciuoli che doveva servire al critico influente: tutti i volumi, romanzi, poemi, appendici dei varii autori che dovevano onorare di loro presenza la festa furono disposti in bell'ordine sulla tavola. Affine poi di evitare ogni specie di collisione fra i differenti corpi di letterati, lo studio fu diviso in quattro sezioni, all'ingresso di ciascuna delle quali si leggeva scritto su quattro cartelli improvvisati.

Sezione dei Poeti   *Romantici*
Sezione dei Prosatori   *Classici.*

Le signore dovevano occupare uno spazio destinato nel centro.

— Ah, ma, noi manchiamo di sedie, disse Rodolfo.

— Oh, rispose Marcello, ce n'è molte sul pianerottolo appese al muro. — Cogliamole!

— Certo che si che bisogna coglierle, rispose Rodolfo andando a prendere quelle sedie che appartenevano a qualche vicino.

Suonarono le sei; i due amici andarono a pranzo in tutta fretta e ritornarono subito per illuminare la sala. Essi stessi ne rimasero abbagliati. — A sett'ore arrivò Schaunard accompagnato da tre signore che avevano dimenticato di prendere i loro diamanti ed i loro cappellini. Una di esse aveva uno scialle rosso macchiato di vino. Schaunard la mostrò particolarmente a Rodolfo.

— É una signora molto *comme il faut*, diss'egli, è una inglese, che dopo la caduta degli Stuardi è condannata all'esilio; ella vive modestamente dando lezione di inglese. Suo padre fu cancelliere sotto Cromwell, com'ella mi disse; — bisogna essere polito con lei; — non darle troppo del *tu*.

Il rumore dei passi di molte persone si udirono pelle scale: — erano gli invitati che arrivavano: — essi furono stupiti di veder del fuoco nella stufa.

Il vestito nero di Rodolfo andava incontro alle signore e baciava loro la mano con una grazia tutt'affatto alla *reggenza:* allorchè vi fu una ventina di persone Schaunard domandò se non si mandava in giro qualche cosa.

— A momenti, rispose Marcello, — aspettiamo che arrivi il critico influente per accendere il punch.

A otto ore tutti gli invitati erano presenti e si incominciò ad eseguire il programma. Ciascun divertimento era alternato con un giro di qualche cosa. — Non si seppe mai cosa fosse.

Verso le dieci si vide comparire il gilet bianco del critico influente; — egli non si fermò che un'ora e fu assai sobrio nel prendere *qualche cosa*.

A mezzanotte, siccome legna non ce n'era più e

il freddo era intenso, gli invitati, quelli che stavano seduti, tirarono a sorte a chi getterebbe sul fuoco il proprio sedile.

A un'ora tutti erano in piedi.

Un'amabile allegria non cessò di regnare tra gli invitati. Non si ebbe a lamentare alcun sinistro accidente, se non uno strappo fatto alla tasca delle lingue straniere del vestito di Colline, ed uno schiaffo che Schaunard diede alla figlia del cancelliere di Cromwell.

Questa memorabile serata fu l'oggetto della cronaca del quartiere per otto giorni: Femia Teinturière, che era stata la regina della festa, aveva la abitudine di dire, parlandone alle sue amiche:

— Era fieramente bella; c'erano delle candele steariche, cara mia!

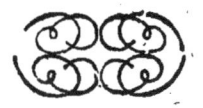

CAPITOLO VI.

MADAMIGELLA MUSETTE.

Madamigella Musette era una bella ragazza di vent'anni, la quale poco dopo arrivata a Parigi era diventata... ciò che diventano le belle ragazze quando hanno la taglia sottile, molta civetteria, un po' d'ambizione e poca ortografia. Dopo essere stata per molto tempo la delizia delle cene del quartiere latino dov'ella cantava, (con una voce sempre fresca se non sempre intonata) una folla di canzoni campagnuole le quali le meritarono il nome sotto il quale fu poi celebrata dai più squisiti lapidari della rima, Madamigella Musette, diciamo, abbandonò improvvisamente la via *de la Harpe* per andar ad abitare le Citeree alture del quartiere Breda.

Ella non tardò a diventare una delle *lionnes* dell'aristocrazia del piacere e si incamminò poco a poco verso quella celebrità che consiste nell'essere citata nei Corrieri di Parigi, o litografata dai mercanti di stampe.

Madamigella Musette però era una eccezione fra le donne in mezzo a cui viveva. Natura elegante e poetica per istinto, come lo sono tutte le donne veramente donne, ella amava il lusso e tutti i piaceri ch'esso procura; — la sua ambizione provava ardenti desiderii per tutto ciò che è bello e distinto: — figlia del popolo ella non sarebbe stata imbarazzata in mezzo alle sontuosità le più principesche. Ma Madamigella Musette, che era bella e giovane, non avrebbe mai acconsentito ad essere l'amante di un uomo che, come lei, non fosse giovane e bello.

La si vide una volta rifiutare le magnifiche offerte d'un vecchio sì ricco, che lo chiamavano il Perù delle chassèe d'Autin, il quale aveva messo ai piedi dei capricci di Musette una scala d'oro. Spiritosa ed intelligente ella detestava gli sciocchi, ed i fatui qualunque fosse la loro età, il loro titolo e il nome.

Musette dunque era una brava e bella ragazza, la quale adottava in amore la metà del celebre assioma di Champfort.

« L'amore è lo scambio di due capricci ». Perciò le sue relazioni non furono mai precedute da uno di quegli schifosi contratti che disonorano la moderna galanteria. Come lo diceva ella stessa, Musette giuocava un giuoco leale, e voleva che le si corrispondesse con altrettanta sincerità.

Ma se i suoi capricci erano vivi e spontanei, essi non avevano mai una vita abbastanza lunga per arrivare all'altezza di una passione. La mobilità eccessiva dei suoi capricci e la poca cura ch'ella si dava di esaminare la borsa e gli stivali di coloro che le volevano fare la corte cagionavano dei gravi cambiamenti nella sua esistenza, la quale era una perpetua alternativa di *brougham bleu* e di *omnibus*: di primi e sesti piani, di vestiti di seta e di percallo. Oh incantevole ragazza!! poema vivente della gioventù dal riso sonoro e dall'allegro canto! Oh cuore pietoso, palpitante per tutti senza il secondo fine del guadagno! oh Madamigella Musette! Degnissima sorella di Bernerotte e di Mimì Pinson, ci vorrebbe la penna di Alfredo de Musset per cantare degnamente la vostra corsa vagabonda e spensierata pei fioriti sentieri della giovinezza! Certo egli avrebbe voluto illustrarvi com'esse se vi avesse udito, qual'io vi udii, cantare colla vostra voce, stuonata sì, ma bella, questo rustico ritornello di una vostra canzone favorita:

« Era un bel dì d'april
» Quando svelai l'amor
» Alla brunetta.
» Avea d'un Name il cor
» Ed un' assai gentil
» Cara cuffietta.

La storia che noi raccontiamo è uno dei più cari episodi della vita di questa cara avventuriera, la quale mandò tante volte al diavolo i pregiudizii.

Nel tempo in cui ell'era l'amica d'un giovane consigliere di Stato, che le aveva dato in mano la chiave del suo patrimonio, Madamigella Musette aveva l'abitudine di tenere società una volta la settimana nelle sue belle sale della via di *la Bruyère*. — Quelle serate rassomigliavano alla più gran parte delle serate Parigine, colla differenza che là gli invitati si divertivano. — Quando non c'era più posto essi sedevano l'un sull'altro, e succedeva spesso che un bicchiere serviva ad una coppia. Rodolfo, che era l'amico di Musette e che non le fu mai altro che amico, (nè l'uno nè l'altra non seppero mai perchè) domandò un giorno a Musette il favore di presentarle il suo amico Marcello, un giovane di talento, al quale l'avvenire stava ricamando un abito d'accademico.

— Conducete, rispose Musette.

La sera in cui essi dovevano andare insieme da Musette, Rodolfo salì in camera da Marcello per prenderlo: egli stava facendo toletta.

— Come? disse Rodolfo, tu vai in società con una camicia di colore?

— Offendo forse l'usanza? rispose tranquillamente Marcello.

— Come? se tu l'offendi? A morte, a morte tu l'offendi, o sciagurato!

— Diavolo, disse Marcello guardandosi la camicia (la quale era a fondo bleu con dei quadri rappresentanti una caccia di cinghiali inseguiti da cani ecc.) il guaio si è che non ne ho qui altre. Ah bah! che fa? mi metterò un colletto bianco, e siccome *Mathusalem* si abbottona fino al collo non si vedrà la mia biancheria.

— Come? disse Rodolfo inquieto, tu metti ancora *Matusalemme*?

— Ahimè! rispose Marcello; è forza! Dio ed il mio sarto lo vogliono! del resto esso ha i bottoni nuovi e l'ho rammendato poco fa io stesso, benino.

Matusalemme era l'abito di Marcello; egli gli aveva dato quel nome perchè era il veterano della sua guardaroba. *Matusalemme* era fatto all'ultima moda di quattr'anni fa: era d'un color verde atroce, ma Marcello assicurava che veduto al lume della candela era nero.

In cinque minuti Marcello fu vestito: egli era messo col più perfetto cattivo gusto: toilette di pittoruccio che va in società.

Scommetto dieci almeno contro uno che i francesi non furono tanto sorpresi del colpo di stato del due dicembre, quanto lo furono Marcello e Rodolfo arrivando alla casa di Musette. — Ecco qual era la causa della loro sorpresa. Madamigella Musette, la quale da qualche tempo era in collera col suo Consigliere di Stato, era stata da lui abbandonata in una circostanza assai grave. Perseguitata e citata in giudizio dai suoi creditori e dal suo padrone di casa, i suoi mobili furono sequestrati e portati in corte per essere venduti l'indomani. Malgrado questo incidente Madamigella Musette non ebbe neppure per un momento l'idea di mancar di parola ai suoi invitati e non fece dare alcun contro ordine. Anzi con tutta gravità fé' disporre la corte come una sala, fece mettere un tappeto per terra, preparò tutto come all'ordinario, si vestì per ricevere ed invitò tutti gli inquilini della casa alla sua festa, alla quale Dio nella sua bontà volle contribuire con una splendida illuminazione.

Questa mattezza fece un' enorme *furore*; le serate di Musette non furono mai tanto allegre, tanto vivaci. Gli invitati ballavano e cantavano ancora quando vennero i facchini a prendere mobili, tappeto, divani, ed allora la compagnia fu costretta a ritirarsi.

Musette accompagnò tutti i suoi invitati cantando:

  Si parlerà alla lunga
  Di questo giovedì
  Lari, lari, rì, rì!

Marcello e Rodolfo rimasero soli con Musette, che era salita in camera sua dove non c'era più altro che il letto.

— Ma alla lunga la mia avventura non è poi molto allegra; bisognerà che me ne vada ad alloggiare all' albergo della *Stella*. Lo conosco già quell'albergo: non manca di correnti d'aria.

— Ah Signora, disse Marcello, s'io avessi le ricchezze di Pluto vorrei offrirvi un tempio più splendido di quello di Salomone. Ma...

— Voi non siete Pluto, amico mio. Non importa; vi sono riconoscente della buona intenzione. — Ah bah! soggiunse guardando il suo appartamento: io m'annojava qui dentro, poi i mobili erano vecchi. Son quasi sei mesi che li aveva! Ma ciò non è tutto; dopo il ballo si cena, mi pare.

— Ceniamo, rispose Marcello.

Siccome Rodolfo aveva guadagnato la stessa mattina un pò di denaro al giuoco, egli condusse Musette e Marcello da un trattore che apriva allora bottega.

Dopo colazione i tre amici, che non avevano volontà d'andare a dormire, progettarono d'andare a finir la giornata in campagna. Essi si trovarono presso la strada ferrata: montarono dunque nel primo treno per S. Germain e partirono.

Corsero pei boschi tutto il giorno e non ritornarono a Parigi che a sett'ore di sera, a dispetto di Marcello il quale sosteneva che non poteva essere di più di mezzodì, e che se era oscuro dipendeva dal cielo nuvolo.

Durante tutta la notte della festa e tutto il dì successivo Marcello, che aveva il cuore come il salnitro e s'infiammava al primo sguardo, s'era invaghito di madamigella Musette e le aveva fatto una corte *colorata*, com'egli diceva a Rodolfo. Egli aveva perfino offerto alla bella ragazza di comprarle dei mobili più belli dei suoi vecchi, e ciò col prodotto della vendita del suo famoso quadro, il *Passaggio del Mar Rosso*. Sicchè l'artista vedeva con dispiacere avvicinarsi il momento in cui si sarebbe dovuto staccare da Musette. Ella, poi mentre gli permetteva di baciarle le mani, il collo e diversi altri accessorii, si limitava a respingerlo con bontà quand'egli tentava di penetrarle violentemente nel cuore.

Arrivando a Parigi Rodolfo lasciò il suo amico

colla ragazza, la quale pregò l'artista di accompagnarla a casa.

— Mi permetterete di venirvi a vedere? domandò Marcello: — io vi farò il ritratto.

— Caro mio, non posso darvi il mio indirizzo perchè domani non ne avrò più neppur io; però verrò io a vedervi, e vi aggiusterò il vestito che ha un buco sì grande da lasciarvi sloggiare senza pagare il fitto.

— V'aspetterò come il Messia, diss'egli.

— Non tanto tempo, però, disse Musette ridendo.

— Che cara ragazza, diceva Marcello andandosene adagio adagio: è la Dea dell'allegria. — Farò due buchi al mio vestito.

Egli non aveva fatto ancora trenta passi che sentì battersi sulle spalle: era Musette.

— Mio caro signor Marcello, gli disse, siete voi un vero Cavaliere?

— Lo sono; — Rubens e la mia dama: — ecco la mia impresa.

— Ebbene, ascoltate la mia sciagura e abbiate pietà di me, nobile sire, rispose Musette, la quale, benchè sulla grammatica si abbandonasse ad orribili stragi, nondimeno aveva una tinta di letteratura. Il mio padrone di casa ha portato via la chiave del mio appartamento e sono undici ore di sera; capite?

— Capisco, rispose Marcello offrendo il braccio a Musette.

Egli la condusse al suo studio posto allora sul *quai* dei fiori. Musette cascava dal sonno; ma ebbe abbastanza forza per dire a Marcello:

— Rammentatevi ciò che mi avete promesso.

— O Musette, ragazza adorabile, disse l'artista con voce commossa: voi siete sotto un tetto ospitale; — dormite in pace, buona notte; io.... me ne vado.

— Perchè, disse Musette ad occhi chiusi; io non ho paura, v'assicuro; — vi sono due camere; io starò sul canapè.

— È troppo duro per dormirvi; è pieno di sassi scardassati. Io vi dò l'ospitalità in casa mia ed io vado a domandarla ad un mio amico che abita qui sul mio pianerottolo; è più prudente. D'ordinario io mantengo la parola; ma ho ventidue anni e voi ne avete diciotto, o Musette, ed .... io me ne vado. Buona sera.

L'indomani mattina a ott'ore Marcello entrò in camera sua con un vaso di fiori ch'egli aveva comperato al mercato: trovò Musette che si era coricata vestita e che dormiva ancora. Udendo il rumor ch'egli fece entrando ella si svegliò e gli porse la mano.

— Bravo ragazzo, diss'ella.

— Bravo ragazzo! ripetè Marcello; non è questo un sinonimo di ridicolo?

— Oh! perchè dite così? non siete amabile? invece di dirmi delle cattiverie offritemi quel vaso di fiori.

— L'ho portato diffatti con questa intenzione. Prendetelo dunque ed in ricompensa della mia ospitalità cantatemi una delle vostre belle canzonette, l'eco della mia soffitta conserverà qualche cosa della vostra voce, ed io vi sentirò ancora allorchè non sarete più qui.

— Ah!? voi dunque volete mettermi alla porta? E se io non volessi andarmene? Sentite, Marcello: io non piglio trentasei scale per dire il mio modo di pensare. Voi mi piacete ed io vi piaccio. Ebbene, io non me ne anderò; stò qui e ci starò fin tanto che i fiori che mi avete regalato non si appassiranno.

— Oh, gridò Marcello, fra due giorni essi saranno appassiti! se l'avessi saputo avrei comperato della semprevival . . . .

Da quindici giorni Musette e Marcello vivevano insieme e facevano la più bella vita del mondo, quantunque spesso si trovassero senza un soldo. Musette provava per l'artista una tenerezza che non aveva nulla di comune colle sue precedenti passioni, e Marcello incominciava a temere di essere innamorato seriamente. Non sapendo che anch'ella temesse di essere innamorato di lui, egli guardava ogni mattina quale fosse lo stato dei fiori, la morte dei quali doveva produrre la rottura della loro relazione; — egli non sapeva spiegarsi come per tanti di fossero freschi. — Ma in breve però ebbe la chiave del mistero. Una notte svegliandosi non trovò più Musette: — si alzò, passò nell'altra camera e vide le sue Musette, che ogni notte, profittando del suo sonno, s'alzava ad inaffiarli.

CAPITOLO VII.

LE ONDE DEL FIUME PATTOLA.

Era il 19 marzo... Se anche dovesse egli aspettare di giungere all'età del signor Raoul-Rochette che ha veduto fabbricare Ninive, Rodolfo non dimenticherà mai questa data, poichè si fu in quel giorno là, giorno di s. Giuseppe, a tre ore dopo mezzodì, che il nostro amico usciva dalla casa di un banchiere dove egli aveva ricevuto 500 franchi in monete suonanti ed aventi corso.

Il primo uso che Rodolfo fece di questa frazione di Perù, che gli era caduta in tasca, fu quello di non pagare i suoi debiti, poichè egli si era promesso di fare economia e di non far nulla di extra. D'altronde a questo proposito egli aveva delle idee estremamente fisse e diceva che prima di pensare al superfluo bisognava occuparsi del necessario, motivo per cui egli non pagò i suoi creditori e comperò una pipa turca che da lungo tempo desiderava.

Munito di questa compera si diresse verso l'abitazione di Marcello, il quale gli dava l'ospitalità da lungo tempo. Entrando nello studio dell'artista, le tasche di Rodolfo suonavano come un campanile di villaggio in un giorno di festa solenne. Udendo questo rumore insolito Marcello pensò che fosse uno dei suoi vicini, gran giuocatore di Borsa, il quale passasse la rivista dei suoi guadagni d'agiotaggio, e mormorò:

— Ecco che quest'intrigante qui ricomincia i suoi epigrammi. Se quest'istoria deve continuare cambierò casa. Non si può lavorare con un fracasso simile! É una cosa che ti fa venir la voglia di lasciare la professione di artista per diventare ladri.

E Marcello, non sospettando che il suo amico Rodolfo si era metamorfosato in Creso, si rimise al suo quadro del *Passaggio del Mar Rosso* che stava sul cavalletto da quasi tre anni.

Rodolfo il quale non aveva ancora detto una parola ruminando fra sè una esperienza che voleva fare sul suo amico, diceva fra sè: — Vedremo se si riderà sì o no: Dio che allegria! e lasciò cadere per terra un pezzo da cinque franchi.

Marcello alzò gli occhi e guardò Rodolfo, il quale era sazio come un'articolo della *Revue des deux Mondes*.

L'artista raccolse la moneta con un'aria molto soddisfatta e le fece gratissime accoglienze, poichè, quantunque pittore, egli sapeva star al mondo ed era gentilissimo cogli stranieri. Marcello del resto sapendo che Rodolfo era uscito per andare a cercare del denaro e vedendo che il suo amico vi era riuscito si limitò ad ammirarne il risultato, senza chiedergli coll'ajuto di quali mezzi avesse ottenuto quel risultato.

Senza dir parola si rimise egli dunque al lavoro e finì di annegare un'Egizio nei fiotti del Mar Rosso. Ma mentre compiva questo omicidio Rodolfo lasciò cadere un'altro pezzo da cinque franchi. Ed osservando qual faccia farebbe il pittore se la rideva sotto i suoi baffi rossi neri castagni.

Al sonoro rumore del metallo, Marcello, quasi colpito di una elettrica commozione, s'alzò d'un tratto sclamando:

— Come? c'è una seconda strofa?....

Una terza moneta rotolò sul pavimento, poi un'altra, poi un'altra ancora, infine una quadriglia di scudi si mise a ballare per la camera.

Marcello incominciava a dar dei segni visibili di alienazione mentale, e Rodolfo rideva come la platea del Teatro francese alle prime rappresentazioni di *Giovanna di Fiandra* (tragedia)

Improvvisamente e senza riguardi Rodolfo pigliò a piene mani il danaro dalle tasche e gli scudi incominciarono una pioggia favolosa. Era uno straripamento del fiume Pàttolo — il baccanale di Giove che entra in casa di Danae.

Marcello era immobile, muto, lo sguardo fisso; — lo stupore operava a poco a poco su lui una metamorfosi eguale a quella di cui una volta la curiosità rese vittima la moglie di Loth. Nel momento in cui Rodolfo gettava per terra il suo ultimo pugno di scudi, l'artista aveva già tutto un fianco salato. — Senza esagerazione.

Rodolfo rideva così che accanto a quella tempestosa ilarità i suoni di un'orchestra di Sax sarebbero sembrati sospiri di bambini lattanti.

Abbarbagliato, strangolato, istupidito dalla emozione, Marcello credette di sognare. — Per iscacciare quell'incubo che lo assediava si morse a sangue un dito, ed il dolore del morso gli fece gettare un grido.

Allora s'accorse d'essere sveglio, e vedendo che egli calpestava l'*argent* sclamò, come nelle tragedie: *Che vedo io mai?* poi aggiunse prendendo la mano di Rodolfo:

— Dammi la spiegazione di questo mistero.

— Se te lo spiegassi non sarebbe più un mistero.

— Ma, infine?....

— Quest'oro è il frutto dei miei sudori, disse Rodolfo raccogliendo il denaro, che pose su di una tavola. Poi se ne allontanò alcuni passi e considerandolo rispettosamente, pensava:

— Ora potrò finalmente realizzare i miei sogni!

— Non ci deve mancar molto ai sei mila franchi, diceva Marcello, contemplando gli scudi che brillavano sulla tavola.

E pensava: Ho un'idea! Incaricherò Rodolfo di comperar il mio *Passaggio del mar Rosso*.

Tutt'ad un tratto Rodolfo prese una posa teatrale e con una grande solennità nella voce e nel gesto disse all'artista:

— Odimi, Marcello, la ricchezza che ho fatto brillare ai tuoi occhi non è il risultato di vili raggiri; io non ho fatto mercato della mia penna, io sono ricco, ma onesto: quest'oro mi fu dato da generosa mano, ed io ho giurato di impiegarlo ad acquistare col lavoro una posizione seria per l'uomo virtuoso. Il lavoro è il più santo dei doveri...

— Ed il cavallo è il più nobile degli animali, disse Marcello interrompendo Rodolfo. Ma cosa significa questo discorso? Da dove tiri fuori questa prosa? Dalle cave del buon senso senza dubbio.

— Non interrompermi e frena i tuoi scherzi, disse Rodolfo; essi si spunterebbero nella corazza d'una invulnerabile volontà di cui sono oramai rivestito.

— Oh Dio! basta, basta di questo prologo: dove vuoi arrivare?

— Ecco quali sono i miei progetti. Trovandoci al coperto delle noje materiali della vita, io voglio lavorare seriamente, finirò la mia gran macchina e mi farò un largo seggio nella pubblica opinione. Prima di tutto io rinunzio alle Boemie, mi vesto come si vestono gli altri, mi farò un'abito nero, ed anderò in società. Se tu vuoi camminare sulla mia strada noi continueremo ad abitare insieme, ma bisogna che tu adotti il mio programma. La più stretta economia regolerà la nostra esistenza. Sapendo fare noi abbiamo davanti a noi tre mesi di lavoro assicurato senz'alcun pensiero. Ma ci vuole economia.

— Amico mio, disse Marcello, l'economia è una scienza alla portata dei ricchi soltanto, il che è causa che io e tu non ne conosciamo neppure i primi elementi. Nondimeno facendo un'anticipazione di fondi di 6 franchi noi compereremo le opere di Giovanni Battista Say, il quale è un distintissimo economista, ed egli c'insegnerà forse il modo di mettere in pratica quest'arte. — To'! ma tu hai una pipa turca?

— Sì, l'ho pagata 25 franchi.

— Come? tu spendi 25 franchi per una pipa, e mi vieni a parlar d'economia!

— Questo è proprio economia. Io rompeva tutti i giorni una pipa di due soldi, alla fine dell'anno questa spesa saliva ad una somma assai più forte che quella che ho fatto. In realtà dunque è una economia.

— In complesso, disse Marcello, hai ragione: io non l'avrei trovata.

In quel momento un'orologio vicino suonò le sei.

— Andiamo a pranzo presto, disse Rodolfo: voglio mettermi al lavoro subito stassera. Ma a proposito di pranzo faccio una riflessione: noi perdiamo tutti i giorni un tempo prezioso nel far la nostra cucina: ora il tempo è la ricchezza di chi lavora, dunque bisogna economizzarlo; incominciando da oggi mangeremo fuori.

— Sì, disse Marcello. A venti passi da casa c'è un trattore eccellente; è un pò caro, ma siccome è vicino, la corsa sarà meno lunga e noi ci indennizzeremo sul risparmio di tempo.

— Vi anderemo oggi, ma domani o dopo cercheremo di adottare un'altra misura ancor più economica. Invece d'andare al trattore prenderemo una cuoca.

— Nò, nò, disse Marcello, prendiamo piuttosto un servitore, il quale nello stesso tempo sarà anche cuoco. Guarda che immensi vantaggi ne avremo. *In primis* la nostra casa sarà sempre in ordine, egli darà il lucido ai nostri stivali, laverà i miei pennelli, farà le nostre commissioni; io tenterò di inculcargli il gusto delle arti belle e lo farò mio ajutante. In questo modo noi risparmieremo almeno sei ore al giorno fra tutti due e noi potremo invece dedicarle al lavoro.

— Ah! disse Rodolfo, io ho bene un'altra idea, io; ma andiamo a pranzo.

Cinque minuti dopo i due amici erano installati in un gabinetto del vicino trattore e continuavano a parlar d'economia.

— Ecco qui la mia idea: se invece di prendere un servitore, noi pigliassimo un'amorosa? — disse Rodolfo.

— Un'amorosa in due!?! sclamò Marcello atterrito, questa sarebbe un'avarizia spinta fino alla prodigalità; e noi spenderessimo i nostri risparmi per comperare dei coltelli da scannarci. Io preferisco un servitore. Prima di tutto poi un servitore dà una certa considerazione.

— Difatti; disse Rodolfo, noi cercheremo un giovinotto intelligente e se egli ha una tinta d'ortografia io lo farò copiare.

— Sarà una risorsa pei suoi vecchi giorni, disse Marcello sommando il conto che montava à 15 fr.

— Oh! bella! diss'egli, è caro. D'ordinario noi pranzavamo con 30 soldi fra tutti due.

— Sì, disse Rodolfo, ma noi pranzavamo male ed eravamo obbligati di cenare la sera. Tutt'insieme è una economia.

— Tu sei come il più forte, mormorò l'artista vinto da questo ragionamento; tu hai sempre ragione. — Lavoreremo stassera?

— Oh nò! Io vado a trovare mio zio, disse Rodolfo; è un brav'uomo, lo metterò a parte della mia nuova posizione ed egli mi darà dei buoni consigli. E tu dove vai, Marcello?

— Io anderò a trovare il vecchio Medici per vedere se ha dei quadri da ristorare. A proposito, dammi cinque franchi.

— Per far che? e glieli diede.

— Per passare il Ponte.

— Ah!... Questa è una spesa inutile, e benchè ella sia modica, essa s'allontana al nostro principio.

— Ho torto, disse Marcello, passerò sul ponte Nuovo... ma piglierò una carrozza.

I due amici si lasciarono prendendo ciascuno una differente strada, la quale per un caso strano li condusse tutti due nello stesso luogo dove si incontrarono.

— Oh! tu non hai trovato tuo zio? domandò Marcello.

— Tu non hai veduto Medici? chiese Rodolfo e scoppiarono dalle risa tutti due.

Però essi ritornarono a casa loro di buon'ora — all'indomani.

Due giorni dopo Rodolfo e Marcello erano completamente metamorfosati. Vestiti di nuovo tutti due come sposi di prima classe essi erano così belli, così lucenti, così eleganti che incontrandosi per istrada esitavano a salutarsi l'un l'altro.

Il loro sistema d'economia era in pieno vigore, ma l'organizzazione del lavoro durava fatica a realizzarsi. — Avevano preso un servo. Un grande ragazzotto di 34 anni, svizzero d'origine e di una intelligenza che rammentava quelle di Jocrisse. Del resto egli non era nato per essere servo, e se uno dei suoi padroni gli dava da portare un pacco un pò apparente, Battista arrossiva e faceva far la corsa da un commissionario.

Nondimeno Battista aveva anche delle buone qualità, così quando gli si dava una lepre, per esempio, egli sapeva che era per farla cuocere. Inoltre, siccome prima di essere servo era stato distillatore, così egli aveva conservato un grand'amore per la sua arte antica e spendeva la più gran parte del tempo che egli doveva ai suoi padroni per trovar una squisita vulneraria alla quale voleva dare

il suo nome : egli riusciva altresì nel verde di noce.
Dove poi Battista potea dirsi senza rivali era nell'arte di fumare gli zigari di Marcello e di accenderli coi manoscritti di Rodolfo.

Un giorno Marcello lo pregò di servirgli di modello vestito da Faraone pel suo *Passaggio del mar Rosso*. A questa proposizione Battista rispose con un'assoluto rifiuto e chiese il suo conto.

— Va bene, disse Marcello, vi aggiusterò il vostro conto stassera.

Quando tornò a casa Rodolfo il suo amico gli dichiarò che bisognava licenziare Battista.

— Non ci serve proprio a nulla, diss'egli.

— È vero, rispose Rodolfo.

— É così bestia che si può farlo cuocere.

— È un'oggetto d'arte vivente.

— È pigro.

— Mandiamolo via.

— Però ha anche qualche buone qualità. Egli fa benissimo lo stufato.

— E il verde di noce? disse Marcello — Egli è il Raffaello del verde di noce.

— Sì, ma non sa far altro, e questo non ci basta. Noi perdiamo tutto il nostro tempo in discussioni con lui.

— Ciò che ci impedisce di lavorare.

— Egli è causa che io non potrò aver finito il mio *Passaggio del Mar Rosso* a tempo per l'esposizione. Ha rifiutato di servirmi di Faraone.

— In grazia sua non ho potuto finire il lavoro

che mi chiedevano: non ha voluto andare alla Biblioteca a prendere le annotazioni che mi occorrevano.

— Egli ci rovina.

— Decisamente noi non possiamo più tenerlo.

— Mandiamolo via!.... Ma, allora bisognerà pagarlo.

— Lo pagheremo, ma che se ne vada; dammi del denaro che gli possa fare il conto.

— Come del denaro? Ma non son io che tengo la cassa, sei tu.

— Oh nò, sei tu. Tu sei incaricato dell' intendenza generale, disse Rodolfo.

— Ma io ti giuro che non ho un soldo! esclamò Marcello.

— Come? Non ce ne sarebbe diggià più? È impossibile! non si possono spendere 500 franchi in otto giorni, soprattutto quando come noi si vive coll'economia la più assoluta che fa limite allo stretto necessario. Bisogna verificare i conti disse Rodolfo: troveremo l'errore.

— Sì, disse Marcello, ma non troveremo il denaro. Non importa; consultiamo i libri delle spese.

Ecco un saggio di questa contabilità che erasi incominciata sotto gli auspici di Santa Economia.

— Il 19 marzo — leggeva Marcello. Riscossi fr. 500. — Spesi: una pipa turca 25 fr. pranzo 15 fr. spese diverse 40 fr.

— Che sono queste spese? disse Rodolfo.

— Lo sai bene: è quella sera che noi non ritornammo a casa se non alla mattina. Del resto abbiamo risparmiato legna e candele.

— E poi? continua.

— 20 marzo. — Colazione 1. 50 : tabacco 20 centesimi, pranzo 2 fr., un'occhialino 2. fr. 50 cent. E questo è per te, l'occhialino. Che bisogno avevi tu d'un'occhialino? Ci vedi benissimo....

— Sai bene che dovevo fare un rendiconto dell'Esposizione per la *Sciarpe d'Iride*; è impossibile di fare della critica di pittura senza occhialino; è una spesa legittima. E poi?...

— Una canna di giunco...

— Ah questo è per conto tuo disse Rodolfo, tu non avevi bisogno di canna.

— Questo è tutto quanto si spese il 20 disse Marcello senza rispondere. — Il 21 abbiamo pranzato fuori, e fatto colazione e cenato.

— Non abbiamo dovuto spendere molto quel dì là.

— Nò difatti; 30 fr. soli.

— Ma per che cosa, allora?

— Non lo sò più: è notato sotto la rubrica spese diverse.

— Titolo vago e perfido, interruppe Rodolfo.

— Il 22 — É il giorno dell'ingresso di Battista. Noi gli abbiamo dato un'acconto di 5 fr. sul suo stipendio; 50 per l'organetto; per il riscatto di quattro piccoli Chinesi condannati ad essere gettati nel fiume Giallo da Parenti d'una barbaria incredibile 2 fr. e 40 cent.

— Oh vieni qui, disse Rodolfo spiegami un pò la contraddizione che si vede in quest'articolo. Se tu ami gli organetti, perchè insulti i parenti barbari? E d'altronde che necessità c'era di riscattare dei Chinesi? Fossero almeno stati all'acquavite [1]?

— Io sono nato generoso, rispose Marcello, va, continua; fin adesso non ci siamo scostati troppo dal principio dell'economia.

— Del 23 — Non c'è notato nulla. — del 24 idem. Questi sono due buoni giorni — Del 25 — Dato a Battista a conto del suo stipendio 3 fr.

— Mi pare che gli si dia troppo spesso del denaro, disse Marcello in via di riflessione.

— Gli dovremo meno, rispose Rodolfo. Continua.

— Del 26 marzo — Spese diverse ed utili sotto il punto di vista dall'art. 36. fr. 40.

— Che diavolo possiamo aver comperato, di tanto utile? disse Rodolfo; non me ne ricordo io, articolo 36 fr. 40, che diavolo può essere?

— Come, non te ne ricordi? É il giorno in cui siamo andati sulle torri di *Notre Dame* per vedere Parigi a vólo d'uccello...

— Ma non si spendono otto soldi per salire sulle torri? rispose Rodolfo.

[1] *Qui è impossibile conservare il giuoco di parole. Gli organetti si chiamano Orgnos de Barberie: e les chinois sono tanto gli abitanti della China, quanto le albicocche poste nello spirito di vino, e nell'acquavite.*

— Sì è vero, ma discendendo siamo andati a S. Germano a pranzo.

— Questa redazione pecca di troppa limpidità, osservò Rodolfo.

— Dal 27. Non c'è nulla di notato.

— Bene: quest'è economia!

— Del 28. Dati a Battista a conto del suo stipendio 6 franchi.

— Oh! questa volta sono sicuro che noi non dobbiamo più nulla a Battista. Potrebba anche darsi ch'egli sia debitore. Bisognerà osservare.

— Dal 29. Oh bella il 29 non è notato e la spesa è rimpiazzata col principio di un'articolo di genere.

— Del 30. Ah! noi avevamo invitato a pranzo: spesa forte il 30! fr. 55. Il 31 è oggi e non abbiamo speso ancora nulla. Tu vedi, terminò Marcello, che i conti furono tenuti esattamente. Il totale non fa 500 fr.

— Allora ci dev'essere in cassa del denaro.

— Si può guardare, disse Marcello aprendo un tiratojo. — Nò, diss'egli, non c'è più nulla: — non c'è più che un ragnatelo.

— Ragno il mattino — cattivo destino: disse Rodolfo.

— Dove diavolo se n'è andato tanto denaro, disse Marcello stravolto vedendo la cassa vuota.

— Per bacco, è chiaro! — disse Rodolfo — abbiamo dato tutto a Battista.

— Aspetta, aspetta, sclamò Marcello frugando nel

cassetto dove vide una carta. — La quitanza d'affitto dell'ultimo trimestre!!!

— Bah! disse Rodolfo — come diavolo vuoi tu ch'essa ci sia venuta?

— É saldata! aggiunse Marcello; — sei tu che hai pagato il padrone di casa?

— Io? Cosa ti viene in mente, — disse Rodolfo.

— Però, come spiegare....

— Ma t'assicuro...

« Qual mistero è dunque nato. »

Cantarono tutti due in coro sull'aria del finale della Donna del Lago.

Battista, che amava la musica, accorse.

Marcello gli fece vedere la ricevuta.

— Ah sì, disse Battista con indifferenza, avevo dimenticato di dirvelo; — è il padrone di casa che è venuto stamane mentre voi eravate sortiti. — L'ho pagato per risparmiargli l'incomodo di ritornare.

— Dove avete preso il danaro?

— Oh signore, l'ho preso nel cassetto che era aperto; anzi ho pensato che voi signori l'avevate lasciato aperto con questa intenzione e dissi fra me: i miei padroni hanno dimenticato di dirmi: Battista, il padrone di casa verrà per prendere il suo fitto, bisogna pagarlo; ed io ho fatto come se me lo avessero comandato — senza che mi fosse stato comandato.

— Battista, disse Marcello infiammato da una

collera bianca; voi avete oltrepassati i nostri ordini, da quest'oggi voi non fate più parte della nostra casa. — Battista, restituite la vostra livrea.

Battista si tolse il berretto di tela cerata che costituiva la sua livrea e lo restituì a Marcello.

— Bene, disse questi, potete andarvene.

— E il mio salario?

— Cosa dite? Voi avete ricevuto più di quanto vi si doveva. Vi ho dato 14 franchi in quindici giorni soli. — Che fate voi di tanto danaro? Mantenete una ballerina?

— Di corda? aggiunse Rodolfo.

— Io resterò dunque abbandonato, disse lo sciagurato servitore, senza un' asilo per la mia testa?...

— Ripigliate la vostra livrea, riprese Marcello commosso suo malgrado. — Ed egli restituì il berretto a Battista.

— É costui per altro che ha dilapidato il nostro tesoro, disse Rodolfo vedendo uscire il povero Battista. Ma intanto dove pranziamo noi oggi?

— Lo sapremo domani, rispose Marcello.

CAPITOLO VIII.

QUANTO COSTI UNO SCUDO DA CINQUE FRANCHI.

Un sabato sera Rodolfo, nel tempo in cui egli non aveva ancora messo casa colla signora Mimì, colla quale faremo presto conoscenza, s'imbattè a tavola con una mercante di moda di nome Laura Avendo saputo che Rodolfo era redattore della *Sciarpa d'Iride* e del *Castoro* giornali del *bon ton* la signora Laura gli fece un mondo di gentilezze sperando ch'egli le farebbe della *reclame* per le sue mercanzie. Alle provocazioni della signora, Rodolfo rispose con un fuoco d'artifizio di madrigali da far invidia a Benserade, Voiture, e tutti i Ruggieri dello stile galante. — Alla fine del pranzo madamigella Laura, sentendo che Rodolfo era poeta, gli fece capire chiaramente ch'ella non era lontana dall'accettarlo per suo Petrarca. Anzi senza tante circonlocuzioni gli accordò un appuntamento per l'indomani.

— Per Bacco, diceva Rodolfo tra sè accompagnando a casa madamigella Laura — ella è certo molto amabile; — mi pare che debba avere molta cognizione della gramatica ed una guardaroba abbastanza provveduta: son dispostissimo a farla felice.

Arrivata alla porta di casa sua, madamigella Laura lasciò il braccio di Rodolfo e lo ringraziò del disturbo che s'era preso accompagnandola in un quartiere così lontano.

— Oh signora, rispose Rodolfo inchinandosi fino a terra; — io avrei desiderato che voi dimoraste a Mosca od alle isole della Sonda per avere il piacere d'essere il vostro cavaliere più lungamente.

— È un po' lontano, rispose Laura facendo la preziosa.

— Saressimo passati sui boulevart, disse Rodolfo
— Permettetemi di baciarvi la mano, signora, nella persona della vostra guancia, continuò Rodolfo baciandola sulle labbra prima che Laura avesse potuto fare resistenza.

— Oh signore, voi camminate troppo lesto, diss'ella.

— É per arrivare più presto, rispose Rodolfo. Le prime stazioni dell'amore bisogna farle al galoppo, signora.

— Mattarello! pensava la modista entrando in casa.

— Bella donnina! diceva Rodolfo andandosene.

Rodolfo appena entrato si mise a letto e fece i più bei sogni. Egli vedeva sè stesso nei balli e nei teatri a braccetto colla bella Laura vestita degli abiti più belli e più moderni — Una coppia felice ed invidiata.

L' indomani a undici ore Rodolfo s'alzò secondo il solito. Il suo primo pensiero fu per madamigella Laura.

— É una donna *comme il faut*, pensava; sono certo ch' ella fu educata a S. Denis. — Finalmente proverò la felicità di avere un'amante che comprenda l'altezza del mio amore! — Sì, certo, io farò dei sagrifizii per lei; anderò a pigliare il mio denaro alla *Sciarpe d' Iride*, comprerò dei guanti ed accompagnerò Laura a pranzo da un trattore dove si dà il tovagliuolo. — Il mio abito non è bellissimo, ma.... bah! il nero sta sì bene!!....

Egli uscì per andare all'uffizio della *Sciarpe d'Iride*, e traversando la contrada vide un' omnibus che portava incollato un cartello con scrittovi sopra: Oggi domenica, giuochi d'acqua *a Varsailles*.

Un fulmine che fosse caduto ai piedi di Rodolfo non gli avrebbe cagionato una impressione più profonda di quella che gli fece quell' avviso.

— Oggi, domenica, l'avevo dimenticato!!! esclamò; non potrò avere il mio denaro!!... Oggi, domenica!! ma.... tutti gli scudi di Parigi sono in cammino alla volta di Varsailles!...

Spinto nondimeno da una di quelle speranze favolose alle quali l'uomo s'attacca sempre, Rodolfo corse all'ufficio del giornale, sperando che un felice caso vi avesse trascinato il cassiere.

Il signor Bonifazio vi era stato difatti, ma per un momento solo, ed era partito subito.

— Per andare a Varsailles, disse il garzone di uffizio a Rodolfo.

— É finita, disse Rodolfo! Vediamo; egli pensava; il mio appuntamento non è che per questa sera. — È mezzodì, dunque ho cinque ore per trovare cinque franchi — venti soldi l'ora, come i cavallini del bosco di Boulogne — Avanti!...

Siccome Rodolfo si trovava nel quartiere in cui abitava quel giornalista ch'egli chiamava il critico influente, egli pensò di fare un tentativo presso di lui.

— Quel lì son certo di trovarlo, pensava; oggi è il suo giorno d'appendice, non c'è pericolo che egli esca. Mi farò prestare cinque franchi.

— Oh siete voi, disse l'uomo di lettere vedendo Rodolfo; arrivate a tempo; ho un servigio da domandarvi.

— Che combinazione, pensò il Redattore della Sciarpe d'Iride.

— Eravate voi jeri sera all'Odeon?

— Io ci son sempre.

— In tal caso avete veduto il nuovo dramma?

— Chi l'avrebbe veduto dunque? Il pubblico dell'Odeon sono io.

— É vero, disse il critico, voi siete una delle cariatidi di quel teatro. Corre voce anzi che voi fate delle sovvenzioni. Ecco cos'ho da chiedervi: il resoconto del nuovo dramma.

— È facile: io ho una memoria da creditore.

— Chi è l'autore?

— É un signore. E Rodolfo s'era già messo allo scrittojo.

— Non dev'essere troppo forte colui, diceva il critico influente a Rodolfo che scriveva.

— È forte meno d'un Turco.

— Allora non è robusto. — I turchi hanno una riputazione di forze, che è usurpata — essi non potrebbero essere Savojardi.

— Cos'è che l'impedirebbe?

— Perchè i Savojardi sono dell'Alvergna e gli Alvergnati sono commissionarj. Del resto poi Turchi non ce n'è più se non nei balli in maschera e ai Campi Elisi dove hanno bottega di dottori. Il Turco è un pregiudizio. Un mio amico che conosce l'Oriente a perfezione m'assicurò che tutti gli indigeni di quel paese là sono nati in via Coquenard. [1]

— È magnifica! disse Rodolfo.

— Vi pare? rispose il critico — Lo metterò nel mio feuilleton.

— Ecco qui la mia analisi: è fatta coi fiocchi, riprese Rodolfo.

— Sì, ma è corta.

— Mettendovi dei tiretti diventerà lunga, e lo sviluppo della vostra opinione critica piglierà dello spazio.

— Non ne ho tempo, e del resto la mia opinione non occupa spazio.

— Mettete un'aggettivo ogni tre parole.

— Non potreste voi farmi sdrucciolare una pic-

---

[1] Ora rue Lamartine. É una delle vie più prosaiche di tutta Parigi: puzzo, immondezze e prett'issima borghesia sporca vi abbondano.

cola o meglio una lunga critica del dramma in coda alle vostre analisi? interrogò il critico.

— Uhm, disse Rodolfo, la mia idea sulla tragedia le ho certo, ma vi avverto che le ho stampate tre volte nel *Castoro* e due nella *Sciarpa d'Iride*.

— Non fa nulla; quante linee fanno le vostre idee?

— Quaranta linee.

— Càspita! Voi avete delle grandi idee, voi! Bene, prestatemi le vostre quaranta linee.

— Va benone! pensò Rodolfo; se gli faccio per venti franchi di originale non potrà negarmene cinque. Debbo avvertirvi, diss'egli al critico, che le mie idee non sono proprio affatto nuove: sono un po' spelate.... sul gomito. Prima di stamparle le ho urlate in tutti i caffè di Parigi e non c'è un garzone che non le sappia a memoria.

— Oh che m'importa?... Non mi conoscete voi forse? C'è forse qualche cosa di nuovo nel mondo?... eccettuata la virtù?

— Ecco, disse Rodolfo quand'ebbe finito.

— Fulmini e tempeste!! mi mancano ancora due colonne! Con che cosa potrò mai riempire questo abisso! esclamava il critico. Poichè siete qui somministratemi qualche paradosso.

— Non ne ho qui, rispose Rodolfo; posso però prestarvene alcuni; essi non sono miei, ve ne avverto; li ho pagati cinquanta centesimi ad un mio amico che era in miseria. Essi non hanno servito, quasi....

— Benissimo, disse il critico.

— Ah! Pensò Rodolfo rimettendosi a scrivere, gli chiederò dieci franchi; questi giorni qui i paradossi sono cari quanto le pernici.

Egli scrisse una trentina di linee nelle quali erano rimarchevoli mille minchionerie sui pianoforti, sui pesci rossi, sulla scuola del buon senso, e sul vino del Reno, il quale vi era chiamato *vino di toilette*.

Bello, bello, sclamò il critico. Fatemi il favore di aggiungervi che la galera è il luogo del mondo nel quale si trovano gli uomini più onesti.

— Oh bella! e perchè?

— Per fare due linee. — Benissimo: ecco finito. e disse il critico influente chiamando il suo servo per fargli portare il manoscritto alla stamperia.

— Adesso, disse fra sè Rodolfo, tiriamogli la stoccata. Ed articolò la sua domanda.

— Ah, caro mio, disse il critico, non ho qui nè pure un soldo. Lolotta mi rovina a furia di promettere, e poco fa mi ha svaligiato fino all'osso per andare a Varsailles a vedere le Nereidi ed i mostri di bronzo vomitare dell'acqua.

— A Varsailles!! Ma dunque è un'epidemia! disse Rodolfo.

— Per qual motivo avete voi bisogno di denaro?

— Questo è il poema, disse Rodolfo. — Questa sera a cinque ore ho un appuntamento con una signora del gran mondo, una persona distinta, la quale non sorte mai se non in omnibus. Io vorrei unire il mio al suo destino, per alcuni giorni, e mi pare decente di farle assaporare le dolcezze della vita. — Pranzo, ballo, passeggiata ecc. ecc.; mi occorrono indispensabilmente cinque franchi; e se non li trovo.... se non li trovo la letteratura francese è disonorata nella mia persona.

— Perchè non domandereste voi in prestito questa somma alla stessa signora? disse il critico.

— La prima volta?!! non è possibile. — Non c'è che voi per cavarmi da questo imbarazzo.

— In nome di tutte le mummie d'Egitto vi giuro sulla mia grandissima parola d'onore che qui non c'è di che comperare una pipa di gesso. Però ho li alcuni vecchi libri che potreste andar a *lavare*.

— Oggi, domenica, impossibile: la madre Mausut, Lebigre e tutte le piscine dei quais e della via S. Jacquez sono chiuse. Cosa sono questi vostri libri? Dei volumi di poesia col ritratto dell'autore cogli occhiali? Ma queste sono cose che non si còmperano.

— A meno d'esservi condannato dal tribunale Criminale, disse il critico. Aspettate, aspettate, ho qui delle romanze e dei viglietti di *Concerti*; sapendo fare voi potreste forse cavarne qualche soldo.

— Mi piacerebbe di più tutt'altro oggetto: — un pajo di calzoni, per esempio.

— Via, andiamo, — pigliate anche questo Bossuet ed il busto di gesso d'Odilon Barrot; — in parola d'onore è l'obolo della vedova.

— Vedo che ci mettete della buona volontà, disse Rodolfo. Porto via i tesori, ma se ne cavo trenta soldi dirò che ho fatto la tredicesima fatica d'Ercole.

Dopo aver corso quattro leghe circa Rodolfo, coll'ajuto di una eloquenza di cui avea il segreto nelle grandi occasioni, riuscì a farsi prestare due franchi dalla sua lavandaja lasciandole in pegno i volumi di poesie, le romanze e il busto di Odilon Barrot.

— Andiamo, diss'egli ripassando i ponti, la salsa c'è, adesso bisogna trovare l'arrosto. Se andassi da mio zio!

Mezz'ora dopo egli era da suo zio Monetti, il quale sulla faccia di suo nipote vide chiaro di che si trattava. Perciò egli si mise in guardia e prevenne ogni sorta di domande con una serie di geremiadi del genere seguente: — I tempi son duri: il pane è caro; i debitori non pagano, bisogna pagare la pigione, il commercio è arenato etc. etc. — insomma tutte le ipocrite litanie dei bottegai.

— Crederesti, diss'egli infine, che sono stato obbligato di farmi prestar denaro dal mio commesso per pagare una cambiale?

— Dovevate mandare da me, disse Rodolfo. Vi avrei potuto prestare qualche cosuccia: ho ricevuto due cento franchi or sono tre dì.

— Grazie, ragazzo mio, ma tu hai bisogno dei tuoi guadagni — Oh giacchè sei qui dovresti copiarmi alcune fatture che voglio mandare a riscuotere; tu hai una sì bella mano!

— Ecco cinque franchi che mi costeranno cari, disse Rodolfo mettendosi al lavoro: e lo finì.

— Mio caro zio, so quanto vi piace la musica vi porto dei viglietti di concerto.

— Tu sei molto gentile, figlio mio. Vuoi pranzare con me?

— Grazie, caro zio; sono aspettato a pranzo nel sobborgo s. Germano, anzi sono dispiacente di dovermene andare subito per salire in camera mia a prendere del denaro da comperarmi dei guanti.

— Non hai guanti? vuoi che ti presti i miei?

— Grazie, noi non abbiamo la stessa mano; però mi fareste un vero favore se mi voleste prestare....

— 29 soldi per comperarne un pajo. Sì, certo, figlio mio; quando si va in società bisogna essere ben messo. È meglio essere invidiati che compianti, diceva tua zia. Basta vedo che ti sei lanciato; tanto meglio.... Avrei voluto darti di più, ma bisognerebbe che andassi sopra e non posso lasciar la bottega sola; ad ogni momento arrivano avventori...

— Ma se dicevate un momento fa che il commercio era arenato?...

Lo zio Monetti fece le viste di non udire e disse al nipote che metteva in tasca i 29 soldi:

— Non aver premura di restituirmeli.

— Che canchero! disse Rodolfo fra sè fuggendo. Ah!, mi mancano ancora 31 soldi: dove li troverò?... Oh! mi viene in mente adesso! andiamo al *quadrivio della Provvidenza.*

Rodolfo aveva così battezzato il punto più centrale di Parigi, il Palais Royal. È un luogo dove non si può stare dieci minuti senza vedere qualcheduno di conoscenza — creditori soprattutto. Rodolfo dunque andò a mettersi in sentinella presso i gradini del Palais Royal. Questa volta la Provvidenza fu lunga a venire: alla fine Rodolfo la scoperse. Ella aveva un cappello bianco, un paletot verde, ed un bastone a pomo d'oro: — Una Provvidenza molto ben messa, come vedete..

Era un giovanotto servizievole e ricco, benchè falansteriano.

— Sono felicissimo di incontrarvi, disse la Provvidenza; — venite ad accompagnarmi un pochino.

— Andiamo: subirò il supplizio del falansterio: mormorò Rodolfo lasciandosi trascinare dal cappello bianco.

Avvicinandosi al Ponte delle Arti, Rodolfo disse al suo compagno: — Vi lascio perchè non ho di che pagare quest'imposta.

— Andiamo via; disse l'altro trascinandolo e gettando due soldi all'invalido custode del Ponte.

— Ecco arrivato il gran momento, pensava il redattore della Sciarpe d'Iride traversando il ponte; ed arrivati all'altra estremità dinnanzi l'orologio dell'Istituto egli si fermò di botto, mostrando il quadrante con un gesto di disperazione esclamando:

— Sacra...!! cinque ore meno un quarto! sono un uomo morto!

— Cosa c'è? chiese l'altro maravigliato.

— C'è, rispose Rodolfo, che in grazia vostra che mi avete trascinato fin qui manco ad un appuntamento.

— Importante?

— Lo credo, per Dio! dovevo andare a prendere del denaro alle Batignolles alle cinque.... Non potrò mai più arrivare a tempo.... Sacra...! come fare?... Non ho un soldo per prendere un Brougham.

— Per bacco! è una cosa ben semplice, disse il falansteriano: venite a casa mia e ve ne presterò.

— Impossibile, voi abitate a Montrouge ed io ho un affare a sei ore nella Chaussèe d'Autin!... Sacra....

— Ho alcuni soldi in tasca.... disse timidamente la Provvidenza.... ma pochissimi....

— Se avessi almeno da prendere una vettura, forse arriverei a tempo alle Batignolles.

— Ecco qui il fondo della mia borsa, mio caro, sono 31 soldi.

— Datemeli, datemeli, presto, che me ne vada, disse Rodolfo che udiva suonare le cinque e corse al luogo del suo appuntamento.

— É stato duro da scavare, diceva Rodolfo contando la sua moneta: cinque franchi!... giusti come l'oro. — Basta, sono equipaggiato e Laura vedrà ch'ella ha da fare con un uomo che sa vivere — Non voglio portare a casa neppure un centesimo. — Bisogna riabilitare la letteratura, — provare al mondo che per essere ricca ella non ha bisogno di altro che di denaro.

Rodolfo trovò madamigella Laura all' appuntamento.

— Alla buon'ora! diss'egli, per l'esattezza è una donna a cilindro.

Egli passò la serata con lei e fece coraggiosamente fondere i suoi cinque franchi nel crogiuolo della prodigalità. Madamigella Laura era incantata de' suoi modi ed ella ebbe la bontà di non accorgersi ch'egli la conduceva alla di lui casa se non quando la fece entrare nella sua camera.

— È un fallo che commetto, ella disse. — Non fattemene pentire con una ingratitudine che è l'appannaggio del vostro sesso.

— Signora, rispose Rodolfo: — io sono conosciuto nel mondo per la mia costanza. Essa è tale che i miei amici mi hanno soprannominato il general-Bertrand dell' amore.

CAPITOLO IX.

LE VIOLE DEL POLO.

Vi fu un tempo in cui Rodolfo era innamoratissimo di sua cugina Angiolina, la quale non poteva soffrirlo; il termometro dell'ingegnere Chevallier in quel tempo segnava 12 gradi sotto zero.

Madamigella Angela era figlia del signor Monetti, il fumista, del quale noi abbiamo già avuto occasione di parlare. Madamigella Angiola aveva 18 anni ed arrivava dalla Borgogna, dove ella aveva passati cinque anni con una parente che doveva lasciarle tutte le sue sostanze morendo. Questa parente era una vecchia, che non era stata mai nè giovane, nè bella, ma che invece era stata sempre cattiva e devota. Angiola la quale allorchè partì era una cara ragazzina, la cui adolescenza portava in sè il germe d'una graziosissima giovinezza, ritornò in capo a cinque anni cambiata in una bella, ma fredda, secca ed indifferente ragazza. La vita ritirata di provincia, le pratiche di una divozione troppo spinta e l'educazione di meschini principii di cui l'avevano riempita avevano accumulato nel suo spirito mille pregiudizii assurdi e volgari, rimpicciolita la sua immaginazione, fatto del suo cuore un viscere che si limitava a adempiere le sue funzioni di pendolo. Angela aveva, per così dire, dell'acqua benedetta nelle vene invece di sangue. Dopo ritornata ella accolse suo cugino con una glaciale riservatezza, ed egli perdette il suo tempo tutte le volte che tentò di far vibrar in lei la tenera corda delle reminiscenze; ricordi del tempo in cui essi avevano sbozzato un'amoretto alla Paolo e Virginia, il quale fra cugino e cugina è tradizionale. Nondimeno Rodolfo era innamoratissimo di sua cugina Angela, che, come dicemmo, non poteva vederlo. Avendo egli saputo un giorno che ella doveva andare ad un ballo da nozze d'una sua amica, si era arrischiato fino a promettere a Angiolina un mazzo di viole per andare a quel ballo. — Angiola, dopo aver domandato il permesso a suo padre, accettò la galanteria di suo cugino, insistendo però nel desiderare viole bianche.

Rodolfo, tutto felice dell'amabilità di sua cugina, sgambettava e cantarellava salendo il *suo S. Bernardo*. Egli chiamava così il suo domicilio: vedremo in seguito perchè. Or, mentre traversava il Palais Royal, passando davanti la signora Proyost, la celebre fioraja, egli vide nella vetrina delle viole bianche e per curiosità entrò per saperne il prezzo. Un mazzetto appena appena presentabile costava dieci franchi: ce n'erano anche dei più cari.

— Diavolo! disse Rodolfo — dieci franchi! e non

ho che otto giorni per trovare questo milione. Bisognerà girare — ma non importa — mia cugina avrà le sue viole bianche — Ho una idea mia.

Quest' avventura succedeva all' epoca della genesi letteraria di Rodolfo. Allora egli non aveva altra rendita che una pensione di quindici franchi al mese che gli aveva assegnato un suo amico — un gran poeta, il quale, dopo essere stato moltissimo tempo a Parigi, era diventato a forza di protezioni, maestro di scuola in provincia.

Rodolfo, che aveva avuto per madrina la prodigalità, spendeva sempre la sua pensione in quattro giorni, e siccome non voleva abbandonare la santa e poco lucrosa professione di poeta elegiaco, egli viveva il resto del tempo colle mancie casuali che cadono cosi adagio dal paniere della Provvidenza. Questa quaresima non lo spaventava, egli la traversava allegramente grazie ad una stoica sobrietà ed ai tesori d' immaginazione ch' egli spendeva ogni giorno per arrivare al primo del mese — questo dì pasquale che chiudeva fine al suo digiuno. In quel tempo Rodolfo abitava in via delle Contrascarpe-Saint-Marul, in una grande casa che si chiamava altrevolte il Palazzo dell' *Eminenza Grigia*, perchè dicevasi che il Padre Giuseppe, l' anima dannata di Richelieu, l' avesse abitato. Rodolfo occupava una camera affatto in cima di quell' edifizio uno dei più alti di Parigi. La sua camera, disposta in forma di Belvedere, era deliziosa nell' estate, ma dal mese d' ottobre al mese d' aprile era un piccolo Kamtchatka. I quattro venti cardinali penetrandovi dalle quattro finestre aperte in ciascuna delle pareti venivano ad eseguirvi dei torvi quartetti durante tutta la cattiva stagione. Era notabile una gola di camino, (vera ironia,) la quale pareva essere l'entrata d'onore riserbata a Borea e a tutto il suo seguito. Ai primi freddi Rodolfo ricorse a un nuovo sistema di riscaldamento; egli aveva spaccati ed accatastati tutti i mobili che possedeva, otto dì dopo il suo mobiglio era considerabilmente diminuito: non gli restavano più che il letto e due sedie: bisogna dire però che questi mobili erano di ferro e per conseguenza assicurati naturalmente contro l'incendio. Rodolfo chiamava questo modo di scaldarsi — *cambiar di casa pel camino.*

Era dunque il mese di gennajo, ed il termometro che sul quai des Lunettes segnava 12 gradi sotto zero, ne avrebbe segnati due o tre di più se si fosse trasportato nel Belvedere che Rodolfo chiamava il *Monte S. Bernardo,* lo *Spitzberg, la Siberia.*

La sera che Rodolfo aveva promesso a sua cugina delle viole bianche egli fu preso da una collera furiosa: i quattro venti cardinali giuocando nella sua camera avevano rotto un vetro d'una finestra. Era il terzo in quindici giorni. Naturalmente Rodolfo si sfogò in imprecazioni contro Eolo e tutta la sua famiglia di Rompitutto. — Dopo avere turata questa nuova breccia col ritratto di una sua amante, Rodolfo si coricò bell'e vestito fra le due assi scardassate che egli aveva elevate al titolo di materassi: e tutta la notte non sognò che viole bianche.

In capo a cinque giorni Rodolfo non aveva ancora trovato nulla che potesse ajutarlo a realizzare il suo sogno: — ed era il dopo domani ch'egli doveva dar il mazzetto a sua cugina. Intanto il termometro era disceso ancora di più, e il mal'arrivato poeta si disperava pensando che le viole erano salite certamente di prezzo. Finalmente la Provvidenza ebbe pietà di lui ed ecco come ella lo soccorse.

Una mattina Rodolfo andò, ad ogni buon conto, a farsi dar da colazione dal suo amico il pittore Marcello, e lo trovò in conversazione con una signora in lutto. Era una vedova del quartiere; — ella aveva perduto suo marito da poco tempo ed era lì per sapere quanto avrebbe dovuto spendere per far dipingere sulla tomba ch'ella aveva fatto innalzare al defunto *una mano d'uomo* sotto la quale si doveva scrivere

IO T'ASPETTO: SPOSA ADORATA.

Per avere il lavoro a miglior mercato ella fece osservare all'artista che allorquando Dio la manderebbe a raggiungere il suo sposo, egli (Marcello, non lo sposo) dovrebbe poi dipingere una seconda mano, cioè la sua, ornata d'un braccialetto, ed un'altra leggenda così concepita:

ECCOCI UNITI ALFIN!...

— Metterò questa clausola nel mio testamento, diceva la vedova, ed ordinerò che siate incaricato voi di fare il lavoro.

— Dacchè è così signora, rispose il pittore, accetto il prezzo che mi offrite, ma è nella speranza della *stretta di mano*. Non mi dimenticate nel vostro testamento.

— Io vorrei che me la faceste al più presto possibile, diceva la vedova, però pigliatevi il tempo che vi conviene, e non dimenticate la cicatrice al pollice. Voglio una mano viva.

— Ella sarà parlante, signora, non ne dubitate, le diceva Marcello accompagnandola alla porta. Ma al momento di uscire ella si rivolse e disse:

— Ho ancora qualche cosa a domandarvi, signor Pittore; vorrei far scrivere sulla tomba di mio marito un'*affare* in versi nel quale si raccontasse la sua buona condotta, e le ultime parole da lui dette al letto di morte. È una cosa distinta?

— Distintissima! Si chiama un'epitaffio! è una cosa distintissima!

— Non conoscereste qualcuno che mi potesse fare questa facenda a buon mercato? C'è il mio vicino signor Guèrin, lo scrivano pubblico, ma mi domanda gli occhi della testa.

Rodolfo lanciò un'occhiata a Marcello, che capì subito.

— Signora, disse l'artista mostrando Rodolfo, una felice combinazione ha fatto capitar qui la persona che può esservi utile in questa circostanza dolorosa. Il signore è un poeta assai celebre e voi non potreste desiderare di meglio.

— Io vorrei che fosse assai melanconica la cosa, disse la vedova, e che l'ortografia fosse messa bene.

— Signora, rispose Marcello, il mio amico sà l'ortografia sulla punta delle dita: in collegio aveva sempre il primo premio.

— Oh bella! anche il mio nipotino ha avuto un premio, eppure non ha che sett'anni.

— È un ragazzo ben precoce, replicò Marcello.

— Ma, disse la vedova, il signore sà poi fare dei versi melanconici?

— Nessuno li fa meglio di lui, rispose Marcello, poichè ebbe molti dispiaceri nella sua vita. Il mio amico fa anzi troppi versi melanconici è il difetto che gli rimproverano i giornali.

— Come, esclamò la vedova; i giornali parlano di lui? Allora egli è per lo meno sapiente come il signor Guèrin?

— Oh!! molto di più! Dirigetevi a lui, signora, voi non ve ne pentirete.

Dopo avere spiegato al poeta il senso della iscrizione ch'ella voleva far mettere sulla tomba di suo marito, la vedova promise di dare a Rodolfo 10 fr. se era contenta di lui, ma ella voleva i suoi versi al più presto. Rodolfo promise di farglieli avere l'indomani col mezzo del suo amico.

— Oh buona fata Artemisia, sclamò Rodolfo appena uscita la vedova, ti prometto che tu sarai contenta; io ti darò la buona misura del lirismo funebre e l'ortografia sarà abbigliata meglio d'una duchessa. Oh buona vecchia, possa il cielo per ricompensarti farti vivere 107 anni come l'aquavita di prima qualità.

— Io mi oppongo, gridò Marcello.

— È vero, disse Rodolfo, dimenticavo che tu hai da dipingere anche la sua mano dopo la sua morte, e che perciò la sua longevità ti farebbe perdere del denaro. — E levando le mani al cielo egli invocò: Stelle, non ascoltate le mie preghiere! — Ah! ho avuto un gran cavicchio di venir quì!

— Appunto! cosa volevi da me? disse Marcello.

— Ci ripenso, ed ora che sono obbligato di gettare la notte per far questa poesia non posso far a meno di chiederti ciò che veniva a domandarti: 1.° da pranzo; 2.° del tabacco e delle candele, 3.° il tuo vestito d'orso bianco.

— Vai forse ad un ballo in maschera? Questa sera difatti c'è il primo.

— Nò, ma tal quale mi vedi io sono gelato quanto la grande armata durante la ritirata di Russia. Certo il mio paletot di lastings verde ed i miei calzoni di merinos scozzese sono belli, ma son troppo primaverili ed ottimi soltanto per abitare sotto l'equatore; — quando si vien sotto il Polo, com'io, è più conveniente un'abito di orso bianco — dirò di più, è indispensabile.

— Sì sì prendi il *martino*, disse Marcello; — è una bella idea; è caldo come le brace e tu vi starai quale pane nel forno.

Rodolfo abitava già la pelle del peloso animale.

— Adesso, il termometro sarà indispettito davvero, diss'egli.

— Vuoi tu uscire così? domandò Marcello al suo amico, dopo che ebbero trangugiato un pranzo di fantasia servito dentro della majolica marcata 5 centesimi.

— Perdinci: io me ne ride discretamente dell'opinione, io! e d'altronde oggi è il principio di carnovale.

Egli traversò quindi Parigi colla grave attitudine dell'animale del quale abitava la pelle. Passando davanti il termometro dell'ingegnere Chevallier, Rodolfo andò a fargli un palmo di naso.

Appena entrato in camera, non senza aver fatto un' orribile paura al suo portinajo, il poeta accese la sua candela, ed ebbe la precauzione di metterle intorno una carta unta per prevenire la malizia degli aquiloni; poi si pose subito al lavoro. Ma non tardò ad accorgersi che se il suo corpo era in qualche modo garantito dal freddo, le sue mani non lo erano affatto.

Non aveva ancora scritto due versi, che una feroce unghiella venne a mordergli le dita, le quali lasciarono cadere la penna.

— L'uomo il più coraggioso non può lottare contro gli elementi, disse Rodolfo cadendo annichilito sulla sua sedia. Cesare ha passato il Rubicone ma egli non avrebbe passato la Beresina.

All'improvviso il Poeta gettò un grido di gioja

dal fondo del suo petto d'orso e si alzò precipitosamente versando il calamajo sul candore della sua pelliccia: egli aveva un' idea seconda edizione di quella di Chatterton.

Tirò quindi di sotto il letto un ammasso considerevole di carte, fra le quali si trovavano una decina di manoscritti enormi del suo famoso dramma il *Vendicatore*. Questo dramma, sul quale aveva lavorato due anni, era stato fatto e rifatto tante volte che le copie riunite pesavano almeno sette chilogrammi. Rodolfo mise da parte il manoscritto più recente e trascinò gli altri davanti il camino.

— Lo sapevo bene io che colla pazienza gli avrei trovato l'impiego, esclamò egli — Ecco qui una bella fascina di poesia. Oh se avessi potuto prevedere quello che succede adesso avrei fatto un prologo al mio dramma ed oggi avrei una maggiore quantità di combustibile. Ah bah! non si può preveder tutto.

Egli accese nel camino alcuni fogli del manoscritto alle cui fiamme si disintirizzì le mani. Cinque minuti dopo il primo atto del Vendicatore era stato rappresentato e Rodolfo aveva scritto tre versi del suo epitaffio.

Null' al mondo potrebbe dipingere lo stupore dei quattro venti cardinali vedendo del fuoco nel camino.

— È una illusione, disse soffiando il vento del nord che si divertiva a prendere alla rovescia il pelo di Rodolfo.

— Se soffiassimo nella gola del camino! rispose un altro vento, lo affumicheressimo.

Ma proprio al momento che stavano per mettersi a perseguitare il povero Rodolfo, il vento del sud vide il sig. Arago ad una finestra della Specola da dove minacciava quel quartetto di Aquiloni.

Perciò il vento del sud gridò ai suoi fratelli: Salviamoci e presto: l'almanacco segna tempo calmo per questa notte: noi siamo in contravvenzione colla Specola, e se a mezzanotte non siamo a casa il signor Arago ci farà mettere a pane ed acqua.

Intanto il second'atto del *Vendicatore* abbruciava col più grande successo. Rodolfo aveva scritto dieci versi; egli però non potè scriverne che due, durante il terzo atto.

— L'ho sempre detto che quell'atto là è troppo corto, disse Rodolfo, — ma già i difetti non si scorgono se non alla rappresentazione. Fortunatamente quest'altro durerà dippiù; — ci sono 23 scene, fra le quali la scena del trono, che doveva essere quello delle mie glorie....

L'ultima parlata della scena del trono se ne andava in scintille e Rodolfo aveva ancora una sestina da fare.

— Passiamo al quinto atto, disse egli, facendo una faccia da fuoco: — egli durerà almeno cinque minuti — è tutto un monologo solo.

Venne in fine la catastrofe — la quale non fece che infiammarsi e spegnersi. Nello stesso istante Rodolfo compiva con un magnifico slancio lirico le ultime parole del defunto in onore del quale egli lavorava. — Ce ne sarà ancora abbastanza per una seconda rappresentazione, diss' egli cacciando sotto il letto il resto dei manoscritti.

. . . .

Il dì dopo a otto ore di sera madamigella Angiolina faceva la sua entrata nella sala da ballo tenendo in mano un superbo mazzo di viole bianche, in mezzo al quale sbucciavano due rose pure bianche. Tutta la notte quel mazzetto attirò alla ragazza i complimenti delle signore, ed i madrigali degli uomini, di modo che Angiola fu un po' riconoscente a suo cugino di queste piccole soddisfazioni d'amor proprio, ed ella avrebbe pensato di più a lui senza le galanti persecuzioni di un parente della sposa, il quale aveva ballato spesso con lei. Era un giovanotto biondo e proprietario d'un pajo di quei superbi mustacchi biondi, che sono degli ami ai quali si attaccano i cuori novizii. — Il giovanotto aveva già supplicato Angiola di dargli le due rose bianche, li unici fiori che rimanevano del mazzo, sfogliato da' tutti gli altri. Ma Angiola aveva rifiutato — per poi dimenticare, al finire del ballo, il mazzetto sopra un divano, dove il giovinotto corse a prenderlo.

In quel momento c'erano 4 gradi di freddo nel Belvedere di Rodolfo, che però appoggiato alla sua finestra guardava dalla parte della barriera di Maine i lumi della sala da ballo dove danzava la sua cugina Angiola, che non poteva soffrirlo.

CAPITOLO X.

IL PINO DELLA TEMPESTA.

Nei mesi in cui le stagioni incominciano vi sono delle epoche terribili, le quali in generale sono — il primo ed il quindici. — Rodolfo, il quale non poteva vedere avvicinarsi l'una o l'altra di queste due date, le chiamava *il Pino della Tempesta*. — In questi giorni non è l'Aurora che apre le porte dell'Oriente — sono i creditori, i padroni di casa, gli uscieri ed altra gente sac...... cocciante. — Quei giorni là incominciano con un rovescio di conti, di quitanze, di biglietti all'ordine e finiscono con una tempesta di protesti. — *Dies iræ.*

Il mattino dunque d'un 15 aprile — Rodolfo dormiva pacificamente... e sognava che un suo zio gli lasciava in legato tutta una provincia del Perù e dentrovi le Peruviane.

Mentre egli nuotava in pieno nelle acque del suo Pattolo immaginario, il rumore della chiave che girava nella serratura interruppe l'erede *presuntuoso* nel momento il più rilucente del suo sogno dorato.

Rodolfo s'alzò d'in sul letto, e dormendo ancora colla mente, egli guardò intorno cogli occhi.

Allora vide confusamente — dritto in mezzo alla sua camera un uomo che eravi entrato — e qual uomo!!

Questo estraneo sì mattiniero portava un cappello a tre punte, aveva una valigietta in ispalla, in mano un gran portafogli; — era vestito d'un abito alla francese colore grigio di lino e sembrava ansante per aver salito i cinque piani. I suoi modi erano affabilissimi e la sua andatura era sonora come sarebbe quella di un banco di cambia-valute che si mettesse a passeggiare.

Rodolfo fu spaventato un momento, — e vedendo il cappello a tre punte e l'abito, pensò che fosse una guardia di polizia.

Ma la vista della valigietta passabilmente gonfia e l'aureo suono lo fece accorto del suo errore.

— Ah! capisco, pensò, è un'acconto della mia eredità — quest'uomo arriva dalle isole. — Ma perchè allora non è moro? E facendo un segno all'uomo gli disse indicando la valigietta:

— So cos'è. — Mettetela là. — Grazie.

L'uomo era un garzone della banca di Francia. — All'invito di Rodolfo l'uomo rispose mettendogli sotto gli occhi una cartolina piena di geroglifici, di segni e di cifre a diversi colori.

— Voi volete una ricevuta? chiese Rodolfo: è giusto. — Datemi di grazia la penna e l'inchiostro — là — sul tavolino.

— Nò, vengo per incassare — è un viglietto all'ordine di 150 franchi. — Oggi è il 15 aprile.

— Ah? riprese Rodolfo, svegliandosi finalmente, ed esaminando il viglietto. — All'ordine Birmann: — è il mio sarto. — Ahimè! soggiunse melanconicamente guardando alternativamente una redingote gettata sul letto, ed il viglietto — le cause se ne vanno, — ma gli *effetti* restano. Come? oggi è il 15 aprile? É strano!! — Non ho ancora mangiato fragole!

Il garzone della banca nojato di tale lentezza uscì dicendogli:

— Voi avete tempo fino alle quattro per pagare.

— Per gli uomini onesti non ci sono ore, rispose Rodolfo, e vedendo l'uomo col cappello che se ne andava aggiunse — Birbone! se ne va colla sua valigia!

Rodolfo chiuse le cortine del letto e tentò di rimettersi sulla via della sua eredità, ma egli sbagliò la strada ed entrò tutto tronfio in un sogno nel quale il direttore del teatro francese veniva col cappello in mano a supplicarlo di dargli un dramma pel suo teatro e Rodolfo che ne conosceva le abitudini domandava un premio in denaro. — Ma nel momento in cui il Direttore pareva fosse sul punto di accondiscendere, il dormente fu svegliato di nuovo dall'ingresso di un'altro uomo — altra creatura del 15 Aprile.

Era il signor Benoit — il mal nominato — padrone della casa mobigliata in cui alloggiava Rodolfo — Il signor Benoit era tutt'insieme il padrone di casa — il calzolajo e l'usuraio dei suoi inquilini. Quella mattina là il signor Benoit puzzava orribilmente di acquavite cattiva e di pagherò scaduto. — Egli aveva in mano un sacchetto — vuoto.

— Diavolo! pensò Rodolfo; non è il Direttore *dei Francesi*... egli avrebbe una cravatta bianca..... ed il suo sacco sarebbe pieno.

— Buon giorno, signor Rodolfo, disse il signor Benoit avvicinandosi al letto.

— Signor Benoit, buon giorno — Qual' avvenimento mi procura il piacere della vostra visita?

— Venivo per dirvi che oggi è il 15 aprile.

— Già? — Come passa presto il tempo! — è strano! bisognerà che mi comperi un pajo di calzoni di nankin. — Il 15 aprile! oh! Dio mio! senza voi non ci avrei mai più pensato, caro sig. Benoit. — Quanto vi debbo!...

— Colla riconoscenza mi dovete anche 162 fr. rispose il signor Benoit; ed è ormai tempo di regolare questo contarello...

— Per me non ho precisamente premura: non vi disturbate, signor Benoit — vi darò del tempo... delle dilazioni. — Il contarello diventerà grande....

— Ma, disse il padrone, voi mi avete già fissato diverse epoche.

— In tal caso regoliamo, — regoliamo — signor Benoit: per me è assolutamente lo stesso. — Oggi o domani è eguale — e poi noi siamo tutti mortali — Regoliamo.

Un'amabile sorriso illuminò le grinze del padrone

di casa; — perfino il vuoto suo sacco si gonfiò di speranza.

— Cosa vi debbo? chiese Rodolfo.

— Prima di tutto — non abbiamo tre mesi di pigione a 25 franchi, — dunque 75 franchi.

— Salvo errore, disse Rodolfo: e poi?

— Poi tre paja di stivali a 20 franchi....

— Un momento.... un momento, signor Benoit; non confondiamo; — qui non ho più a fare col padrone di casa, ma col calzolajo; — voglio un conto a parte. — Le cifre sono cose gravi — non bisogna imbrogliarsi.

— Sia, disse il signor Benoit, raddolcito dalla speranza ch'egli aveva di mettere finalmente un *saldato* in calce ai suoi conti. — Ecco un conto particolare per gli stivali — Tre pajo di stivali a 20 franchi il pajo fanno 60 franchi.

Rodolfo gettò uno sguardo di compassione sovra un pajo di stivali spellati. — Ahimè, pensava, se essi avessero servito l'*Ebreo errante* non potrebbero essere peggiori. — È correndo dietro Maria che si sono sconciati così; ahimè!... Continuate signor Benoit....

— Dicevamo 60 franchi, riprese questi — Più 27 franchi prestati....

— Alto là, signor Benedetto — Noi siamo d'accordo che ciascun santo abbia la sua nicchia..... É a titolo d'amico che voi mi avete prestato del denaro — Dunque, se non vi dispiace, abbandoniamo il dominio della calzatura ed entriamo in quello della confidenza e dell'amicizia, che esigono un conto a parte. — A quanto ascende la vostra amicizia per me?

— Ventisette franchi....

— Ventisette franchi. — Voi avete un amico a buon mercato, signor Benoit. — Basta.... Noi diciamo dunque settanta cinque, sessanta, e ventisette.... Tutto ciò fa?...

— Cento sessantadue franchi, disse il sig. Benoit presentando i tre conti.

— Cento sessantadue franchi, disse Rodolfo: è straordinario — Che bella cosa la somma! — Bene, signor Benoit, ora che il conto è regolato possiamo stare entrambi tranquilli; noi sappiamo a che attenerci. Il mese venturo vi domanderò il vostro *saldo* — e siccome di qui a là la confidenza e l'amicizia che voi avete per me non potranno che aumentare, voi potrete accordarmi una nuova proroga, se fosse necessaria. — Perciò se il padrone di casa ed il calzolajo fossero un po' troppo impazienti, pregherò l'amico di metterli alla ragione — É strano, signor Benoit; tutte le volte che io penso al vostro triplice carattere di padrone di casa, di calzolajo e di amico sono sul punto di dare una spiegazione alla Trinità.

Il padrone di casa udendo Rodolfo era diventato rosso, verde, gallo e bianco. A ogni scherzo del suo inquilino quell'arco baleno diventava sempre più scuro.

— Signore, diss'egli, non mi piace affatto che

si scherzi con me. Ho aspettato abbastanza. Vi ho dato congedo — e se questa sera non mi avrete portato del denaro,..... vedrò cosa mi resta a fare....

— Denaro! denaro!... Ve ne domando io forse? rispose Rodolfo: d'altronde se anche ne avessi non ve ne darei: — un venerdì, porta disgrazie.

L'ira del signor Benoit pigliava l'aspetto di un uragano: se i mobili non fossero stati suoi egli avrebbe certo fratturato qualche membro della sedia a bracciuoli.

Egli uscì minacciando.

— Voi dimenticate il sacchetto! gli gridò dietro Rodolfo.

— Che mestiere! mormorò lo sciagurato giovane, amerei meglio domare dei leoni. — Ja, riprese saltando fuori dal letto e vestendosi: presto presto — io non posso restar qui. — L'invasione degli alleati continuerà. Bisogna fuggire..., bisogna anche far colazione. Se andassi a trovare Schaunard?... Gli domanderei un posto a tavola e mi farei prestare qualche soldo. — Cento franchi possono bastarmi.... Andiamo da Schaunard.

Scendendo le scale Rodolfo incontrò il signor Benoit il quale aveva subito degli altri scacchi dagli altri inquilini — il che era provato dal suo sacco vuoto — oggetto d'arte.

— Se qualcuno viene a chiedee di me, direte che sono in campagna.... sulle Alpi. — Nò; dite che non sto più qui.

— Dirò la verità, mormorò il sig. Benoit dando alle sue parole un accento assai significante.

Schaunard abitava a Montmartre: — bisognava traversare tutta Parigi. — Questa peregrinazione era per Rodolfo pericolosissima.

— Oggi, egli pensava, le strade sono selciate di creditori.

Però non passò pei bastioni esterni, come ne aveva l'idea: una speranza fantastica l'incoraggiò invece a passare pel centro pericoloso di Parigi. — Rodolfo pensava che in un dì nel quale i milioni passeggiavano per Parigi sulla schiena dei garzoni di studio potrebbe benissimo succedere che un biglietto di mille franchi abbandonato nella via aspettasse il suo Vincenzo di Paola.

Rodolfo adunque camminava adagio e collo sguardo a terra. — Ma non trovò che spilli.

Due ore dopo egli arrivava da Schaunard.

— Oh sei tu! disse questi.

— Sì, vengo a domandarti da colazione.

— Oh mio caro, tu arrivi male: la mia amica fu qui: erano quindici giorni che non la vedevo; — se tu fossi arrivato soli dieci minuti prima!...

— Ma tu non hai un centinajo di franchi da prestarmi?... riprese Rodolfo.

— Come? anche tu? rispose Schaunard al colmo delle meraviglie — anche tu vieni a chiedermi denaro? anche tu ti unisci ai miei nemici?

— Te lo restituirò lunedì.

— Od alla Trinità. — Tu dimentichi dunque,

mio caro, quel giorno è oggi? — Non posso far nulla per te. Ma non c'è nulla di disperato — la giornata non è finita. Tu poi incontrare la Provvidenza — ella non s'alza mai prima di mezzodì.

— Oh! rispose Rodolfo, la Provvidenza ha troppo da fare per gli agnelli tosati. — Anderò a trovar Marcello.

Marcello allora abitava in via di Brera. Rodolfo lo trovò assai pensieroso in contemplazione davanti il suo gran quadro che doveva rappresentare il *Passaggio del Mar Rosso*.

— Cos'hai? gli chiese Rodolfo entrando. Mi sembri tutto mortificato.

— Ahimè! disse il pittore, sono quindici giorni che mi trovo nella settimana santa.

Per Rodolfo questa risposta era limpida come l'acqua d'una fontana.

— Aringhe salate e ramolacci neri! Benissimo! — Mi ricordo. (Difatti Rodolfo aveva ancora salata la memoria d'un tempo in cui egli era stato ridotto al consumo esclusivo di questo pesce.) Diavolo! diss'egli: quest'è un grave affare! Venivo per farmi prestare cento franchi.

— Cento franchi! esclamò Marcello... Ma tu farai dunque sempre delle fantasie? Venirmi a chiedere questa somma Mitologica in un momento in cui si è sempre sotto l'equatore della necessità! Ma tu hai preso un granchio.

— Ah! non ho preso nient'affatto! e se ne andò, lasciando il suo amico sulle sponde del Mar Rosso.

Da mezzodì alle quattro Rodolfo drizzò la sua prora a tutte le case di sua conoscenza, percorse tutti i 48 quartieri della città, fece circa otto leghe: invano! L'influenza del 15 aprile si faceva sentire dappertutto collo stesso rigore: intanto l'ora del pranzo s'avvicinava. Ma non pareva che il pranzo s'avvicinasse coll'ora e Rodolfo credette per un momento di essere sulla zattera della *Medusa*.

Mentre attraversava il Pont Noeuf gli venne tutt'ad un tratto un'idea: Oh oh! diss'egli tra sè e ritornando indietro, il 15 aprile... il 15 aprile...... ma io sono invitato a pranzo quest'oggi!!

E frugando nelle sue tasche trovò un viglietto stampato, che diceva così:

Barriera della Villetta
AL GRANDE VINCITORE
sala per 300 persone

Banchetto anniversario in onore della nascita
DEL MESSIA UMANITARIO
il 15 aprile 184...
BUONO PER UNA PERSONA.

NB. Non si ha diritto che ad una 1|2 bott. di vino.

— Io non sono dell'opinione dei discepoli di questo Messia, diceva Rodolfo, ma, dividerò molto volontieri il loro pranzo.

E con una velocità d'uccello egli divorò lo spazio che lo separava della Barriera.

Quand'egli arrivò nella sala del *Gran Vincitore* la folla era immensa. — La sala di trecento posti conteneva 500 persone. — Un vasto orizzonte di vitello colle carote si stendeva davanti gli occhi di Rodolfo.

Finalmente s'incominciò a servire la zuppa.

Ma appena i convitati mettevano in bocca il cucchiajo cinque o sei persone vestite in abito borghese fecero irruzione nella sala con un commissario di polizia alla testa.

— Signori, disse il commissario, per ordine superiore non può aver luogo il banchetto. — Vi ordino di ritirarvi.

— Oh! disse Rodolfo uscendo cogli altri; oh la fatalità che mi rovescia la zuppa!!

Egli se ne andò tristo e cheto a casa, e vi giunse alle undici di sera.

Il Signor Benoit l'aspettava.

— Ah! siete voi — disse il padrone di casa. — Avete pensato a quanto vi dissi stamane? — mi portate del denaro.

— Deggio riceverne questa notte; ve ne darò domattina, rispose Rodolfo cercando la sua chiave e il suo candeliere nella sua casella. — Egli non ci trovò nulla.

— Signor Rodolfo, disse Benoit, me ne dispiace assai, ma la vostra camera è affittata — e non ne ho disponibile alcun altra — cercate altrove.

Rodolfo aveva una grand'anima ed una notte all'aria non lo spaventava, del resto in caso di cattivo tempo egli poteva andarsi a coricare in un palco di proscenio dell' Odeon, come aveva già fatto altre volte. Egli reclamò i suoi effetti, che consistevano in un fascio di carte.

— È giusto, disse il padrone di casa; non ho diritto di ritenere quegli effetti là. Salite con me; — se la persona che ha preso la vostra camera non è ancora a letto, noi potremo entrare.

La camera era stata affittata durante il giorno ad una ragazza che si chiamava Mimi, colla quale un tempo Rodolfo aveva incominciato un duetto di tenerezza.

Essi si riconobbero sul momento, Rodolfo parlò all'orecchio di Mimi e le strinse la mano.

— Vedete come piove! diss'egli accennando il fracasso del temporale che infuriava.

Madamigella Mimi andò dritta dal signor Benoit e gli disse:

— Signore, (accennando Rodolfo) la persona che aspettavo è questo signore. — La mia porta è chiusa per tutti.

— Ah! disse il sig. Benoit facendo una smorfia: — va benissimo. E se ne andò.

Intanto che Mimi preparava alla presta una cena improvvisata suonò mezzanotte.

— Ah! disse Rodolfo tra sè: il 15 aprile è passato. — Ho finalmente varcato il *Capo della tempesta*. — Cara Mimi, disse il giovanotto tirandosi vicina la bella ragazzotta e baciandola sulla nuca: voi non avreste potuto mettermi alla porta: — voi avete l'organo dell'ospitalità.

CAPITOLO XI.

UN CAFFÈ D'ARTISTI.

Ecco per quali circostanze Carolus Barbemuche, uomo di lettere e filosofo Platonico, diventò membro della *Boemia* nel 24.° anno dell'età sua.

In quel tempo Gustavo Colline il grande filosofo; Marcello il grande pittore, Rodolfo il grande poeta, e Schaunard il gran maestro di musica, com'essi si chiamavano a vicenda, frequentavano regolarmente il caffè Momus, dove erano stati soprannominati *I quattro Moschettieri*, perchè si vedevano sempre tutti quattro insieme. Difatti, essi venivano, giuocavano e se ne andavano assieme, — qualche volta anzi non pagavano ciò che prendevano, ma sempre con un assieme degno dell'orchestra del Conservatorio.

Per luogo delle loro riunioni essi avevano scelto una sala dove ci potevano star comodamente quaranta persone, ma essi avevano finito per rendere inaccessibile il luogo a chiunque, e perciò erano sempre soli.

L'avventore di passaggio che si arrischiava in quell'antro dal momento del suo ingresso diventava la vittima del tetro quartetto e la maggior parte delle volte fuggiva senza finire nè il suo giornale, nè la sua tazza di caffè; gli inauditi aforismi sull'arte, sul sentimento, sulla economia politica glielo inacidivano. I ragionamenti dei quattro amici erano tali, che il cameriere che li serviva era diventato idiota sul fiore dell'età.

Le cose però giunsero ad un punto tale, che il padrone del caffè perdette la pazienza, ed una sera salì in sala per fare l'enumerazione dei suoi lamenti.

1.° Il sig. Rodolfo veniva a far colazione la mattina e portava nella *sua* sala tutti i giornali dello Stabilimento; egli spingeva l'indiscretezza fino a mettersi in collera se trovava che le fascie dei giornali erano già state rotte, il che era causa che gli altri avventori, privi degli organi dell'opinione pubblica, restavano ignoranti di politica come tante tinche. — La Compagnia Bosquet sapeva appena i nomi dei membri dell'ultimo ministero.

Anzi, il signor Rodolfo aveva perfino obbligato il caffè a prendere un'abbonamento al *Castoro*, giornale del quale egli era il Redattore in Capo. Il padrone dello Stabilimento vi si era dapprima rifiutato, ma siccome il signor Rodolfo e la sua compagnia chiamavano ad ogni momento il cameriere e gli domandavano ad altissima voce: Il *Castoro*! — Portateci il *Castoro*! alcuni altri avventori, la cui curiosità era stata eccitata da questa accanita domanda, chiesero essi pure il *Castoro*. Lo stabilimento era quindi stato forzato ad abbonarsi al *Castoro*, giornale dei Cappellieri, che si pubblica ogni mese, illustrato di una *Vignetta* e di un'articolo di filosofia come *Varietà*, scritto dal sig. Gustavo Colline.

2.° Il detto signor Colline ed il suo amico Rodolfo riposavano dai loro lavori di mente giuocando al *tric-trac* dalle dieci della mattina fino a mezza notte, e siccome lo stabilimento non possiede che una sola tavola di *tric-trac* ne veniva di conseguenza, che le altre persone si trovavano lese da questo accapparramento di quei signori, i quali ogni qualvolta si veniva a chiederglielo, rispondevano: — Il *tric-trac* è in lettura: ripassate domani.

La Compagnia Bosquet si trovava perciò ridotta a raccontarsi i suoi primi amori od a giuocare al picchetto.

3.° Il signor Marcello, dimenticando che il caffè è un luogo pubblico, si era permesso di portarvi il suo cavalletto, le sue cassette di colori e tutti gli utensili della sua professione. Egli spinse l'inciviltà fino a far venire dei modelli dei due sessi.

Il che può affliggere i costumi della Compagnia Bosquet.

4.° Imitando l'esempio del suo amico il signor Schaunard ha intenzione di trasportare in caffè il suo pianoforte e non ha rossore di far cantare in coro un'aria tolta dalla sua sinfonia, che porta per titolo: = *Influenza dell'azzurro nelle Arti* = Il signor Schaunard andò ancora più oltre — egli ha posto nella lanterna a gaz, che serve d'insegna allo stabilimento un trasparente sul quale si legge:

CORSO GRATUITO DI MUSICA
VOCALE ED ISTRUMENTALE AD USO
DEI DUE SESSI.

Dirigersi al banco.

Il che è causa che il suddetto banco è tutte le sere pieno di persone assai trascuratamente vestite le quali vengono a domandare per dove si passa.

Dippiù il signor Schaunard dà degli appuntamenti ad una signora che si chiama Femia, tintrice, che è sempre senza cuffia.

Perciò il signor Bosquet ha dichiarato che non metterebbe più i piedi in uno stabilimento nel quale si oltraggia in tal guisa la natura.

5.° Non contenti di spendere pochissimo questi signori hanno tentato di diminuire ancora la spesa. Essi hanno portato nello stabilimento un filtro a spirito di vino sotto pretesto di aver sorpreso il Moka dello stabilimento in adulterio colla cicoria, ed ora redigono essi stessi il loro caffè, che essi zuccherano con dello zuccaro preso fuori a basso prezzo, — il che è un insulto fatto al laboratorio della casa.

6.° Il cameriere *Bergami*, così nominato a causa dei suoi favoriti, corrotto dai discorsi di questi signori, dimentico della umiltà dei suoi natali, e rompendo ogni ritegno, si è permesso di dirigere alla dama del banco una poesia colla quale egli la eccita all'obblio dei suoi doveri di sposa e di madre.

— Dal disordine dello stile si riconobbe che quella lettera era stata scritta sotto le perniciose influenze del signor Rodolfo e della sua letteratura.

— Per conseguenza, — e malgrado il dispiacere che ne prova — il direttore dello stabilimento si trova nella necessità di pregare la compagnia Colline di scegliersi un altro luogo dove tenere le sue conferenze rivoluzionarie.

Gustavo Colline che era il Cicerone della banda, prese la parola e provò *priori* al padrone del caffè che i suoi lamenti erano ridicoli ed infondati, — che gli si faceva un grande onore scegliendo il suo stabilimento per farne un focolare di intelligenza, — che la sua partenza e quella dei suoi amici farebbe la rovina della sua casa, elevata dalla loro presenza al grado di caffè artistico-letterario.

— Ma, disse il padrone del caffè, — voi e coloro che vengono a trovarvi prendete sì poche cose!

— Questa sobrietà della quale voi vi lamentate è una prova dei nostri buoni costumi, replicò Colline. — Del resto dipende da voi che noi spendiamo di più, — basta che ci apriate un conto corrente.

— Daremo noi stessi un registro, aggiunse Marcello.

Il caffettiere fece mostra di non capire e chiese alcuni schiarimenti a proposito delle lettere incendiarie che *Bergami* aveva diretto a sua moglie. — Rodolfo, accusato di aver servito di segretario di questa illecita passione, si difese con calore.

— D'altronde, conchiudeva, — la virtù della signora era una barriera così inespugnabile, che...

— Oh! disse il caffettiere..... con un sorriso d'orgoglio, — mia moglie fu allevata a S. Denis?

In somma Colline finì di ingarbugliarlo completamente nei rigiri della sua insidiosa eloquenza e tutto s'accomodò colla semplice promessa che i quattro amici non farebbero più il loro caffè privatamente, — che d'ora in avanti il caffè riceverebbe gratis il *Castoro*: — che Femia tintrice si metterebbe una cuffia, che il tric-trac sarebbe lasciato godere alla società Bosquet tutta la domenica da mezzodì alle due e che, soprattutto, non si chiederebbe credito più oltre.

Per alcuni giorni tutto andò bene.

La vigilia di Natale i quattro amici arrivarono nel caffè colle loro spose.

C'erano madamigella Musette. — Madamigella Mimì, la nuova amica di Rodolfo, una creatura adorabile la cui voce sonora faceva fracasso come un timpano; e Femia tintrice, l'idolo di Schaunard.

Quella sera Femia aveva una cuffia. Quanto a Madama Colline, che non si vedeva mai, ell'era restata in casa a mettere le virgole ai manoscritti del suo marito.

Dopo il caffè, che in via straordinaria fu scortato da un battaglione di bicchierini di cognac, si chiese del punch. Il cameriere poco avvezzo a questo fare grandioso, si fece ripetere l'ordine due volte. Femia, la quale in vita sua non era stata mai al caffè, pareva in estasi bevendo in bicchieri col piede. Marcello disputava con Musette a proposito d'un cappellino di cui egli sospettava l'origine. Mimi e Rodolfo, ancora nella luna di miele, parlavano insieme alla muta. Quanto a Colline egli andava di donna in donna snocciolando tutte le galanti chincaglierie di stile raccolto nella collezione dell'*Almanacco delle Muse*.

Mentre quest'allegra comitiva si abbandonava al giuoco ed alle risa un personaggio straniero, seduto in fondo alla sala presso una tavola isolata, osservava l'animato spettacolo che succedeva sotto i suoi occhi, che avevano uno stranissimo sguardo.

Da quindici giorni egli veniva là tutte le sere; di tutti gli avventori era il solo che avesse potuto resistere all'orrendo fracasso che facevano i *Boemi*.

Le *seghe* le più spaventevoli l'avevano veduto inperterrito; — egli stava là tutta la sera fumando la sua pipa con una regolarità matematica, — lo sguardo fisso come se custodisse un tesoro, — e l'orecchio aperto a tutto ciò che si diceva intorno a lui. Egli sembrava di un carattere dolce e ricco perchè possedeva un orologio tenuto in ischiavitù nelle sue tasche da una catena. Un giorno che Marcello si trovò al banco con lui lo sorprese che cambiava un luigi per pagare ciò ch'aveva preso.

Da quel giorno i quattro amici lo avevano battezzato il *Capitalista*.

All'improvviso Schaunard, che aveva una vista eccellente, fece notare che i bicchieri erano vuoti.

— Per bacco! disse Rodolfo; stassera è la vigilia di Natale; noi siamo tutti buoni cristiani, dunque bisogna fare un pò d'allegria.

— Si davvero, disse Marcello; facciamoci dar delle cose soprannaturali.

— Colline, — disse Rodolfo, — tira il campanello.

Colline tirò il cordone freneticamente.

— Cosa prenderemo? interrogò Marcello.

Colline si piegò in due come un'arco e riprese indicando la donna:

— Il diritto di comandare, l'ordine e la marcia dei rinfreschi appartiene alle signore.

— Io, disse Musette, — facendo scorgere la lingua — io non temerei lo Sciampagna.

— Sei pazza, sclamò Marcello — dello Sciampagna? — prima di tutto non è vino...

— Che importa? — mi piace — fa fracasso!...

— Io, disse Mimì accarezzando con uno sguardo Rodolfo, — io preferisco il *Beaune*, in un cestino.

— Ma tu perdi la testa! disse Rodolfo.

— Nò, voglio perderla però, riprese Mimì sulla quale il *Beaune* produceva un'effetto singolare. — Il suo sposo rimase fulminato da quella risposta.

— Io: — disse Femia, — tintrice — facendosi ballare sull'elastico divano, — io vorrei del *perfetto amore*. — È buono per lo stomaco.

Schaunard con voce nasale articolò alcune parole che fecero fremere Femia sulla sua base.

— Ah bah! gridò Marcello — una volta tanto facciamo cento mila franchi di spesa!...

— E poi, aggiunse Rodolfo — il banco si lamenta che non spendiamo abbastanza! —

= Bisogna sprofondarlo nello stupore.

— Sì, disse Colline, — abbandoniamoci ad uno stupendo convito — d'altronde noi dobbiamo a queste signore la più completa obbedienza; — l'amore vive di sagrifizii — il vino è il sugo del piacere, — il piacere è il dovere della gioventù — le donne sono fiori e bisogna inaffiarle. — Inaffiamo! Cameriere! Cameriere!

E Colline si appese al cordone del campanello in una febbrile agitazione.

Il cameriere arrivò rapido come gli aquiloni.

Allorchè egli udì parlare di Sciampagne e di *Beaune*, e di diversi liquori ec. la sua fisonomia eseguì tutta la scala della sorpresa.

— Io ho dei buchi nello stomaco, disse Mimì; prenderei volontieri del prosciutto.

— Ed io delle sardelle e del burro, aggiunse Musette.

— Ed io dei ravanelli, disse Femia, con un pò di carne intorno.

— Dite addirittura, che volete cenare, riprese Marcello.

— Noi ci staressimo, risposero in coro le donne.

— Cameriere! disse gravemente Colline — portateci il necessario per cenare.

Il cameriere a forza di sorprese era diventato tricolore.

Egli scese lentamente al banco e comunicò al padrone del caffè le straordinarie cose che gli avevano domandate.

Il caffettiere credette che si volesse scherzare; — ma ad una nuova chiamata del campanello, salì egli stesso e si diresse a Colline, pel quale egli aveva una certa stima.

— Colline gli spiegò che essi volevano celebrare nel suo stabilimento la solennità della vigilia di Natale, e lo pregò di far servire ciò che gli avevano chiesto.

Il caffettiere non rispose; — egli se ne andò a ritroso facendo dei nodi sul tovagliolo che aveva in mano. Egli stette in sessione un quarto d'ora con sua moglie, — la quale, in grazia dell'educazione liberale che aveva ricevuto a Sant Denis, essendo sensibile alle belle arti ed alle belle lettere incoraggiò suo marito a far servire la cena.

— Infine poi, disse il caffettiere, essi possono ben avere del denaro, una volta per caso.

Ed egli diede ordine al cameriere di portar disopra ciò che avevano chiesto. — Indi s'ingolfò in una partita di picchetto con un vecchio avventore.

— Fatale imprudenza!

Dalle ore dieci a mezzanotte il cameriere non fece che scendere e salire. Ad ogni momento gli si domandavano dei supplementi. Musette si faceva servire all'inglese e cambiava di posata ad ogni boccone: Mimì beveva di tutti i vini in tutti i bicchieri; Schaunard aveva in gola un Sahara continuo; Colline eseguiva dei fuochi incrociati coi suoi occhi e, mentre tagliava il tovagliolo coi denti, stringeva la gamba del tavolo, credendola quella di Femia. Quanto a Rodolfo ed a Marcello essi non abbandonavano gli arcioni del sangue freddo, e vedevano con inquietudine avvicinarsi l'ora dello scioglimento.

Il personaggio forastiero considerava con una grave curiosità queste scene; — si vedeva la sua bocca schiudersi di quando in quando come per sorridere; poi si udiva un rumore simile a quello d'una porta che stride chiudendosi.

Era il forastiero che rideva per suo conto.

A mezzanotte meno un quarto la dama del banco mandò di sopra il conto. Esso aveva toccato un'altura esagerata: 35 franchi e 75 centesimi!

— Vediamo, disse Marcello, — tiriamo a sorte, chi tocca andare a parlamentare col caffettiere. — Sarà un'affar grave!

Presero un giuoco di domino e tirarono al numero più alto.

Sventuratamente la sorte designò come plenipotenziario Schaunard. — Egli era un eccellente *virtuoso*, ma un pessimo diplomatico. — Schaunard arrivò al banco proprio nel momento in cui il padrone finiva di perdere col suo vecchio avventore.

Momus, curvo sotto la vergogna di tre *cappotti* era d'un umore terribile; — alla prima parola di Schaunard egli si mise in una collera violenta. — Schaunard era un buon musico, ma aveva un deplorabilissimo carattere. — Egli rispose con insolenze a doppio tempo. — La quistione s'inveleniva ed il caffettiere salì per dichiarare che si dovesse pagare, se nò non sarebbero usciti. — Colline tentò d'intervenire colla sua moderata eloquenza, ma la collera del caffettiere raddoppiò vedendo un tovagliolo del quale Colline aveva fatto filaccie, e per garantirsi egli osò mettere le mani sul paletot di Colline e sui mantelli delle signore.

Un fuoco di pelottone di ingiurie scoppiò fra i *Boemi* ed il padrone del caffè.

Le tre donne intanto parlavano d'amori e di vestiti.

Il personaggio straniero incominciò a togliersi dalla sua impassibilità: — poco a poco si era alzato, aveva fatto un passo, poi due, infine camminava come una persona naturale; — egli s'avvicinò al caffettiere e gli parlò sottovoce. Rodolfo e Marcello lo seguirono collo sguardo. — Il caffettiere uscì dicendo allo straniero:

— Certo, che acconsento, signor Barbemuche, certo che sì: intendetevela con loro.

Il signor Barbemuche ritornò al suo tavolino per pigliare il suo cappello, se lo pose in testa, fece una conversione a destra ed in tre passi fu vicino a Rodolfo ed a Marcello; — levossi il cappello, s'inchinò dinnanzi gli uomini, indirizzò un saluto alle signore, tirò fuori di tasca il suo fazzoletto, si soffiò il naso, e con voce timida disse:

— Vi domando perdono, signori, della indiscrezione che stò per commettere. — Già da gran tempo io ardo del desiderio di fare la vostra conoscenza, ma finora non mi si presentò mai l'occasione di mettermi in relazione con voi. — Mi permettereste ch'io colga quella che oggi si presenta?

— Sicuro, ... certo .... disse Colline che vedeva dove veniva ad arrivare lo sconosciuto.

Rodolfo e Marcello chinarono il capo senza dir nulla.

La troppo squisita delicatezza di Schaunard poco mancò non mandasse tutto in rovina. — Permettete, signore, diss'egli con enfasi, — voi non avete l'onore di conoscerci e le convenienze non permettono che... Avreste la bontà di darmi una pipa di tabacco?... Del resto io sarò dell'opinione dei miei amici....

— Signori, riprese Barbemuche, sono anch'io un discepolo delle Belle arti come voi. — Per quanto ho potuto capire udendovi discorrere i nostri gusti sono eguali; io ho il più vivo desiderio d'essere vostro amico e di poter trovarvi qui ogni sera.... Il proprietario di questo Stabilimento è un uomo brutale, ma io gli dissi una parola e voi siete padroni di partire se volete... Io oso sperare che voi non mi rifiuterete il mezzo di rivedervi qui accettando il piccolo servigio, che......

Il rossore dell'indignazione salì alla faccia di Schaunard.

— Egli specula sulla nostra posizione, diss'egli — noi non possiamo accettare. — Egli ha pagato il nostro conto: giocherò i suoi 35 franchi al bigliardo e gli darò dei punti.

Barbemuche accettò la proposta — ed ebbe il buon talento di perdere; — ma questo bel tratto gli acquistò la stima della *Boemia*.

Si lasciarono dandosi appuntamento per l'indomani.

— Così, diceva Schaunard a Marcello — noi non gli dobbiamo nulla; — la nostra dignità è salva.

— E noi possiamo quasi esigere un'altra cena, aggiunse Rodolfo ridendo.

CAPITOLO XII.

UN RICEVIMENTO NELLE BOEMIE.

La sera in cui Carolus aveva pagato il conto di una cena mangiata dai Boemi egli aveva fatto in modo che Colline lo accompagnasse. Dacchè egli assisteva alla seduta dei quattro amici nel caffè dove li aveva tirati d'impiccio. Carolus aveva specialmente notato Colline e provava già una simpatica attrattiva per questo Socrate del quale egli doveva col tempo diventare il Platone. Perciò egli lo scelse addirittura come suo introduttore nel *Cenacolo*. Strada facendo Barbemuche offerse a Colline d'entrare a prendere qualche cosa in un caffè che si trovava aperto ancora. Ma Colline non solo rifiutò, ma raddoppiò il passo e si calò sugli occhi il suo cappello iperfisico passando dinnanzi al caffè.

— Perchè non volete entrare? domandò Barbemuche insistendo con squisita gentilezza.

— Ne ho le mie ragioni, rispose Colline, in questo stabilimento c'è al banco una signora che si occupa molto di scienze esatte ed io non potrei far a meno di avere con lei una discussione assai lunga, — ciò che cerco di evitare non passando mai per queste contrade a mezzodì, nè in tutte le altre ore di sole.

— Ma come successe?...

— Oh è una cosa semplicissima, rispose con ingenuità Colline; — fui di casa con Marcello in questo quartiere.

— Avrei ben desiderato offrirvi un bicchiere di punch e parlare un po'. Non sapete che vi sia nelle vicinanze un luogo dove voi possiate entrare senza essere impedito da difficoltà.... matematiche? aggiunse Barbemuche il quale credette a proposito di essere enormemente spiritoso.

Colline pensò un momento e poi:

— Ecco lì un locale dove la mia posizione è più netta, diss'egli indicando un mercante di vino.

Barbemuche fece una smorfia, e parve esitare.

— È un luogo polito? domandò.

Colline considerando l'attitudine riserbata e glaciale di Barbemuche, considerato il suo muto sorriso e considerata soprattutto la sua catena a pendagli, s'era immaginato ch'egli fosse impiegato presso un'Ambasciata e perciò che avesse paura di compromettersi entrando in una taverna.

— Non è pericolo che ci vedano, disse egli; — a quest'ora tutto il corpo diplomatico è a letto.

Barbemuche si decise di entrare, ma in fondo dell'anima egli avrebbe almeno voluto avere un naso posticcio. Per maggior sicurezza domandò un gabinetto riservato ed ebbe cura di mettere un tovagliolo sulla porta a vetri. Prese queste precauzioni egli parve meno inquieto e comandò del punch. Barbemuche riscaldato un po' dalla bevanda divenne più espansivo e dopo aver dato alcuni dettagli sopra sè stesso osò articolare la speranza da lui concepita di poter un giorno fare parte officiale della *Società dei Boemi*, e pregava Colline di ajutarlo a realizzare questo suo ambizioso progetto.

Colline rispose che per conto suo egli si metteva a disposizione di Barbemuche, ma che nondimeno non poteva assicurare nulla in modo assoluto.

— Io vi prometto il mio voto, diss'egli, ma io non posso assumermi di disporre di quelli dei miei amici.

— Ma, chiese Barbemuche, per quali motivi ricuserebbero essi di ricevermi fra loro?

Colline depose sulla tavola il bicchiero che stava per portare alle labbra, e con un'aria seria disse all'ardito Carolus press' a poco così:

— Voi coltivate le belle arti?

— Io lavoro modestamente questi nobili campi dell'intelligenza, rispose Carolus, il quale voleva inalberare i colori del suo stile.

Colline trovò la frase ben messa e fece un inchino:

— Voi conoscete la musica?

— Ho suonato il contrabbasso.

— È uno stromento filosofico — egli dà suoni

gravi. — Allora, se voi conoscete le leggi dell'armonia, voi sapete che senza calpestarne le leggi non si può introdurre un quinto in un quartetto; — e se ciò fosse non sarebbe più quartetto.

— Diverrebbe un quintetto, rispose Carolus.

— Che cosa? fece Colline.

— Quintetto.

— Perfettamente. — Così pare, se nella trinità voi introducete un'altra persona, non vi sarà più trinità, ma un quadrato e la religione sarebbe fosca nel suo bel principio.

— Permettete, disse Barbemuche, il cui intelletto incominciava ad inciampare in mezzo a tutte le spine ed ai triboli del ragionamento di Colline, non vedo chiaro....

— Guardate e seguitemi.... — continuò Colline; — conoscete voi l'astronomia?

— Un pochetto: — sono baccelliere.

— C'è una canzone su quest'argomento, disse Colline: « Bacellier, dicea Lisetta.... » non me ne ricordo più l'aria... Allora voi dovete sapere che ci sono quattro punti cardinali. — Ebbene, se sorgesse un quinto punto cardinale tutta l'armonia della natura sarebbe scompigliata. — È ciò che si chiama un cataclisma. — Capite?

— Aspetto la conclusione.

— Difatti la conclusione è la fine del discorso, come la morte è la fine della vita, come il matrimonio è la fine dell'amore.

— Ebbene, mio caro signore, io ed i miei amici

siamo assuefatti a vivere insieme, e temiamo di veder rompersi l'armoniche file nel nostro concerto di costumi, di opinioni, di abitudini, di gusti, di caratteri, coll'introdurre un estraneo fra noi. Noi dobbiamo essere un giorno i quattro punti cardinali dell'arte contemporanea, ve lo dico senza guanti, senza complimenti; — assuefatti a questa idea, ci seccherebbe di vedere un quinto punto cardinale.

— Però, quando si è quattro si può ben essere cinque, disse Carolus.

— Sì, ma non si è più quattro.

— È un futile pretesto.

— Non c'è nulla di futile a questo mondo — tutto è nel tutto — i piccoli ruscelli formano i grandi fiumi — le sillabe fanno i sonetti e le montagne son fatte di granelli di sabbia. — Tutto questo si trova nella *Sapienza delle Nazioni* — ce n'è un esemplare sul *Quai*.

— Voi dunque credete che questi signori faranno delle difficoltà per ammettermi all'onore della loro intimità.

— Lo credo.... in Dio padre onnipotente.

— Cosa dite?

— Perdono,.... è un'abitudine. — Ditemi, mio caro signore, nei campi dell'intelligenza qual'è il nobile solco che voi tracciate di preferenza?

— I miei modelli sono i grandi filosofi ed i buoni classici, rispose Carolus; io mi pasco del loro studio. — *Telemaco* fu il primo che m'ispirò la passione che mi divora.

— *Telemaco*, stà molto sul *quai*, disse Colline; lo vi si trova a tutte le ore: lo comperai per cinque soldi in una buona occasione; però acconsentirei privarmene per farvi piacere. Del resto buon opera e ben redatta — pel tempo.

— Sì, signore, continuava Carolus, la alta filosofia e la sana letteratura, ecco a che io aspiro. Secondo me l'arte è un sacerdozio.

— Sì, sì, sì.... disse Colline: c'è una canzone anche su questo.

E cantò:

« Son le arti un sacerdozio;
» Noi sappiamcene servir. »

Credo che sia nel *Roberto il Diavolo*, aggiunse.

— Dicevo dunque che essendo l'arte una solenne funzione gli scrittori debbono incessantemente....

— Perdonate, signore, interruppe Colline che udiva suonare la mezzanotte; — a momenti sarà domani mattina, ed ho paura di far stare inquieta una persona che mi è cara; d'altronde, mormorò, fra sè, le avevo promesso d'andar a casa di buon ora.... è il suo dì.

— È tardi difatti, disse Carolus, ritiriamoci.

— Voi abitate lontano? interrogò Colline.

— Via Reale S. Honorè, N. 10.

Colline aveva avuto occasione una volta d'andare in quella casa e si ricordò che era un magnifico palazzo.

— Parlerò di voi a quei signori, diss'egli a Carolus lasciandolo; siate sicuro che adopererò tutta la mia influenza affinchè vi siano favorevoli... — Ah! permettetemi di darvi un consiglio.

— Parlate, disse Carolus.

— Siate amabile e galante colle signore Mimì, Musette e Femia; — queste signore esercitano una grande autorità sui miei amici, e sapendo metterli sotto la pressione delle loro donne voi otterrete da Marcello, Schaunard e Rodolfo tutto ciò che volete.

— Procurerò, rispose Carolus.

L'indomani Colline piombò in mezzo al *cenacolo Boemo:* era l'ora della colazione e la colazione era giunta coll'ora. Le tre famiglie erano a tavola in preda ad un'orgia di carcioffi al pepe.

— Di-a-vo-lo! disse Colline, qui si fan sempre pasti:... questo treno non può durare. — Vengo come ambasciatore del generoso mortale che abbiamo trovato jeri sera al caffè.

— Domanda egli forse già il denaro, che anticipò per noi? interrogò Marcello.

— Oh! disse madama Mimì; mai non avrei creduto simile cosa di lui;... ha un fare così distinto....

— Non è questa la cosa, rispose Colline; quel giovane desidera essere dei nostri; — vuol prendere delle azioni nella nostra società e partecipare ai benefizii, ben inteso.

I tre boemi alzarono la testa e si guardarono l'un l'altro.

— Ecco lì, conchiuse Colline. Ora la discussione è aperta.

— Qual è la posizione sociale del tuo protetto? domandò Rodolfo.

— Non è un mio protetto, rispose Colline. Jeri sera voi mi avete pregato di seguirlo, egli dal canto suo mi pregò di accompagnarlo; andava benissimo. — Lo seguii: — egli mi abbeverò, per gran parte della notte, di attenzioni e di liquori fini, ma io ho conservato la mia indipendenza.

— Benissimo, disse Schaunard.

— Schizzaci qualche tratto principale del suo carattere, disse Marcello.

— Anima grande — costumi austeri — non osa entrare da un mercante di vino — baccelliere — ostia di candore — suona il contrabasso — natura che cambia qualche volta dei pezzi da cinque franchi.

— Benissimo, disse Schaunard.

— Quali sono le sue speranze?

— Ve l'ho già detto; — la sua ambizione non ha limiti: — egli aspira a darci del *Tu*.

— Il che significa che vuol metterci a profitto, replicò Marcello. Egli vuol farsi vedere a montare nelle nostre carrozze.

— Qual' arte è la sua?

— Sì, disse Marcello, — qual' istromento suona?

— La sua arte? — disse Colline — cosa suona? Letteratura e filosofia unite.

— Quali sono le sue cognizioni filosofiche?

— Egli pratica una filosofia provinciale. Egli chiama l'arte un sacerdozio.

— Dice sacerdozio? sclamò Rodolfo spaventato.

— Lo dice.

— E in letteratura?

— Frequenta Telemaco.

— Benissimo, disse Schaunard masticando la stoppa dei carcioffi.

— Come, benissimo? imbecille!! disse Marcello; — non arrischiarti a dirmi simile bestialità per istrada....

Schaunard indispettito da questa strapazzata diede sotto le tavole una pedata a Femia, che egli sorprese mentre faceva una invasione nella sua salsa.

— Te lo domando ancora, disse Rodolfo, — che condizione è la sua? di che vive? il suo nome? la sua abitazione?

— La sua condizione è onorevole: — egli è professore d'ogni specie di cose in seno ad una onorata famiglia. Si chiama Carolus Barbemuche, mangia le sue rendite in mezzo ad abitudini di lusso, ed abita in via Reale, in una bella casa.

— Ammobigliata.

— Nò, perchè vi sono mobili buoni.

— Domando la parola, disse Marcello. — Egli è per me evidente che Colline è corrotto: egli ha venduto anticipatamente il suo voto per una somma qualunque di bicchierini. — Non interrompermi disse Marcello, tu risponderai alla tua volta. Taci per adesso. Colline, anima venale, vi presentò questo straniero sotto un aspetto troppo favorevole perchè esso sia l'immagine della verità. Ve l'ho detto: io indovino i calcoli di questo straniero. Egli vuole speculare su di noi. Egli ha detto a sè stesso — Ecco lì dei giovinotti che faranno la loro strada: bisogna ch'io mi metta in una loro tasca; ed arriverò con loro alla stazione della fama.

— Benissimo, disse Schaunard; — non c'è più salsa?

— No, rispose Rodolfo, l'edizione è finita.

— Da un altro lato, continuò Marcello, questo mortale insidioso, che Colline patrocina, non aspira forse alle nostre amicizie che con colpevoli disegni. Noi non siamo soli quì, miei signori, — continuava l'oratore gettando sulle donne uno sguardo eloquente — ed il protetto di Colline, introducendosi nei nostri lari sotto il manto della letteratura, potrebbe essere null'altro che un seduttore fellone. — Riflettete: — per me io voto contro l'ammissione.

— Domando la parola soltanto per una rettificazione, disse Rodolfo. Nella sua commendevole improvvisazione Marcello ha detto che il nominato Carolus voleva, coll'intenzione di disonorarci, introdursi in casa nostra sotto il MANTO DELLA LETTERATURA.

— Era una figura parlamentare, disse Marcello.

— Io biasimo questa figura: — è cattiva. — La letteratura non ha mantelli.

— Poichè quì io faccio l'ufficio di relatore, disse

Colline levandosi, io sosterrò le conclusioni del mio rapporto. La gelosia che lo divora fa perdere i sensi al nostro amico Marcello, il grande artista è insensato....

— All'ordine, urlò Marcello....

— .... insensato al punto, che egli, così buon disegnatore, ha introdotto nella sua orazione una figura della quale rilevò la scorrezione lo spiritoso oratore che mi successe a questa tribuna.

— Colline è un'idiota, sclamò Marcello, dando sulla tavola un pugno che produsse una profonda sensazione nei piatti; Colline non capisce nulla in fatto di sentimento, — egli è incompetente nella quistione: — egli ha un libraccio vecchio invece di cuore.

(Risa prolungate di Schaunard).

Durante questo tumulto, Colline scuoteva dalle pieghe della sua cravatta i torrenti di eloquenza ch'essa conteneva. — Allorchè si ristabilì il silenzio, egli continuò così il suo discorso:

— Signori, con una sola parola io farò svaporare i chimerici timori che i sospetti di Marcello avrebbero potuto far nascere sul conto di Carolus.

— Pròvati a far svaporare, disse Marcello.

— Non sarà più difficile di questo, rispose Colline spegnendo d'un soffio lo zolfanello col quale aveva accesa la sua pipa.

(Parlate, parlate, gridarono in massa Schaunard, Rodolfo, e le donne, per le quali il dibattimento era d'un grande interesse).

— Signori, declamava Colline, — benchè io sia stato violentemente e personalmente attaccato in questo recinto, quantunque sia stato accusato di aver venduto per dei liquori l'influenza che io posso avere fra voi — forte della mia coscienza, io non risponderò alle accuse fatte alla mia probità, alla mia lealtà, alla mia moralità. (Emozione) Ma havvi una cosa che io voglio far rispettare, io! (L'oratore si dà delle pugna sul ventre) È la mia prudenza, la quale voi conoscete benissimo, e che si volle mettere in dubbio. Mi si accusa di voler far entrare fra voi un mortale, che nutre disegni ostili alla vostra felicità... sentimentale. — Questa supposizione è un'insulto alla virtù di queste signore, — e dippiù un insulto al loro buon gusto. — Carolus Barbemuche è bruttissimo. — (Smentita visibile sulla faccia di Femia tintrice — rumore sotto la tavola. — È Schaunard che corregge a pedate la comprommettente franchezza della sua giovine amica). Ma, continuava Colline, — ciò che ridurrà in polvere il miserabile argomento del quale il mio avversario si fe' un'arma contro Carolus mettendo a profitto i vostri terrori, — si è che il suddetto Carolus è un filosofo PLATONICO. — (Sensazione sul banco degli uomini, — tumulto su quello delle signore).

— Cosa vuol dire Platonico? interrogò Femia.

— È la malattia degli uomini che non ardiscono abbracciare una donna, disse Mimì. — Ho avuto un amante di questo genere: — lo tenni due ore.

— Delle sciocchezze, disse Musette.

— Tu hai ragione, mia cara, disse Marcello. — il platonicismo in amore, è come l'acqua nel vino. — Beviamo puro il nostro vino.

— E viva la gioventù! sclamò Musette.

La dichiarazione di Colline produsse una reazione favorevole a Carolus. Il filosofo volle approfittare del buon movimento operato dalla sua falsa, eloquente e destra accusa.

— Ora, continuava Colline, io non vedo quali siano le prevenzioni che si potrebbero elevare contro questo giovane mortale; il quale, in fin dei conti, ci ha fatto un favore. — Quanto a me, che sono accusato di aver agito da stordito volendo introdurlo fra noi, io considero questa opinione come un attentato alla mia dignità. — Io ho agito in quest'affare colla prudenza del serpente, — e se un voto motivato non mi conserva questa prudenza.... io offro la mia dimissione.

— Vuoi tu farne una quistione di gabinetto? disse Marcello.

— La faccio, — rispose Colline.

I tre artisti si consultarono e di comune accordo s'intesero per restituire al filosofo il carattere di alta prudenza che egli reclamava. — Colline cedette poi la parola a Marcello, il quale, ricreduto un po' della sua prevenzione, dichiarò ch'egli voterebbe forse per la conclusione del relatore. — Ma prima di passare alla votazione decisiva che aprirebbe a Carolus l'intimità della *Boemia*, Marcello fece mettere ai voti questo emendamento:

— « Siccome l'introduzione di un nuovo membro era cosa grave, e visto che uno straniero poteva portarvi degli elementi di discordia, non conoscendo i costumi, i caratteri e le opinioni dei suoi compagni, ciascuno dei membri passerebbe una giornata col detto Carolus e farebbe un'inchiesta sulla sua vita, gusti, capacità letteraria, e guardaroba. — I Boemi si comunicherebbero poi le loro particolari impressioni, e dopo si statuirebbe sul rifiuto o sull'ammissione: — di più, prima di questa ammissione, Carolus dovrebbe subire il noviziato di un mese cioè egli prima di questo termine non avrebbe il diritto di dar del *tu*, nè il braccio ai compagni. — Il giorno del ricevimento si darà una splendida festa — a spese del neofito. — Il budget di questa festa non potrebbe elevarsi a meno di dodici franchi ».

Questo emendamento fu adottato alla maggioranza di tre voti contro uno — quello di Colline, — il quale trovava che non si aveva abbastanza confidenza in lui, e che questo emendamento era ancora un attentato alla sua prudenza.

La stessa sera Colline andò espressamente di buon ora al caffè per trovarvi pel primo Carolus.

Egli non aspettò molto. Carolus arrivò portando in mano tre enormi mazzi di fiori.

— Oh ooh! disse Colline, che volete fare di quel giardino?

— Mi sono ricordato, rispose Carolus, di ciò che mi diceste jeri; — i vostri amici verranno certo colle loro signore ed è a loro intenzione che portai questi fiori; — essi son ben belli...

— Difatti!.... ce n' è per 15 soldi almeno.

— Che diavolo dite? ripetè Carolus; nel mese di dicembre? se diceste 15 franchi ....

— Oh Dio, sclamò Colline, un terzetto di scudi per questi semplici doni di Flora, che pazzia! Siete forse parente della Cordigliera? — Ebbene, signor mio caro, — ecco li 15 franchi che noi saremo obbligati di sfogliare alla finestra.

— Come? cosa volete dire?

Colline raccontò i gelosi sospetti che Marcello aveva fatto concepire ai suoi amici, e mise al fatto Carolus della violente discussione che aveva avuto luogo il mattino.

— Io protestai che le vostre intenzioni erano immacolate, ma l'opposizione fu viva egualmente. Guardatevi bene dunque dal far rinascere i gelosi sospetti che si poterono concepire sul conto vostro facendovi vedere troppo galante colle signore, e per incominciare, facciamo sparire questi mazzi di fiori.

E Colline prese le rose e le nascose in un'armadio che serviva di disimpegno.

— Ma non è tutto, diss'egli: — quei signori prima di legarsi intimamente con voi, desiderano di studiare ciascuno separatamente il vostro carattere, i vostri gusti e tutto.

Poi, affinchè Barbemuche non avesse ad urtar troppo coi suoi amici, Colline gli tracciò un schizzo del loro rispettivo carattere.

— Fate di trovarvi d'accordo con loro separatamente, aggiunse il filosofo, ed alla fine saranno tutti vostri.

Carolus acconsentì a tutto.

I tre amici giunsero poco dopo in compagnia delle loro spose.

Rodolfo si mostrò polito con Carolus. — Schaunard ebbe della famigliarità, — Marcello restò freddo. — Carolus si sforzò d'essere allegro ed affettuoso cogli uomini — ed indifferentissimo colle donne.

La sera nel lasciarsi Barbemuche invitò Rodolfo a pranzo per l'indomani — pregandolo però di andare a casa sua a mezzodì.

Il poeta accettò.

— Bene, diss'egli fra sè — incomincierò io l'esame.

Il dì dopo all'ora stabilita Rodolfo andò da Carolus; Barbemuche stava difatti in un bel palazzo della rue Royale e vi occupava una camera abbastanza ben messa. Rodolfo però fu sorpreso di vedere le imposte chiuse, le tende tirate, e due candele accese sulla tavola, benchè fosse mezzodì. — Egli ne chiese il motivo a Barbemuche il quale rispose:

— Lo studio è figlio del silenzio e del mistero!

Sedettero e si misero a discorrere. Dopo un'ora di conversazione Carolus con una pazienza ed una sveltezza oratoria stupenda seppe far sentire una frase, la quale a dispetto dell'umile sua forma, era niente meno che un'ordine dato a Rodolfo di ascoltare la lettura di un'opuscolo, frutto delle veglie del detto Carolus.

Rodolfo capì che era accalappiato. Però curioso di veder il colore dello stile di Barbemuche — egli s'inchinò politamente assicurandolo che egli era felicissimo di di...... etc..... etc...... etc......

Carolus non aspettò il resto della frase: — Corse a chiudere la porta della camera, pose i catenacci e ritornò presso Rodolfo. Poi prese un piccolo fascicolo il cui formato e la poca grossezza fecero spuntare un risolino di compiacenza sulle labbra di Rodolfo.

— È quello il manoscritto delle vostre opere? domandò.

— Nò, rispose Carolus, è il catalogo dei miei manoscritti e cerco il numero di quello che voi mi avete permesso di leggervi.... eccolo: — *Don Lopez ossia la Fatalità N. 14*. È sul terzo scaffale, disse Carolus, ed andò ad aprire un piccolo armadio nel quale Rodolfo vide con ispavento una grande quantità di manoscritti. — Carolus ne prese uno, chiuse l'armadio e ritornò a sedere in faccia al poeta.

Rodolfo gettò un'occhiata sui quattro quinternetti che componevano l'opera, scritta su carta grande come il campo di Marte.

— Coraggio, diss'egli a se stesso, — non è in versi,... ma si chiama *Don Lopez!*

Carolus prese il primo fascicolo ed incominciò così la sua lettura:

» In una fredda notte d'inverno due cavalieri
» avviluppati nelle pieghe dei loro mantelli, e mon-
» tati su due mule indolenti, camminavano costa
» a costa sur una delle vie che attraversano la so-
» litudine dei deserti della Sierra Morena.... »

— Dove son'io? pensò Rodolfo abbattuto da questo esordio.

Carolus continuò nello stesso modo la lettura del primo capitolo tutto scritto in questo stile.

Rodolfo ascoltava assorto nel pensiero di trovare un modo per fuggire.

— C'è la finestra, egli pensava fra sè, — ma oltre che essa è chiusa, noi siamo ad un quarto piano. — Ah! ora capisco le precauzioni di costui!!

— Che dite del mio primo capitolo? interrogò Carolus: non risparmiate la critica ve ne prego.

Rodolfo credette ricordarsi d'aver udito degli squarci di filosofia declamatoria sul suicidio spifferati da Don Lopez, eroe del romanzo, e ad ogni buon conto rispose:

— La grande figura del Don Lopez è studiata coscienziosamente: — essa mi rammenta la *professione di fede del Vicario Savojardo:* — la descrizione della mula di Don Alvar mi piace infinitamente: la si direbbe uno sbozzetto di Géricault. — Il paesaggio offre delle belle linee; — quanto alle idee è della semente di Gian Giacomo, sparsa in un terreno di Lesage. Però, permettetemi un'osservazione. — Voi mettete troppo virgole e fatte un vero abuso delle parole = d'ora in avanti = è una bella parola che stà bene di quando in quando, — essa dà un certo colore — ma non bisogna abusarne.

— Carolus prese il secondo fascicolo e rilesse il titolo di = Don Lopez o la Fatalità.

— Una volta ho conosciuto un Don Lopez, disse Rodolfo; — egli vendeva dei cigaretti e della cioccolata di Bajona: — forse era un parente del vostro... — Continuate pure.

Alla fine del secondo Capitolo il poeta interruppe Carolus domandandogli:

— Non vi sentite un pò male in gola?

— Nient'affatto, rispose Carolus, — adesso udirete la storia di Juesille.

— Ne sono curiosissimo — Però se siete stanco non vorrei...

— *Capitolo 3.°* disse Carolus a chiara voce.

Rodolfo esaminò attentamente Carolus, e s'accorse ch'egli aveva il collo corto ed il colorito sanguigno — Ho ancora una speranza, disse fra sè il poeta dopo fatta questa scoperta — è l'apoplessia.

— Noi passiamo al Capitolo 4.° — Voi avrete la bontà di dirmi il vostro parere sulla scena di amore.

E Carolus riprese la sua lettura.

In un momento in cui egli guardava Rodolfo per leggere sul suo volto l'effetto che produceva il suo dialogo, Carolus vide il poeta il quale, chino sulla sua sedia, sporgeva la testa nell'attitudine di un uomo che ascolta dei suoni lontani.

— Cosa avete? gli domandò egli.

— Zitto! disse Rodolfo: — non udite? Mi par che gridino: Al fuoco! andiamo a vedere?...

Carolus ascoltò un momento, ma non udì nulla.

— Mi avrà suonato l'orecchio, disse Rodolfo: continuate pure. — Don Alvar interessa prodigiosamente: è un nobile giovanotto.

Carolus continuò a leggere e pose tutta la musica della sua voce su questa frase di Don Alvar:

» O Juesille! chiunque tu sia, angelo o demonio,
» qualunque sia la tua patria, la mia vita t'appar-
» tiene: io ti seguirò in cielo ... all'inferno ».

In quel momento fu battuto alla porta — ed una voce dal di fuori chiamò Carolus.

— É il mio portinajo, diss'egli andando ad aprire la porta.

Era il portinajo difatti; egli portavagli una lettera; — Carolus l'aperse in fretta.

— Disgustoso contrattempo, diss'egli; — siamo costretti di rimandare ad un'altro giorno la lettura; — ricevo adesso una notizia che mi obbliga ad uscire subito.

— Oh! pensò Rodolfo — quella è una lettera che cade dal cielo: — ne riconosco il suggello.

— Se volete, disse Carolus, noi possiamo fare insieme la corsa alla quale mi costringe questo messaggio; — dopo di che anderemo a pranzo.

— Sono ai vostri ordini, disse Rodolfo.

Quand'egli ritornò la sera al cenacolo, il poeta fu dai suoi amici interrogato sul conto di Barbemuche.

— Sei contento di lui? — Ti ha trattato bene? domandarono Marcello e Schaunard.

— Sì, ma mi costò caro, rispose Rodolfo.

— Come? hai forse dovuto pagar tu? domandò Schaunard con crescente indignazione.

— Egli mi ha letto un romanzo nel cui interno vi stanno dei Don Lopez e dei Don Alvar, e dove i primi amorosi chiamano le loro amanti *Angelo o Demonio*.

— Che orrore! sclamarono tutti in coro.

— Ma del resto, disse Colline, — letteratura a parte — qual'è il tuo parere sul conto di Carolus?

— È un buon giovane. Del resto voi potrete giudicarne e far in persona le vostre osservazioni: Carolus vuole trattarvi tutti l'un dopo l'altro. — Schaunard è invitato a far colazione domani. Quando anderete in casa di Barbemuche, miei cari: non fidatevi dell'armadio dei manoscritti: è un mobile pericoloso.

Schaunard fu esatto all'appuntamento, e fece una perquisizione d'usciere che fa un sequestro. — La sera tornò a casa colle tasche piene di annotazioni: — egli aveva studiato Carolus sotto il punto di vista e di effetti mobili.

— Ebbene, gli domandarono, qual'è il tuo parere?

— Ma, rispose Schaunard, — questo Barbemuche è impastato di buone qualità; — egli sà il nome di tutti i vini, e mi fece menzione delle cose delicate, più di quelle che si fanno in casa di mia zia il dì della sua festa. — Egli mi pare in una certa buona intelligenza coi sarti e coi calzolaj della strada Vivienne dei Panorama. — Ho notato inoltre che egli è press'a poco della nostra statura — il che significa che in caso di bisogno noi potressimo prestargli i nostri abiti. — I suoi costumi sono meno severi di quello che Colline ci ha detto; egli s'è lasciato condurre dappertutto dove io ho voluto; mi pagò una colazione in due atti, il secondo dei quali l'abbiamo rappresentato in una taverna del mercato, dove io sono conosciuto per avervi fatto delle orgie in carnevale. Carolus entrò là dentro come un uomo naturale. Ecco tutto. Marcello è invitato per domani.

Carolus sapeva che Marcello era quegli che metteva maggiori ostacoli al suo ricevimento nel cenacolo, perciò egli lo trattò con una particolare ricercatezza. Ma ciò che gli rese più favorevole l'artista fu la speranza ch'egli gli diede di fargli fare dei ritratti nelle famiglie del suo allievo.

Quando venne la volta di Marcello di fare il suo rapporto, i suoi amici non gli trovarono più quella ostilità per progetto ch'egli aveva dapprincipio dimostrata con Colline.

Il quarto giorno Colline informò Barbemuche che egli era ammesso.

— Come? sono ricevuto? sclamò Barbemuche al colmo della gioja.

— Sì, ma a *correzione*.

— Cosa volete dire?

— Voglio dire che vi sono ancora alcune piccole abitudini volgari che voi dovrete lasciare.

— Farò il possibile per imitarvi, rispose Colline.

Tutto il tempo del suo noviziato il filosofo platonico frequentò assiduamente i boemi, ed essendo posto in condizione di esaminare profondamente le loro abitudini c'erano dei momenti in cui egli provava le più grandi sorprese.

Una mattina Colline entrò in casa di Barbemuche colla fisionomia raggiante.

Caro mio, voi siete dei nostri definitivamente: è finita. — Ora non resta più che a fissare il giorno della grande festa; vengo per questo ad intendermi con voi.

— Ma, va proprio benone, rispose Carolus, i parenti del mio allievo sono in campagna; il viscontino, del quale io sono il mentore, mi presterà gli appartamenti per una sera, così noi saremo meglio in libertà; però bisognerebbe invitare il viscontino.

— Sarà un affare delicato, rispose Colline, noi gli schiuderemo gli orizzonti letterari! — ma credete ch'egli accetterà?

— Ne sono certissimo.

— Allora non vi ha che fissare il giorno.

— Accomoderemo le cose stassera al caffè, disse Barbemuche.

Carolus andò a trovare il suo allievo, e gli annunziò essere stato ricevuto membro d'un'alta società artistica-letteraria e che per celebrare il suo ricevimento egli faceva conto di dare un pranzo seguito da una piccola festa: — lo pregava perciò di far parte degli invitati:

— E siccome, aggiunse Carolus, voi non potete star fuori tardi e che la festa si prolungherà nella notte, noi daremo la nostra festa qui per vostro comodo, qui negli appartamenti. Il vostro servo Francesco sa tenere il segreto, i vostri genitori non sapranno nulla e voi avrete fatto conoscenza colle persone più spiritose di Parigi, artisti ed autori.

— Stampati? chiese il giovanetto.

— Stampati, certo eh! uno di essi è redattore in capo della *Sciarpa d'Iride* che vostra madre riceve; — sono persone molto distinte, quasi celebri; — io sono loro amico: essi hanno delle mogli stupende.

— Ci saranno dunque delle signore? interrogò il Viscontino Paolo.

— Assai belle.

— Oh caro maestro mio, ve ne ringrazio: certo, daremo la festa qui; farò accendere tutte le lampade e togliere la fodera ai mobili.

La sera al caffè, Barbemuche annunziò che la festa avrebbe luogo sabato prossimo.

I boemi invitarono le loro donne ad occuparsi della loro toelette.

— Non dimenticate, disser loro, che noi andiamo in sale davvero. Dunque preparatevi: una toelette semplice, ma ricca.

Da quel dì tutta la contrada seppe che le signore Mimi, Musette e Femia andavano in società.

La mattina della solennità successe....

Ecco cosa avvenne. — Colline, Schaunard, Marcello e Rodolfo andarono in coro a casa di Barbemuche, il quale fu sorpreso di vederli sì di buon ora.

— Sarebb'egli sorvenuto qualche accidente che obblighi a rimandare la festa ad altro giorno? domandò egli con una certa inquietudine.

— Sì e nò, rispose Colline. — Però udite cosa succede. Noi non facciamo mai cerimonie fra noi, ma quando dobbiamo trovarci con degli estranei vogliamo conservare un certo decoro.

— Ebbene? disse Barbemuche.

— Ebbene, continuò Colline, siccome stassera noi dobbiamo trovarci col giovane signore che ci apre la sua sala, per rispetto per lui e per noi stessi, che potressimo essere compromessi dal nostro abito un pò negletto, veniamo semplicemente a domandarvi se non potreste prestarci per questa sera qualche spoglia d'un taglio un pò buono. Ci è quasi impossibile, voi lo capite bene, di venire in blouse e in paletot sotto le volte santuose di questa residenza.

— Ma, disse Carolus, io non ho quattro abiti neri.

— Eh, disse Colline, ci accomoderemo con quello che avete.

— Guardate, dunque, disse Carolus aprendo un guardarobba ben guarnito.

— Ma, voi avete un arsenale completo di eleganze.

— Tre cappelli, sclamò in estasi Schaunard; è egli possibile di aver tre cappelli quando non si ha che una testa?

— E gli stivali!! disse Rodolfo. Ma guardate!!

— Ce n'è degli stivali!........ urlò Colline.

In un batter d'occhio ciascuno aveva scelto un vestito completo.

— A stassera, dissero lasciando Barbemuche; — le signore hanno deciso di essere risplendentissimamente abbaglianti!

— Ma, disse Barbemuche dando un'occhiata al porta mantelli completamente nudi, — voi non mi lasciate nulla per me. Come farò a ricevervi.

— Oh, voi è un'altro affare: disse Rodolfo; — voi siete il padrone di casa e potete lasciar à parte l'etichetta.

— Però, disse Carolus, non mi resta più che una vesta da camera, un calzone coi piedi, un giubbetto di flanella e delle pantofole; — voi avete pigliato tutto.

— Cosa fà? — noi vi teniamo per iscusato in anticipazione, risposero i *Boemi*.

A sei ore nella sala da pranzo stava imbandito un bel pranzo. I boemi arrivarono. — Marcello zoppicava ed era di cattivo umore. — Il viscontino Paolo corse incontro alle signore e le condusse ai migliori posti. — Mimi aveva una toeletta *d'alta fantasia*. Musette era messa con un gusto pieno di provocazioni. — Femia sembrava una finestra di vetri colorati: ma non aveva coraggio di mettersi a tavola. — Il pranzo durò due ore e mezzo, e fu d'una immensa allegria.

Il Viscontino Paolo schiacciava furiosamente il piede di Mimì, che gli stava vicina, e Femia chiedeva sempre qualche cosa a ciascun servizio. — Schaunard era nei pampini. — Rodolfo improvvisava sonetti e rompeva i bicchieri battendone il ritmo. — Colline parlava con Marcello che era ancora di cattivo umore.

— Cos'hai? gli domandava.

— I piedi mi fanno orribilmente male, e ciò mi annoja. — Questo Carolus ha un piedino di donnina.

— Ma, disse Colline, — basterà dirgli che così non può andare... che d'ora in poi si faccia fare le sue scarpe alcuni punti più larghe, — sta tranquillo: ci penso io. — Andiamo in sala, i liquori ci chiamano.

La festa ricominciò con maggiore impeto. Schaunard si mise al piano-forte e suonò la sua nuova sinfonia = *La morte della giovinetta* = con uno slancio prodigioso. — Il bel pezzo intitolato = *La marcia del creditore* ebbe gli onori del *bis*. — Due corde del piano-forte si ruppero.

Marcello continuava ad essere di cattivo umore, — e siccome Carolus andò a lamentarsene con lui, l'artista gli rispose:

— Mio caro signore, — noi non saremo mai amici intimi ed ecco perchè. — Le dissomiglianze fisiche sono quasi sempre l'indizio certo di una dissomiglianza morale: — la filosofia e la medicina sono d'accordo su questo punto.

— Ebbene? fece Carolus.

— Ebbene, rispose Marcello mostrando i suoi piedi — la vostra calzatura, infinitamente troppo piccola per me, mi indica che noi non abbiamo lo stesso carattere; — del resto la vostra festa era incantevole.

A un'ora del mattino i *Boemi* si ritirarono facendo lunghi giri per andare a casa — Barbemuche fu ammalato e tenne insensati discorsi al suo allievo, — il quale non faceva che pensare agli occhi azzurri della signora Mimì.

CAPITOLO XIII.

LE CATENE DEL FUOCO.

Torniamo indietro un poco.

Quanto segue succedeva in quel tramite di tempo che il poeta Rodolfo aveva messo casa colla signora Mimì, e mentre tutto il cenacolo era assai inquieto della disparizione di Rodolfo, il quale tutt'ad un tratto era divenuto imponderabile. — Lo avevano cercato in tutti i luoghi dove aveva l'abitudine d'andare e dappertutto avevano avuto la stessa risposta: Da otto giorni non lo vediamo più.

Gustavo Colline più d'ogni altro era inquieto ed ecco perchè. Alcuni giorni prima egli aveva confidato a Rodolfo un'articolo di alta filosofia che questi doveva inserire nel *Castoro* all'articolo *Varietà*. L'articolo filosofico era comparso sì o nò agli occhi della stupefatta Europa? Questa era la domanda che Colline faceva a sè stesso, e si capirà la sua ansietà quando si sappia che il filosofo non aveva ancora ottenuti gli onori della tipografia, e che egli abbruciava dal desiderio di veder qual effetto faceva la sua prosa stampata in carattere *cicerone*.

Affine di procurarsi questa soddisfazione d'amor proprio egli aveva già spesi 6 franchi in sedute di lettura in tutte le sale letterarie di Parigi, senza trovarvi mai il *Castoro*.

Colline, incapace di frenarsi più a lungo, giurò a se stesso che non si sarebbe riposato prima di avere abbrancato l'introvabile redattore di quel foglio.

Ajutato da combinazioni che sarebbe troppo lungo ridire il filosofo aveva mantenuto la parola a sè stesso. Due giorni dopo egli conosceva il domicilio di Rodolfo e vi andava alle sei del mattino.

Rodolfo allora abitava una camera ammobigliata in una deserta contrada del borgo S. Germano e stava al quinto piano, perchè non c'era il sesto.

Colline allorchè giunse all'uscio non vi trovò la chiave. Battè dieci minuti senza che alcuno rispondesse dall'interno: il mattutino rombazzo fece accorrere il portinajo, il quale pregò Colline di tacere.

— Voi vedete bene che il signore dorme, egli disse.

— É appunto per questo che voglio svegliarlo, rispose Colline ripicchiando da capo.

— Allora non vuol rispondervi, riprese il portinajo, deponendo alla porta di Rodolfo un pajo di stivali da uomo lucidi, ed un pajo di stivallini da donna.

— Aspettate un pò, disse Colline esaminando la calzatura maschile e femminile: — degli stivali nuovi di zecca!! Mi sarò ingannato di porta: — non è qui chè io ho da fare.

— Ma, infine chi cercate? interrogò il portinajo.

— Degli stivaletti da donna! continuava Colline parlando fra sè e pensando ai costumi severi del suo amico: sì, sì, certo, mi sono ingannato. Questa non è la camera di Rodolfo.

— Sì, vi domando perdono, sì signore, è questa.

— Allora siete voi che vi ingannate, mio bravo uomo.

— Cosa volete dire?

— Ma certo che v'ingannate, aggiunse Colline indicando gli stivali inverniciati. Cos'è sta roba qui?

— Sono gli stivali del signor Rodolfo? Cosa c'è di straordinario?

— E questa? riprese Colline indicando gli stivaletti da donna; sono anche questi del signor Rodolfo?

— Sono di sua moglie?

— Di sua moglie? esclamò Colline incantato; — Ah! sibarita!! Ecco perchè non vuole aprire!

— Per bacco! disse il portinajo; — questo signore è ben libero; se il signore vuol dirmi il suo nome ne farò parte al signor Rodolfo.

— Nò, disse Colline; — adesso sò dove trovarlo ritornerò.

E corse subito a partecipare ai suoi amici le grandi notizie.

Gli stivali inverniciati di Rodolfo furono trattati di favola dovuta alla ricchezza d'immaginazione di Colline; — si dichiarò poi che la sua amante era un paradosso.

Questo paradosso però era una verità poichè la stessa sera Marcello ricevette una lettera collettiva per tutti gli amici. — Questa lettera era concepita così:

» Il signore e la signora Rodolfo, uomini di let-
» tere, vi pregano di far loro l'onore di venire a
» pranzo da loro domani sera alle cinque precise. »

« NB. Vi saranno i tondi. »

— Signori, disse Marcello andando a comunicare la lettera ai suoi amici; — la notizia si conferma. Rodolfo ha davvero un'amica, dippiù egli ci invita a pranzo ed il poscritto promette della terraglia. Non vi nascondo però che quest'ultimo paragrafo mi pare una lirica esagerazione; — ad ogni modo vedremo.

Il dì dopo all'ora indicata Marcello, Gustavo Colline ed Alessandro Schaunard, affamati come l'ultimo dì della quaresima, andarono a casa di Rodolfo, che trovarono giuocando con un gatto di color scarlatto, mentre una bella donnetta stava mettendo la tavola.

— Signori, disse Rodolfo stringendo la mano ai suoi amici ed indicando loro la signora, — permettetemi di presentarvi la padrona di qui dentro.

— Sei tu che sei *dentro*, non è vero? disse Colline.

— Mimi, rispose Rodolfo, ti presento i miei migliori amici: — ora va a bagnare la zuppa.

— Oh signora! disse Alessandro Schaunard precipitandosi verso Mimi, voi siete fresca come un fiore selvatico.

Schaunard dopo essersi convinto che difatti vi erano dei tondi sulla tavola andò ad informarsi di quello che si sarebbe mangiato. — Egli spinse la curiosità fino a scoprire la cazzaruola dove cuoceva il pranzo e la presenza di un granchio di mare gli cagionò una viva impressione.

Quanto a Colline egli aveva preso a parte Rodolfo per dimandargli delle notizie del suo articolo filosofico.

— Mio caro, esso è alla stamperia: il *Castoro* esce giovedì prossimo.

Noi rinunciamo a dipingere la letizia del filosofo.

— Signori, disse Rodolfo ai suoi amici, vi chiedo scusa se sono stato tanto tempo senza darvi mie nuove, ma ero nella mia luna di miele.

E raccontò la storia del suo matrimonio con quella bella creatura che gli aveva portato in dote i suoi diciott'anni e mezzo, due tazze da caffè, ed un gatto rosso che si chiamava Mimi, come lei.

— Andiamo, signori, disse Rodolfo, noi mettiamo casa. Vi avverto che faremo un pranzetto senza cerimonie; — i tartufi sono suppliti da una franca cordialità.

Difatti questa amabile dea non cessò di regnare fra i convitati, i quali trovarono che questo pranzo sedicente frugale non mancava di una certa quale sontuosità. Rodolfo aveva fatto delle spese. Colline faceva notare che si cambiavano i piatti!! egli dichiarò ad alta voce che Madama Mimì era degna della sciarpa azzurra di cui sono decorate le imperatrici dei fornelli, frase che era completamente sanscritta per la signora, e che Rodolfo traduceva dicendole; che ella era un vero cordon bleu.

L'entrata in scena del granchio di mare produsse l'ammirazione generale. Schaunard domandò di fare egli stesso le porzioni sotto pretesto ch'egli aveva studiato la storia naturale: — egli approfittò della circostanza per rompere un coltello e per tenersi la più grossa porzione, il che eccitò la generale indignazione. Ma Schaunard, soprattutto trattandosi di granchi di mare, non aveva amor proprio, anzi siccome ne restava ancora un pezzo egli ebbe l'audacia di metterlo da parte, dicendo che se ne sarebbe servito come di modello per un quadro di natura morta che stava dipingendo.

L'amicizia indulgente fece mostra di credere a questa menzogna, figlia di una smodata ghiottoneria.

Quanto a Colline, egli riserbava la sua simpatia pel dessert, e si ostinò a rifiutare crudelmente il cambio della sua parte di pasticcio al Rhum contro un piatto di aranci di Versailles che Schaunard gli proponeva.

A questo punto incominciò ad animarsi la conversazione. — Alle tre bottiglie a sigillo rosso succedettero tre bottiglie a sigillo verde, in mezzo alle quali si vide comparire una bottiglia che dalla sua canna inargentata si riconobbe far parte del reggimento Real-Sciampagna: — vino Sciampagna di fantasia raccolto nei vigneti di Sant Ouen e venduto a due franchi in Parigi — due franchi la bottiglia! *per causa di liquidazione*, diceva il mercante.

Ma non è il paese che fa il vino ed i nostri boemi accettarono come uno Champagne autentico il liquido che fu loro servito in bicchieri *ad hoc*. Malgrado la poca vivacità che mise il turacciolo a scappare dalla sua prigione, essi si misero in estasi sulla eccellenza del vino vedendone la molta schiuma. Schaunard impiegò il sangue freddo che gli restava per ingannarsi di bicchiero e per prendere quello di Colline, il quale colla più grande soavità inzuppava il suo biscotto nella senape, mentre spiegava alla signora Mimi l'articolo filosofico che doveva uscire nel *Castoro*. — Tutto ad un tratto egli diventò pallido e chiese il permesso di mettersi alla finestra per ammirare il tramonto del sole, benchè il sole fosse da molto tempo coricato ed addormentato.

— Che disgrazia che questo Sciampagna non sia saltante, disse Schaunard tentando ancora di sostituire il suo bicchiere vuoto a quel pieno del suo vicino — il qual tentativo non ebbe buon successo.

— Madama, disse Colline a Mimi; — lo Sciampagne salta col ghiaccio — il ghiaccio è formato dall'acqua condensata, aqua in latino. — L'acqua gela a due gradi e vi sono quattro stagioni, l'estate, l'autunno e l'inverno — il che fu causa della ritirata di Russia. — Rodolfo, dammi un emisticchio di Sciampagne.

— Cosa dice il tuo amico? interrogò Mimì che non capiva.

— È una parola, rispose Rodolfo: — Colline vuol dire un mezzo-bicchiere.

All'improvviso Colline battè sulle spalle di Rodolfo e gli disse con una voce imbrogliata e che pareva impastasse le sillabe:

— Domani è giovedì, non è vero?

— Nò, rispose Rodolfo, — domani è domenica.

— Nò, giovedì.

— Nò, ancora una volta; — domani è domenica.

— Ah domenica! disse Colline crollando la testa, e volle cantare — domani è giovedì.

E cadde addormentato colla faccia dentro il formaggio e la crême che aveva sul suo piatto.

— Cosa ci vien egli a cantare col suo giovedì? chiese Marcello.

— Ah lo capisco: disse Rodolfo che incominciava a capire l'insistenza del filosofo tormentato dalla sua idea fissa; — è per via del suo articolo il *Castoro*. — Udite, egli parla in sogno.

— Buono! disse Schaunard: — egli non avrà il caffè, — non è vero, signora?

— A proposito, disse Rodolfo, dacci dunque il caffè, Mimì.

Ella stava per alzarsi, allorchè Colline la fermò prendendola per la vita e le disse confidenzialmente in un orecchio:

— Madama, il caffè è originario dell'Arabia dove fu scoperto da una capra. Poscia venne in uso in Europa. Voltaire ne prendeva settantadue tazze al giorno. Io l'amo senza zucchero, me lo piglio caldissimo.

— Dio mio! com'è sapiente questo signore!! pensava Mimi fra sè.

Intanto le ore passavano: mezzanotte era suonata da un pezzo e Rodolfo tentò di far capire ai suoi convitati che era tempo di ritirarsi. Marcello, il quale aveva conservato tutta la sua ragione, si alzò per uscire.

Ma Schaunard s'accorse che c'era ancora del cognac in una bottiglia e dichiarò che non sarebbe mai mezzanotte finchè vi sarebbe qualche cosa in una bottiglia. — Colline stava a cavallo sulla sua sedia e mormorava, lunedì, martedì, mercoledì, giovedì....

— Ma infine, pensava Rodolfo assai imbarazzato; — io non posso però tenermeli qui tutta notte!.... una volta era una cosa, ma adesso è differente.... aggiungeva egli guardando Mimi il cui occhio infiammato pareva domandasse la solitudine in due.

— Come fare? Consigliami tu, Marcello. Inventa una storia per cacciarli via.

— Nò, disse Marcello, — non inventerò, imiterò. — Mi ricordo una commedia nella quale un servitore intelligente trova il modo di mettere alla porta del suo padrone tre bricconi ubbriachi come Sileno.

— Me ne ricordo anch'io, disse Rodolfo; è nel Kean. — Difatti la situazione è la stessa.

— Ebbene, vedremo se il teatro è la natura. Aspetta un momento: — incominceremo da Schaunard. — Eh! Schaunard, gridò il pittore.

— Hein? cosa c'è? rispose questi, che sembrava nuotare nel bleu di una dolce ebbrezza.

— C'è che non c'è più nulla da bere qui, e che noi abbiamo sete tutti.

— Ah... sì... rispose Schaunard: queste bottiglie sono così piccole!...

— Rodolfo, aggiunse Marcello, — ho deciso che passeremo qui la notte: — bisognerebbe quindi andar a prendere qualche cosa prima che chiudano le botteghe.

— Il mio droghiere sta qui sull'angolo, disse Rodolfo: tu dovresti fare una corsa, Schaunard. Prendi due bottiglie di Rhum da parte mia.

— Ah sì, ah sì, ah sì, disse Schaunard prendendo un paletot che non era il suo, ma quello di Colline.

— E uno! disse Marcello appena partito Schaunard. — Ora a Colline; costui sarà più duro! Ohi... un'idea. — Colline.... diss'egli scuotendo violentemente il filosofo.

— Che?... che?... che?... che?...

— Ma bada dunque, Schaunard va a casa e porta via il tuo paletot.

Colline si guardò intorno e vide difatti al posto dove stava il suo paletot il piccolo e leggero abito a quadretti di Schaunard. Un'improvvisa idea gli balenò alla mente e lo riempì d'inquietudine. — Colline, secondo il solito, aveva comperato dei libercoli nella giornata e fra gli altri avea comperato per quindici soldi una grammatica finlandese ed un piccolo romanzo del signor Nisard intitolato: = *Il funerale della Lattaja.* = A questi due acquisti andavano uniti sette od otto volumi di alta filosofia, ch'egli portava sempre con sè, onde avere un arsenale nel quale cercare i suoi argomenti in caso di discussioni filosofiche. L'idea di vedere questa biblioteca in mano a Schaunard lo fece sudare freddo.

— Oh sciagurato, perchè prendere il mio paletot!! esclamò Colline.

— Fu per isbaglio.

— Ma i miei libri... Egli potrebbe farne cattivo uso.

— Non temere, non li leggerà, disse Rodolfo.

— Sì, ma io lo conosco, è capace di servirsene per accender la pipa....

— Se tu sei inquieto puoi raggiungerlo, è uscito adesso: lo troverai alla porta.

— Sì certo che lo raggiungerò, rispose Colline mettendosi il suo cappello ad ale sì larghe, che poteva servire un thè per dieci persone.

— E due, disse Marcello a Rodolfo: eccoti libero; io me ne vado, e raccomanderò al portinajo di non aprire se battono.

— Buona notte e grazie, disse Rodolfo.

Ritornando dall'aver accompagnato il suo amico Rodolfo udì per le scale un miagolamento prolungato, al quale il gatto scarlatto rispose con un altro miagolamento e cercando di evadersi dalla porta socchiusa.

— Povero Romeo! disse Rodolfo: ecco la sua Giulietta che lo chiama: — Va, diss'egli aprendo la porta all'innamorata bestia, che in un salto fu tra le braccia della sua amica.

CAPITOLO XIV.

MADAMIGELLA MIMI.

O Rodolfo, amico mio, cos'è avvenuto perchè tu sii tanto cambiato? Deggio credere alle voci che corrono? e questa disgrazia ha ella potuto abbattere a tal punto la tua robusta filosofia? Come potrò io mai, io lo storico ordinario della nostra epopea Boema così piena di scoppi di risa, come potrò raccontare sur un tuono abbastanza melanconico la penosa avventura che mette un velo nero alla tua cotanta allegria, chiudendo così tutto ad un tratto la serie dei tuoi paradossi.

Oh mio amico Rodolfo! concedo che la disgrazia è grande, ma poi non c'è da andarsi ad annegare. Io ti invito dunque a far una croce sul passato. Fuggi sopra tutto la solitudine popolata da fantasime che eternerebbero il tuo affanno. Fuggi il silenzio, in cui l'eco della memoria sarebbe ancora pieno della tua gioja, dei tuoi passati dolori. — Spargi coraggiosamente a tutti i venti della dimenticanza il nome che amasti tanto e con lui gittavi quanto ancora ti resta di colei che lo portava. — Ciocche di capegli morse da labbra pazze di desio; — boccetta di Venezia dove dorme un resto di profumo che ora sarebbe pericoloso odore per te, più che qualunque veleno; — al fuoco i fiori, i fiori di velo, di seta e di velluto; — i gelsomini bianchi, — gli anemoni imporporati dal sangue d'Adone, la miosotide azzurra e tutti i mazzolini ch'ella faceva nei giorni, lontani adesso, della vostra felicità. — Anch'io l'amava allora, la tua Mimì, e non vedevo un pericolo nel tuo amore per lei. — Ma ora.... segui il mio consiglio: — al fuoco i nastri, i bei nastri rosa, i bei nastri azzurri, i bei nastri gialli coi quali ella si faceva dei collari per attirare lo sguardo; — al fuoco i pizzi, i merletti, le cuffie, i veli e tutti gli eleganti cenci coi quali ella si faceva leggiadra per andare ad amoreggiare matematicamente coi Cesari, Gerolami, Carli o altri galanti del calendario, mentre tu l'aspettavi alla tua finestra tremando di freddo tra il vento e la neve; — al fuoco, Rodolfo, e senza pietà, quanto fu suo, e che potrebbe parlarti di lei; — al fuoco le sue lettere *d'amore*. — Ecco — eccone qui una appunto, e tu vi hai pianto sopra, come una fontana, sventurato mio amico!!

» Siccome tu non vieni a casa — io esco per
» andare da mia zia: — porto meco il denaro che
» c'è qui per pigliare una carrozza. — Lucilla —
E quella sera là, tu, Rodolfo, tu non hai pranzato, te ne ricordi? e venisti a casa mia dove abbruciasti un fuoco d'artifizio di scherzo che provavano

la tranquillità del tuo spirito. Poichè tu credevi che Mimì fosse a casa di sua zia e se io ti avessi detto che ella era in casa del Sig. Cesare, o di un comico di Mont-parnasse, tu mi avresti segata la gola.

Al fuoco anche quest'altro viglietto, che ha tutta la tenerezza laconica del primo:

» Vado ad ordinare degli stivaletti; bisogna as-
» solutamente che tu trovi del denaro affinchè io
» possa andarli a prendere dopo domani. » Oh amico mio! quegli stivaletti là hanno ballato molte contraddanze dove tu non facevi il vis-à-vis. Al fuoco, al fuoco tutte queste *memorie, ed al vento* le ceneri!!

Adesso è giunto il momento di raccontare gli amori del nostro amico Rodolfo con Madamigella Lucilla, soprannominata Mimì.

Fu allo svolto del suo ventesimo quarto anno che Rodolfo fu improvvisamente assalito da questa passione, che ebbe una grande influenza sulla sua vita. — Nel tempo in cui egli incontrò Mimì, Rodolfo menava quella vita spensierata e fantastica che noi abbiamo tentato di descrivere nelle scene precedenti. Egli era allora uno dei più allegri portamiserie che esistessero nella *Boemia*. Quando nella sua giornata egli aveva fatto un cattivo pranzo ed un buon frizzo egli camminava più orgoglioso sul selciato che spesso gli aveva servito di letto, più orgoglioso sotto il suo abito nero che gridava misericordia da tutte le cuciture, che non un'Imperatore sotto il suo manto scarlatto. — Nel cenacolo in cui viveva Rodolfo, si aveva l'abitudine — per una disinvoltura comune in certi giovinotti — di trattare l'amore come un'oggetto di lusso, come un motivo di scherzo. — Gustavo Colline, — il quale da lungo tempo era in relazione con una sarta di gilet; che egli rese storta di corpo e di spirito a forza di farle copiare i manoscritti delle sue opere filosofiche, — pretendeva che l'amore era una specie di purgante, buono da prendersi ad ogni cambiar di stagione — In mezzo a tutti questi falsi scettici Rodolfo era il solo che ardisse parlare dell'amore con un certo rispetto, e quando si aveva la disgrazia di lasciargli pigliar questa corda egli continuava un'ora a gemere elegie sulla felicità di essere amato, — sull'azzurro del cheto lago — sulla melodia della brezza — sul concento degli astri etc. etc. Questa mania fu cagione che Schaunard lo battezzasse *fisarmonica*. — Marcello aveva pure trovato in tale occasione un bel giuoco di parole col quale, facendo allusione alle tiritere sentimentali ed alemanne di Rodolfo, quanto alla sua precoce calvizia, lo aveva battezzato: *miosotide calva*. — La vera verità era questa.

Rodolfo in quel tempo credeva fermamente di averla finita per sempre con tutte le facende di giovinezza e d'amore: — allora egli cantava il *De profundis* sul suo cuore che credeva morto per sempre, mentre non era che immobile ma pronto a risvegliarsi, — ma facile alla gioja — e più che mai sensibile a tutti i cari dispiaceri che non isperava più, e che adesso facevano la sua disperazione. — Tu l'hai voluto, Rodolfo! — e noi non ti compiangeremo, perchè il male di cui ti lamenti è uno di quelli che più si desiderano, — soprattutto se sappiamo che se ne è guariti per sempre.

Rodolfo dunque incontrò la giovane Mimi ch'egli aveva altre volte conosciuto allorchè ella era l'amica d'un suo amico. — Egli la fece sua. — Fu un grande allarme sul principio quando i suoi amici seppero il suo matrimonio, — ma siccome Mimi era assai bella e nient'affatto beghina, e che sopportava senza mal di testa l'odore della pipa e le conversazioni letterarie, essi si abituarono a lei e la trattarono come un loro camerata. — Mimi era una deliziosa ragazza e di cotal naturale che conveniva specialmente alle simpatie plastiche e letterarie di Rodolfo. Ella aveva 22 anni; — era piccola, delicata e vispa. Il suo visino sembrava lo schizzo d'una faccia aristocratica, i suoi lineamenti, avevano una certa finezza e parevano debolmente illuminati dalla luce dei suoi occhi limpidi e azzurri: essi in certi momenti di noja e di cattivo umore, prendevano un carattere di fierezza quasi selvaggia, la quale poteva essere da un fisiologo spiegata come uno indizio di profondo egoismo, o di grande insensibilità. — Ma quasi sempre essa era una testa incantevole, dal fresco e giovane sorriso, dallo sguardo tenero e pieno di una imperiosa civetteria. Il sangue della gioventù scorreva rapido e caldo nelle sue vene e coloriva d'una tinta rosa la sua pelle trasparente e bianca come le foglie della Camelia. — Questa malaticcia bellezza seduceva Rodolfo, e spesso egli passava la notte coronando di baci la fronte pallida della dormente sua amica, i cui occhi umidi e stanchi brillavano semichiusi sotto il velo dei suoi neri capegli. — Ma ciò che più d'ogni altra cosa contribuì a rendere Rodolfo innamorato pazzo di Mimì furono le sue mani, che ella sapeva conservare bianche quanto quelle della Dea dell'ozio. Eppure, queste mani sì piccole, queste mani sì fragili, sì dolci alle carezze del labbro, queste mani di bambino nelle quali Rodolfo aveva deposto il suo cuore ancor rifiorito, queste bianche mani di Mimì dovevano mutilare tra poco colle loro rosee unghie il cuore del povero poeta.

In capo a un mese Rodolfo incominciò ad accorgersi ch'egli aveva sposato la tempesta, e che la sua amica aveva un grande difetto. Ella *vicinava*, come si dice, e passava una gran parte del suo tempo in casa d'altre donne, colle quali aveva fatto relazione. Il risultato fu quale Rodolfo lo temette allorchè s'accorse delle abitudini contratte da Mimì. La variabile opulenza di qualcuna delle sue *amiche* aveva fatto nascere nel cuore di Mimì una foresta di ambizioni. — Mimì incominciò a sognare seta, velluto, e merletti. — A dispetto della proibizione di Rodolfo ella continuò a frequentare quelle donne, le quali tutte erano d'accordo nel persuaderla a finirla con un *boemo* che non poteva neppure darle 150 franchi per comperare una veste.

— Bella come siete, — le dicevano le sue consigliere — Voi troverete una posizione migliore. Basta cercare.

E madamigella Mimì si mise a cercare.

Testimonio delle frequenti sue uscite mal motivate Rodolfo entrò nella dolorosa via dei sospetti; ma dal momento in cui egli si sentiva giunto sulla traccia di una prova d'infedeltà, egli si calava accanitamente una benda sugli occhi per non veder più nulla. Egli aveva per lei quell'amore geloso, fantastico, bizzarro, rissoso, che la donna non capiva, perchè ella non provava per Rodolfo che quell'attaccamento freddo, che risulta dall'abitudine. D'altronde la metà del suo cuore ella l'aveva spesa nel tempo del suo primo amore; — e l'altra metà era piena delle memorie del suo primo amante.

Otto mesi passarono così alternati di giorni buoni e cattivi — In questo lasso di tempo Rodolfo fu venti volte sul punto di dividersi da Mimì, la quale aveva per lui tutte le crudeltà della donna che non ama. — Parlando esattamente bisogna dire, che questa esistenza era diventata un'inferno per tutt'e due. — Ma Rodolfo erasi abituato a questa lotta giornaliera, ed egli nulla temeva di più che di veder cascare questo stato di cose, poichè egli sentiva che con esso cesserebbero per sempre quelle febbri giovanili, quelle agitazioni che da tanto tempo non provava più. — E poi, — se debbo dir tutto, c'erano dei momenti nei quali Mimì sapeva far dimenticare a Rodolfo tutti i dubbi che gli lacciavano il cuore. — C'erano dei momenti in cui ella faceva cadere ai suoi ginocchi, affascinato come un bambino dall'azzurro suo sguardo, questo poeta al quale ella aveva ridata la gioventù, questo giovane al quale ella aveva fatto ritrovare la perduta poesia, e che sua mercè era ritornato sotto l'equatore dell'amore. — Due o tre volte al mese, in mezzo alle tempestose lor liti, Rodolfo e Mimì di comune accordo si fermavano in una fresca *Oasi* d'una notte d'amore e di dolci parlari. Rodolfo allora prendeva fra le sue braccia la testa animata e sorridente della sua amica e si lasciava andare a parlarle per ore intere l'ammirabile ed assurdo linguaggio, che la passione improvvisa nelle sue ore di delizie. — Mimì ascoltava, calma dapprima — piuttosto sorpresa, che tocca — ma finalmente la eloquenza entusiastica di Rodolfo or tenero, or allegro, or melanconico, poco a poco la invadeva. — Ella sentiva squagliarsi al contatto di questo amore il ghiaccio d'indifferenza che intorpidivale il cuore; una febbre contagiosa l'agitava ed allora ella si gettava al collo di Rodolfo e dicevagli a baci quanto a parole non avrebbe potuto dirgli. — E l'alba li sorprendeva così, l'uno all'altro avviticchiati, — lo sguardo fisso nello sguardo — le mani fra le mani — mentre le loro labbra umide e cocenti mormoravano ancora l'immortale parola

« Che da cinque mill' anni si sospende
» Ogni notte alle labbra degli amanti. »

Ma l'indomani il più piccolo pretesto provocava

una lite e l'amore fuggiva spaventato per lungo tempo ancora.

Finalmente Rodolfo s'accorse che s'egli non vi poneva un rimedio le bianche mani di Mimì lo guiderebbero ad un abisso nel quale precipiterebbero la sua gioventù ed il suo avvenire. La ragione gli parlò un momento più forte dell'amore ed egli, a forza di argomenti appoggiati da prove, si convinse che la sua amante non l'amava. Egli arrivò perfino a dire che le ore di tenerezza ch'ella gli accordava non erano che un capriccio dei sensi eguale a quello che le donne maritate provano pei loro mariti, quand'esse hanno la febbre di un cachemire o di una veste nuova — o quando il loro amante è lontano — il che fa simmetria col proverbio: — In mancanza di cavalli, asino trotta. — Insomma Rodolfo poteva perdonar tutto alla sua donna, meno di non esserne amato. — Egli prese dunque un supremo partito, ed annunziò a Mimì ch'ella doveva cercarsi un altro novello amico. — Mimì si pose a ridere e fece uno scoppio di millanteria. — Ma vedendo che Rodolfo stava fermo nella sua risoluzione e che egli la riceveva tranquillamente quand'ella ritornava a casa dopo un'assenza d'un dì o d'una notte, incominciò ad inquietarsi seriamente davanti a tale fermezza alla quale non era avvezza. — Per due o tre giorni ella fu dunque amabilissima. — Ma il suo amante non ritirava ciò che egli aveva detto, e si contentava di domandarle se avesse trovato qualcuno.

— Non ho nemmen cercato, ella rispondeva.

Però ella aveva cercato, — anzi ella aveva cercato fin da prima che Rodolfo gliene avesse dato il consiglio. — Ella aveva fatto due tentativi in quindici giorni. — Una sua amica l'aveva ajutata e le aveva procurato, prima, la conoscenza di un giovanottello, che aveva fatto brillare agli occhi di Mimi un orizzonte di cachemire dell'India e di mobili di mogano. — Ma, secondo la sua stessa opinione, questo giovane liceista, il quale poteva essere famoso nell'algebra, non era un gran che in amore, — e siccome a Mimi non piaceva fare l'educatrice, così ella piantò lì il suo novizio innamorato coi suoi cachemires che pascolavano ancora nella prateria del Thibet e coi suoi mobili di mogano che fiorivano ancora nelle vergini foreste del Nuovo Mondo.

Il liceista non tardò molto ad essere rimpiazzato da un gentiluomo Brettone, pel quale Mimi aveva avuto un capriccio di un baleno: — ella non dovette pregare lunga pezza per diventare contessa.

Ad onta delle proteste della sua *amica* Rodolfo fu istrutto d'una specie d'intrigo; egli volle sapere su che piede si trovava, ed un mattino, dopo una notte che Mimi non era tornata a casa, egli si recò al luogo in cui egli credeva che fosse, e là egli potè immergersi a piacere nel cuore una di quelle prove alle quali bisogna credere ad ogni costo. — Rodolfo vide madamigella Mimi, cogli occhi orlati d'una aureola di voluttà, uscire dal castello in cui ella s'era fatta nobilitare, appesa al braccio del suo nuovo padrone e signore, il quale, bisogna dirlo, non pareva molto meno orgoglioso della sua conquista di quello che lo fosse Paride, il bel Pastor Greco, dopo il ratto di Elena bella.

Vedendo il suo amante, Mimì parve sorpresa. — Ella s'accostò a lui ed essi chiaccherarono tranquillamente cinque minuti: — poi si separarono per andar ciascuno pei suoi affari. — La loro separazione era decisa.

Rodolfo andò a casa sua e passò la giornata imballando tutti gli oggetti che appartenevano alla sua amante.

Il dì dopo il divorzio Rodolfo ricevette la visita dai suoi amici, ai quali egli raccontò quanto era successo. — Tutti lo felicitarono per questo fatto come d'un grande vantaggio.

Noi ti ajuteremo, mio poeta, — diceva uno di quelli che più spesso era stato testimonio delle miserie che Mimì faceva sopportare a Rodolfo: noi ti ajuteremo a riprendere il vostro cuore dalle mani di una cattiva creatura. Tra poco tu sarai guarito e disposto a correre pei verdi sentieri di Aulnay e di Fontenay-aux-Boses con un'altra Mimì.

Rodolfo giurò che coi dispiaceri e colla disperazione era finita per sempre. — Anzi egli si lasciò condurre al Ballo Mabille, dove la sua toeletta trascuratissima rappresentava assai male la *Sciarpa d'Iride* che gli procurava il diritto di ingresso in questo giardino dell'eleganza e del piacere. — Rodolfo trovò là degli altri amici coi quali si mise a bere. — Raccontò loro la sua sventura con un lusso inaudito di stile bizzarro, e fu sorprendente di vena e di slancio durante un'ora.

— Ahimè, ahimè! diceva il pittore Marcello udendo la pioggia d'ironie cadente dalle labbra del suo amico; — Rodolfo è troppo allegro — *molto troppo!!*

— Egli è adorabile! — disse una giovane signora alla quale Rodolfo dava un mazzo di fiori; — benchè egli sia assai mal vestito io mi comprometterei volontieri ballando con lui se mi invitasse.

Due minuti secondi dopo Rodolfo, che aveva udito queste parole, era ai piedi della signora ed involgeva la sua domanda in un discorso profumato di tutto il muschio e di tutto il benzuino di una galanteria ad ottanta gradi Richelieu. — La signora restò confusa davanti questo linguaggio scintillante di abbarbaglianti aggettivi e di frasi contorte, alla *Reggenza*, da far diventar rossi i talloni degli stivali di Rodolfo, il quale mai in sua vita era stato più galante e damerino. — L'invito fu accettato.

Rodolfo ignorava i primi elementi del ballo tanto quanto la regola del tre. Ma egli era spinto da una straordinaria audacia. — Egli non esitò a slanciarsi, ed improvvisò un ballo sconosciuto in tutta la passata Coreografia. — Fu un passo ch'egli battezzò: *Il passo dei sospiri e dei rimpianti*. La sua originalità ottenne un successo incredibile. — I tre mila becchi di gaz potevan bene fargli le smorfie come per ridersi di lui,.... Rodolfo andava sempre.... e senza posa gettava in faccia alla sua ballerina delle mannate di madrigali inediti affatto.

— Ahime, diceva Marcello — è incredibile. — Rodolfo mi fa l'effetto d'un ubbriaco che si rotola su pezzi di vetro.

— Intanto egli *ha fatto* una donna superba, disse un altro vedendo Rodolfo fuggire colla sua ballerina.

— Tu non ci dai la buona sera? gli gridò Marcello. — Rodolfo ritornò presso l'artista e gli strinse la mano.

La sua era fredda come una pietra bagnata.

La compagna di Rodolfo era una robusta figlia della Normandia: — ricca ed abbondante natura la cui rustichezza natia s'era aristocratizzata in poco tempo in mezzo alla eleganza del lusso parigino ed a una vita oziosa. Ella si chiamava qualche cosa come signora Serafina e pel momento era l'amica d'un Reuma, pari di Francia, il quale le dava cinquanta luigi al mese, ch'ella divideva con un gentiluomo d'un magazzino, che non le dava che bastonate. — Rodolfo le piacque — ella sperò che questi non le darebbe nè l'una, nè l'altra cosa e se lo condusse a casa.

— Lucilla, ella disse alla sua cameriera; — non sono in casa per nessuno.

Ed essendo entrata nella sua camera di letto ne risortì cinque minuti dopo abbigliata d'una veste speciale. — Ella trovò Rodolfo muto ed immobile, poichè dal momento del suo ingresso in quella camera egli s'era ingolfato in tenebre piene di silenziosi singhiozzi.

— Voi non mi guardate più; — tu non mi dici niente? interrogò Serafina tutta commossa.

— Coraggio, — disse Rodolfo tra sè alzando la testa; — guardiamola, ma per l'arte soltanto, e

« Quale spettacolo allor s'offerse al mio sguar-
» do!!......... »

Come dice Raoul negli Ugonotti.

Serafina era ammirabilmente bella. Le sue splendide forme, destramente messe in rilievo dal taglio della sua veste, s'accusavano piene di seduzioni sotto la semi-trasparenza del tessuto. — Tutte le febbri imperiose del desiderio si risvegliarono nelle vene di Rodolfo. Una calda nebbia gli ingombrò il cervello — Egli guardò Serafina con altro occhio, che quello dell'estetica, e colle sue prese le mani della ragazza.

Erano mani sublimi; si sarebbe detto che i più puri scalpelli della statuaria Greca le aveano scolpite — Rodolfo sentì queste ammirabili mani tremar fra le sue; — e sempre più dimentico dell'arte egli tirossi vicino Serafina, mentre il suo volto si coloriva di quel rossore che è l'aurora della voluttà.

— Questa creatura è un vero stromento di piacere: — è uno *Stradivario* d'amore, sul quale io proverei un'aria assai volontieri — pensò Rodolfo sentendo il cuore della bella fanciulla battere una carica precipitosa.

In questo punto una scampanellata assai forte si udì alla porta dell'appartamento.

— Lucilla, Lucilla, gridò Serafina alla cameriera; non aprite; dite che non sono ancora ritornata a casa.

A questo nome di Lucilla pronunziato due volte, Rodolfo si era alzato.

— Io non voglio in alcun modo esservi d'impiccio, diss'egli; — D'altronde bisogna che me ne vada; — è tardi ed io stò assai lontano di casa. — Buona sera.

— Come? voi ve ne andate? sclamò Serafina raddoppiando i lampi dei suoi occhi. Perchè, perchè partite? — io sono libera — voi potete star qui.

— Impossibile rispose Rodolfo. — Aspetto un mio parente che arriva dalla terra del fuoco, ed egli mi diserederebbe se non mi trovasse in casa per riceverlo. Buona sera, signora.

Ed egli uscì infuriato. La cameriera andò a fargli lume; Rodolfo alzò su di lei i suoi occhi. — Era una giovane gracile, dall'andatura lenta; il suo viso assai pallido faceva una bellissima antitesi colla sua capigliatura nera ondata naturalmente ed i suoi occhi bleu sembravano due stelle ammalate

— O fantasma! sclamò Rodolfo indietreggiando davanti la donna che portava un nome ed un viso eguali a quelli della sua amica. — Indietro!... che vuoi da me?

E discese la scala frettoloso.

— Ma, signora, disse la cameriera ritornando presso la sua padrona; — quel giovine è pazzo!

— Di' che è uno sciocco, rispose Serafina arrabbiata. — Oh così imparerò ad essere buona! — Se quell'imbecille di Leone avesse almeno il talento di venire adesso.

Leone era quel tal *gentiluomo* la cui amabilità andava armata d'uno scudiscio.

Rodolfo corse a casa d'un fiato. Salendo le scale egli trovò il suo gatto scarlatto che gemeva. Erano già due notti ch'egli chiamava così e sempre invano l'infedele sua amante — una Manon Lescaut angora — la quale era andata a fare una campagna galante sui tetti del vicinato.

— Povera bestia, disse Rodolfo, anche tu fosti ingannata: — la tua Mimì ti fa le corna come la mia — Bah! consoliamoci — Mia povera bestia, il cuore delle donne e delle gatte — vedi — è un abisso che gli uomini ed i gatti non potranno mai del tutto scandagliare.

Allorchè egli entrò in camera Rodolfo credette sentirsi cader sulle spalle un mantello di ghiaccio, benchè il caldo fosse insopportabile. Era il freddo della solitudine, della terribile solitudine della notte, che nessuno disturba. Accese il lume e vide allora la sua camera devastata. I mobili aprivano i loro vuoti tiratoi, ed un'immensa mestizia riempiva quella piccola camera dal soffitto al pavimento, che a Rodolfo parve grande più d'un deserto. Passeggiando per la camera egli inciampò nei fardelli contenenti gli effetti appartenenti alla signora Mimì, e provò una sensazione di gioja vedendo che ella non era ancora venuta a prenderli; come gli aveva detto di voler fare il mattino. Rodolfo sentiva che malgrado tutti i suoi combattimenti s'avvicinava l'ora della reazione e prevedeva che un'atroce notte gli avrebbe fatto espiare l'amara allegria da lui dimostrata la sera. Pure egli sperava: sperava che il suo corpo rotto dalla fatica s'addormenterebbe prima che l'angoscia si risvegliasse, l'angoscia sì a lungo compressa nel suo cuore.

Mentre egli s'avvicinava al letto e ne apriva le tende, Rodolfo sentì il suo cuore stretto dall'invincibile morso di quell'affanno sì amaro che non può scoppiare: esso lo prendeva alle gote mentre guardava quel letto intatto da due giorni, quei due guanciali messi l'uno accanto all'altro, e sotto le pieghe d'uno di essi il merletto d'una cuffia da notte. — Egli cadde ai piedi del letto e prese la testa fra le mani: poi, dopo aver gettato uno sguardo in questa camera desolata, sclamò:

— Oh Mimì, gioja della mia casa, è proprio vero che tu sei partita, che io ti ho scacciato, e che non ti vedrò più? Dio mio! O bella testina bruna che dormisti tanto tempo quì, non ritornerai tu a dormirvi ancora? o capricciosa voce le cui carezze mi facevano delirare, la cui collera mi incantava, non ti ascolterò più? O manine bianche dalle azzurre vene a cui io avevo sposato le mie labbra, avete voi proprio ricevuto il mio ultimo bacio? —

E Rodolfo con una gioja delirante ficcava la testa fra i guanciali ancora pregni dei profumi della capigliatura della sua amica. Gli pareva che dal fondo di quella alcova sortisse il fantasma delle belle notti ch'egli aveva passato colla sua amica.

In mezzo al notturno silenzio egli udiva spandersi nell'aere il riso della sua Mimì, e si ricordò di quella incantevole e contagiosa allegria colla quale ella aveva tante volte saputo fargli dimenticare tutti gli imbarazzi e tutte le noje della loro spensierata esistenza.

Durante tutta questa notte egli passò in rivista gli otto mesi ch'egli aveva passati in compagnia di quella bellissima e crudel giovanetta, che forse non l'aveva amato mai, ma le cui tenere bugie avevano ridonato al suo cuore la prima gioventù e la virilità primitiva.

La biancheggiante alba lo sorprese nel momento in cui, vinto dalla stanchezza, egli chiudeva gli occhi fatti rossi dal pianto versato. Veglia dolorosa e terribile, e quale i più scettici, i più schernitori delle disperazioni amorose potrebbero trovarne più d'una in fondo al loro passato.

Al mattino, allorchè i suoi amici entrarono nella sua camera furono ispaventati vedendo Rodolfo col volto devastato dall'angoscia che l'aveva assalito in quella veglia nel monte degli Oliveti dell'Amore.

— Bravo, disse Marcello, — ne era sicuro, è la sua allegria di jer'sera che gli è ripiombata sul cuore. — Questo non può durare.

E d'accordo coi due o tre amici egli incominciò una serie di rivelazioni sul conto di madamigella

Mimì: ogni loro parola si configgeva come una spina nel cuore di Rodolfo. — I suoi amici gli provarono che la sua amica l'aveva ingannato come una imbecille sempre ed in ogni tempo, in sua casa e fuori; — e che questa creatura pallida come l'angelo della Etisia era uno scrigno di cattivi sentimenti e di feroci istinti.

Or l'uno or l'altro essi così alternarono l'impegno che si erano preso, il cui scopo era di condurre Rodolfo al punto in cui l'amore inasprito diventa disprezzo; — ma questo scopo non fu che a metà raggiunto — La disperazione del poeta divenne furore. — Egli si buttò rabbioso sugli involti preparati il dì prima e dopo avere schiacciati tutti gli oggetti che la sua amica possedeva allorchè era venuta a vivere con lui fece altrettanto con tutti quelli ch'egli le aveva dati durante la loro relazione: — cioè la maggior parte e specialmente gli oggetti di toletta ai quali la signora Mimì era attaccata con tutte le fibre della sua civetteria, divenuta insaziabile negli ultimi tempi.

La signora Mimì l'indomani venne per prendere le cose sue; — Rodolfo era solo in casa: — fu necessario che tutte le potenze del suo amor proprio lo tenessero dal gettarsi al collo della sua amica: egli le fece una accoglienza di mute ingiurie alla quale Mimì gli corrispose con quegli insulti freddi e pungenti, che fan spuntare le unghie anche ai più deboli e timidi. A fronte dello sprezzo col quale la sua amica lo flagellava con una insolente ostinazione, la rabbia di Rodolfo scoppiò brutale e terribile. — Mimi pallida di terrore si domandò un momento se ella sarebbe uscita viva dalle sue mani. Alle grida di lei accorsero alcuni vicini e la tolsero dalla camera di Rodolfo. — Due dì dopo un'amica di Mimi venne a domandare a Rodolfo se voleva darle gli oggetti che aveva tenuti:

— Nò, rispose egli.

E fece parlare l'inviata della sua amica.

Questa donna gli disse che Mimi era in una sventuratissima posizione e che si trovava senza tetto.

— Ma il suo amante di cui ella è sì pazza!

— Eh, rispose Amalia, — la messaggiera; — questo giovanotto non ha intenzione di farne la sua amante. Egli ne ha una già e da lungo tempo; e pare che si occupi poco di Mimi, la quale mi è sulle spalle e mi da molto fastidio.

— S'ella sta male, disse Rodolfo, è lei che lo volle e peggio per lei.

E fece delle dichiarazioni galanti a madamigella Amalia e la persuase che era la più bella donna dell'universo.

Amalia raccontò a Mimi il suo abboccamento con Rodolfo.

— Cosa disse, cosa fece? interrogò Mimi. Vi ha parlato di me?

— Nient'affatto: voi siete dimenticata, cara mia. — Rodolfo ha un'altra amante: egli le ha comprato una magnifica toeletta, poichè ha ricevuto molto denaro ed è vestito come un principe. Quel giovinotto è amabilissimo e mi disse delle cose assai gentili.

— Saprò cosa vuol dire questa faccenda, pensò Mimi.

Tutti i giorni madamigella Amalia andava a veder Rodolfo sotto un pretesto qualunque, e ad onta di tutti i suoi sforzi egli non poteva tralasciare di parlarle di Mimi.

— Ella è allegra, diceva l'amica; — e non ha neppure l'aria di pensare alla sua posizione. Del resto mi assicura che ritornerà con voi quando vorrà, senza fare alcun passo e solo per far arrabbiare i vostri amici.

— Bene, disse Rodolfo, — venga e vedremo.

— Poi ricominciò a far la corte ad Amalia, la quale andava a riferir tutto a Mimi e l'assicurava che Rodolfo era innamorato di lei.

— Egli mi ha baciato le mani ed il collo, le diceva; — guardate è ancora rosso. Domani vuol condurmi al ballo.

— Mia cara amica, rispose Mimi piccata, vedo dove volete arrivare, a farmi credere che Rodolfo è innamorato di voi e che non pensa più a me: ma voi perdete il vostro tempo con lui e con me.

Il fatto era che Rodolfo non facea l'amabile con Amalia se non per indurla a venire spesso da lui ed avere così occasione di parlare della sua amica, ma, con un Machiavellismo che forse aveva il suo scopo, accorgendosi che Rodolfo amava ancora Mimi e che questa non era lontana dal ritornare con lui, Amalia si sforzava con dei rapporti maliziosamente inventati di evitare tutto ciò che potesse riavvicinare i due amanti.

Il giorno in cui ella doveva andare al ballo, Amalia venne a domandare a Rodolfo se la partita era sempre intesa.

— Sì, egli rispose, io non voglio trascurare la occasione d'essere il cavaliere della più bella donnetta dei tempi moderni.

Amalia prese l'aria civettina ch'ella aveva la sera del suo unico esordio in un teatro fuori della barriera nelle quarte parti di servetta, e promise che sarebbe pronta per la sera.

— A proposito, disse Rodolfo, — dite alla signora Mimì che se ella vuol fare un'infedeltà al suo amante a venire da me, io le restituirò tutte le sue faccende.

Amalia fece la commissione di Rodolfo e diede un senso tutt'affatto contrario del vero alle parole di Rodolfo.

— Il vostro Rodolfo, diss'ella, è un uomo ignobile: la sua proposizione è un infamia. Con questo passo falso egli vuol farvi discendere al livello delle più vili creature; — se voi andate da lui non solo egli non vi darà le vostre cose, ma vi darà in ispettacolo ai suoi amici: — è una congiura combinata fra loro.

— Non anderò, disse Mimì; — e vedendo che Amalia preparava la sua toletta ella le domandò se andava al ballo.

— Sì, rispose l'altra.

— Con Rodolfo?

— Sì; deve venire stassera ad aspettarmi venti passi lontano dalla porta.

— Buon divertimento, disse Mimì.

E siccome si avvicinava l'ora di quell'appuntamento ella corse difilato dall'amante della signora Amalia e lo avvertì che la sua amica stava combinando un tradimento per lui coll'antico di lei amoroso. — Il signore, geloso come una tigre, e brutale come un bastone, giunse a casa di Amalia, e le annunziò ch'egli trovava eccellente ch'ella passasse la sera con lui.

Alle ott'ore Mimì corse al luogo dove Rodolfo doveva trovare Amalia. — Ella vide il suo amante che passeggiava nell'attitudine di un'uomo che aspetta, e gli passò due volte vicino senza osare parlargli. — Rodolfo quella sera era vestito elegantissimamente, e le violenti crisi alle quali era in preda da otto giorni avevano impresso un melanconico carattere alla sua fisionomia. — Mimì fu profondamente commossa: finalmente ella si decise a parlargli. — Rodolfo l'accolse senz'ira e le chiese notizia della sua salute, — dopo di che domandò qual fosse il motivo che la faceva venire a lui; — e tutto ciò con una voce dolce in cui l'accento della tenerezza si vedeva difficile a contenersi.

— Vengo a portarvi una cattiva notizia; la signora Amalia non può venire al ballo con voi: il suo amico è in casa con lei.

— Anderò solo dunque.

Mimì a questo punto inciampò in qualche cosa e s'appoggiò alle spalle di Rodolfo. Egli la prese pel braccio e le propose di condurla a casa.

— Nò, disse Mimì, io abito con Amalia e siccome il suo amico è là io non potrò tornare a casa se non dopo ch'egli se ne sarà andato.

— Sentite, le disse allora il poeta, io vi ho fatto fare una proposizione da Amalia: ve l'ha fatta?

— Sì, disse Mimì, ma con tali parole, che io non ho potuto credervi, anche dopo tutto ciò che è successo. — Nò, Rodolfo, io non ho creduto che a dispetto di tutto ciò che voi potete rimproverarmi, mi abbiate potuto credere tanto senza cuore da accettare un simile mercato.

— Voi mi avete compreso male, oppure vi si è riferito male la cosa. — Ciò che è detto è detto, riprese Rodolfo: sono nove ore; voi avete ancora tre ore da riflettere. Io lascerò la chiave alla porta della mia camera fino a mezzanotte. Buona sera. — Addio, o a ben rivederci.

— Addio, dunque, disse Mimì con voce tremante.

E si lasciarono..... Rodolfo andò a casa sua e si gettò sul letto bell'e vestito. Alle undici e mezzo Madamigella Mimì entrava in camera.

— Vengo a domandarvi l'ospitalità, diss'ella; l'amico di Amalia è restato là ed io non ho potuto entrare.

Chiaccherarono fino alle tre del mattino.

Era una conversazione esplicativa nella quale il

famigliare *tu* succedeva spesso al *voi* della discussione officiale.

A quattr'ore la candela si spense. — Rodolfo voleva accenderne un'altra.

— Nò, disse Mimì, non importa: è tempo di dormire.

E cinque minuti dopo la sua bella testina bruna aveva ripreso il suo posto sul guanciale; — e Mimì con una voce piena di tenerezza chiamava le labbra di Rodolfo sulle sue bianche manine dalle vene bleu il cui pallore d'avorio sfidava la candidezza delle lenzuola. — Rodolfo non riaccese il lume.

L'indomani egli s'alzò pel primo ed indicando a Mimì diversi pacchi le disse:

— Tutta questa roba vi appartiene: — voi potete prenderla; — io mantengo la mia parola.

— Oh, disse Mimì, sono assai stanca, vedete, e non potrei portar via tutto in una volta. Preferisco ritornare.

E siccome ella s'era vestita, non prese che un collo ed un pajo di maniche.

— Porterò via il resto poco a poco, diss'ella ridendo.

— Andiamo, andiamo, disse Rodolfo, porta via tutto, o porta via nulla, fa come vuoi, ma finiamola.

— Ricominciamo invece e facciamola durare soprattutto, rispose Mimì abbracciando Rodolfo.

Dopo colazione partirono per la campagna. —

Traversando il Luxembourg Rodolfo incontrò un gran poeta il quale lo aveva sempre ricevuto con molta bontà. Rodolfo voleva fingere di non vederlo, per convenienza, ma il poeta non gliene lasciò il tempo e passandogli vicino gli fece un segno di famigliarità, salutando nello stesso tempo con un grazioso sorriso la sua compagna.

— Chi è quel signore? interrogò Mimi.

Rodolfo le rispose un nome che la fece arrossire di piacere e d'orgoglio.

— Oh l'incontro di questo poeta che ha cantato sì bene l'amore, è di buon augurio e porterà fortuna alla nostra riconciliazione.

— Io t'amo, vè! disse Mimi stringendo la mano di Rodolfo quantunque si trovassero in mezzo alla gente.

— Ahimè! pensava Rodolfo; qual è il meglio? lasciarsi ingannar sempre perchè si è creduli, o non credere mai per non essere sempre ingannati?

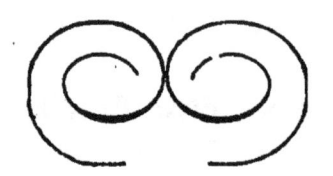

CAPITOLO XV.

DONEC GRATUS . . . .

Noi abbiamo narrato come Marcello, il pittore, aveva conosciuto la signora Musette. — Congiunti un mattino dal Caso, (il quale è il Podestà del 13 circondario [1]) essi credettero, come spesso succede, di maritarsi sotto il regime della separazione dei cuori. — Ma una sera dopo una violenta controversia colla quale avevano risolto di lasciarsi subito, essi si accorsero che le loro mani, le quali si erano serrate in segno d'addio, non volevano aprirsi più. Il loro capriccio era diventato amore quasi senza che essi se ne accorgessero: — e se lo confessarono ridendo.

[1] La città di Parigi è divisa in dodici Arrondissements, circondarii, ciascun dei quali è amministrato da un Podestà, Maire. Siccome il matrimonio civile è obbligatorio in Francia per la validità del contratto, così bisogna assolutamente passare al Municipio prima d'andare alla Chiesa per la benedizione nuziale. Ora il dire che si andò dal Maire del 13 circondario, che non esiste, è un modo scherzevole per significare che è un matrimonio il quale non ebbe altra formalità che il mutuo consenso dei contraenti.

— Quest'affare è grave, disse Marcello; come diavolo abbiam fatto?

— Oh, rispose Musette, siamo malaccorti, non abbiamo prese precauzioni abbastanza.

— Cosa c'è, disse Rodolfo entrando; egli era allora vicino di casa di Marcello.

— C'è, rispose Rodolfo, che madamigella, ed indicava Musette, ed io abbiamo fatto una bella scoperta. — Siamo innamorati. L'amore ci sarà entrato in corpo mentre dormivamo.

— Oh oh! dormendo non lo credo, disse Rodolfo. Ma che prove ci sono che voi vi amiate? Voi esagerate forse il pericolo.

— Cospetto! rispose Marcello, noi non possiamo soffrirci . . . e

— E non possiamo separarci, finì Musette.

— In tal caso, figli miei, il vostro affare è chiaro come il sole. Voi avete voluto lottare di furberia e voi avete perduto entrambi. É la stessa storia mia con Mimì. — Abbiamo consumato già quasi due almanacchi attaccando lite giorno e notte. — È con questo sistema che i matrimoni si eternano: maritate un sì con un nò, e si avranno sempre delle famiglie Filemone e Bauci. — Il vostro interno fu la pariglia al mio, e se Schaunard e Femia vengono a star qui, come ci minacciarono, il terzetto della nostra famiglia farà di questa casa un' abitazione deliziosa.

In quel momento entrava Colline. Lo misero a parte dell'accidente successo a Musette ed a Marcello.

— Ebbene, filosofo, disse questi, cosa ne pensi?

Colline grattò il pelo del cappello che gli serviva di tatto e mormorò:

— Ne ero certo anche prima. — L'amore è un giuoco del caso. — Chi vi si frega si punge. — Non è bene che l'uomo viva solo.

La sera tornando a casa Rodolfo disse a Mimi:

— Ci sono delle novità. — Musette è pazza per Marcello e non vuole più lasciarlo.

— Povera ragazza! rispose Mimi. — Ella che ha sì buon appetito!

— E dal canto suo Marcello è innamorato di Musette. Egli l'adora a 36 carati, come direbbe quell'intrigante di Colline.

— Povero giovane! rispose Mimi: egli che è tanto geloso!!

— É vero, disse Rodolfo; — egli ed io siamo allievi di Otello.

Qualche tempo dopo la famiglia Schaunard venne ad unirsi alle famiglie di Rodolfo e di Marcello; — il maestro di musica piantava casa con Femia-tintrice.

Da quel giorno in avanti tutti gli altri vicini dormivano sopra un vulcano; ed alla scadenza di ciascun termine essi mandavano un'unanime congedo al padrone di casa.

Difatti erano rari i giorni su cui non iscoppiasse una tempesta in qualcuna delle famiglie. Una volta erano Mimi e Rodolfo, i quali non avendo più forza di parlare si spiegavano coll'ajuto di quanto veniva loro alle mani. Più spesso era Schaunard, il quale sulla punta di un bastone faceva delle osservazioni alla melanconica Femia. — Quanto a Marcello e Musette le loro discussioni avevano luogo a porte chiuse: — almeno essi avevano la precauzione di chiudere le finestre e le porte.

Se poi per caso la pace regnava nelle famiglie, gli altri inquilini erano vittima egualmente di quella passaggiera concordia. — L'indiscrezione degli assiti divisorii lasciava penetrare in casa loro i segreti delle famiglie boeme e li iniziava, loro malgrado, a tutti i loro misteri; perciò più d'uno dei vicini preferiva la guerra guerreggiata alle ratifiche dei trattati di pace.

Per verità la vita che menarono per circa sei mesi fu ben singolare. — In quel cenacolo era in pratica la più leale fraternità, e ciò senza enfasi, tutto apparteneva a tutti e si divideva tutto, buona e cattiva ventura.

C'eran dei giorni nel mese nei quali non si sarebbe andato in contrada senza guanti; — giorni di letizia, — nei quali si pranzava tutto il dì. — Ce n'erano altri nei quali si sarebbe andati alla corte senza stivali, — giorni di quaresima — durante i quali dopo non aver fatto colazione insieme, non si pranzava insieme, — oppure a furia di combinazioni economiche si riusciva a realizzare uno di quei pranzi nei quali, — come diceva Mimì, — le posate ed i piatti facevano *riposo*.

Ma, cosa prodigiosa! in questa società dove per

altro c'erano tre donne belle e giovani, non vi fu mai tra gli uomini neppure un abbozzo di discordia: — essi cadevano spesso a ginocchi davanti i più futili capricci delle loro amiche, ma nessuno di essi avrebbe esitato un momento fra l'amico e la donna.

L'amore nasce specialmente dalla spontaneità; — è un estemporaneità. L'amicizia invece si edifica: — è un sentimento che progredisce con circospezione: — è l'egoismo dello spirito, mentre l'amore è l'egoismo del cuore.

Eran sei anni che i Boemi si conoscevano. — Questo lungo spazio di tempo trascorso in una quotidiana intimità, senza alterare l'individualità ben marcata di ciascun di loro, aveva prodotto un'accordo d'idee, un' insieme che altrove non avrebbero trovato. Essi avevano dei costumi tutti loro, un linguaggio intimo del quale uno straniero non avrebbe potuto trovar la chiave. — Coloro che non li conoscevano davvicino chiamavano cinismo la loro libertà d'azione: — eppure non era che franchezza. Spiriti ricalcitranti a tutto ciò che è imposto, essi odiavano tutte le falsità e le trivialità. — Accusati di esagerata vanità — essi rispondevano sciorinando il programma della loro ambizione, e, conoscendo bene ciò che valevano, non si illudevano sopra sè stessi.

Dopo tanti anni dacchè facevano strada insieme per necessità di professione essi si erano spesso trovati di fronte, ma non si erano abbandonati mai, e senza neppure pensarvi, avevano passato sopra le questioni personali d'amor proprio tutte le volte che altri aveva tentato suscitarne per disunirli. Essi si stimavano l'un l'altro ciò che valevano, e l'orgoglio, che è il contrappeso dell'invidia, li garantiva da tutte le piccole gelosie di mestiere.

Ciononondimeno dopo sei mesi di vita in comune piombò tutt'ad un tratto sulle famiglie un'epidemia di divorzio.

Aperse la marcia Schaunard. — Un giorno egli s'accorse che Femia-tintrice aveva un ginocchio fatto meglio dell'altro, e siccome in fatto di plastica egli era di un austero purismo, licenziò Femia lasciandole per memoria il bastone col quale egli le faceva sì spesso delle osservazioni. Poi se ne andò ad abitare in casa di un parente, che gli offriva alloggio gratis.

Quindici giorni dopo Mimì lasciava Rodolfo per montare nella carrozza del Viscontino Paolo, l'antico allievo di Carolus Barbemuche, il quale le aveva promesso delle vesti color del sole.

Dopo Mimì fu Musette che prese il volo e rientrò con immenso fracasso nell'aristocrazia del mondo galante ch'ella aveva abbandonato per vivere con Marcello.

Questa separazione ebbe luogo senza grida, senza scosse, senza premeditazione Nata da un capriccio che era diventato amore, questa relazione fu rotta da un altro capriccio.

Una sera di carnovale ad un ballo in maschera

dell'Opera dove si trovava con Marcello, Musette si trovò avere per vis-à-vis in una contraddanza un giovanotto che le aveva altre volte fatto la corte. Ballando si riconobbero e scambiarono qualche parola. Forse senza volerlo ella raccontando a quel giovane la sua vita del momento, lasciò sfuggire qualche rimpianto per la sua vita passata, e le cose andarono in modo che finita la quadriglia ella si sbagliò ed invece di dare la mano a Marcello che era il suo cavaliere la diede al suo vis-à-vis il quale la trascinò con lui ed ambidue sparvero nella folla.

Marcello inquieto la cercò, ed un'ora dopo la trovò a braccetto del giovane; ella usciva dal caffè dell'Opera colla bocca piena di ritornelli. Al vedere Marcello che si era posto in un canto colle braccia incrociate, ella gli fece un segno d'addio dicendogli: Ritorno subito.

— Cioè, non aspettarmi; — tradusse Marcello.

Egli era geloso, ma logico e conosceva Musette, per ciò non l'aspettò; — ritornò a casa col cuore pieno — e lo stomaco vuoto. Cercò nell'armadio se vi era qualche avanzo da mangiare; e trovò un pezzo di pane granitico ed uno scheltro di aringa salata.

— Io non poteva lottare contro dei tartufi — Musette almeno avrà cenato.

E dopo aver tenuto un pezzo il fazzoletto sugli occhi, sotto pretesto di soffiarsi il naso — si coricò.

Due dì dopo Musette si svegliava in una camera

tappezzata di color rosa. Un canapè azzurro l'aspettava alla porta e tutte le fate della moda messe in requisizione le portavano ai piedi le loro meraviglie. — Musette era incantevole e la sua giovinezza sembrava più fresca in mezzo a tale cornice di eleganza.

Allora ella ricominciò l'antico modo di vivere, — andò a tutte le feste e riconquistò la sua celebrità. Si parlava di lei dappertutto e perfino nei caffè parlamentari, come alla Borsa. — Il suo nuovo Amico, il signor Alexis, era un carissimo giovine. Egli rimproverava Musette di essere un pò fredda e leggera quand'egli le parlava del suo amore, ed allora Musette lo guardava sorridendo, — gli dava una leggera botta nelle mani e gli diceva:

— Che volete, caro mio? io ho passato sei mesi con un'uomo che mi manteneva a insalata e zuppa senza burro, — mi umiliava con una veste di percallo, e mi conduceva spesso all'Odeon, perchè egli non era ricco. Siccome l'amore non costa nulla e che io era pazza per quel mostro, noi abbiamo fatto grandi spese d'amore, ed ora...... non mi restano più che le bricciole. Prendetelo — io non ve lo impedisco. — Del resto io non vi ho ingannato: — Se i nastri non fossero tanto cari, io sarei ancora col mio pittore. Quanto al mio cuore io non lo sento fare troppo fracasso dacchè ho un busto da ottanta franchi: — davvero temo di averlo dimenticato in un tiratojo di Marcello.

Lo sparire delle tre famiglie Boeme fu l'occasione

d'una festa nella casa ch'esse avevano abitato. In segno d'allegrezza il padrone di casa diede un gran pranzo e gli inquilini illuminarono le loro finestre.

Rodolfo e Marcello andarono ad alloggiare insieme; — ciascuno di essi aveva preso un'idolo del quale non sapevano bene il nome. — Alle volte succedeva che l'uno parlava di Musette e l'altro di Mimi, — ed allora ce n'era per tutta la sera. — Chi rammentava la vita passata, le canzoni di Musette, — le canzoni di Mimi, — le notti insonni — le oziose mattinate — ed i pranzi fatti dormendo. — In questi duetti di ricordi essi facevano suonare ad una ad una tutte le ore trascorse — e finivano per dirsi — che infine dei conti essi erano ancora ben felici di trovarsi insieme, coi piedi sugli alari — tormentando il ceppo colle molle — fumando una pipa — e di avere l'uno e l'altro un pretesto per raccontarsi a vicenda ed a voce alta ciò che una volta si dicevano all'orecchio quand'erano soli: — che essi avevano amato molto quelle creature che erano sparite portando con loro un lembo della loro gioventù.

Una sera traversando il boulevard, Marcello vide a due passi davanti di lui una giovine damina che smontando di carrozza lasciava vedere un pò di calza bianca di una perfetta correzione: — lo stesso cocchiere divorava cogli occhi questa graziosa mancia.

— Per dio, sclamò Marcello, che bella gamba! — che voglia che ho di offrirle il braccio! Vediamo.... come posso avvicinarla? Ecco trovato....... è uno spediente abbastanza nuovo.

— Perdono, signora, diss'egli accostandosi alla signora ch'egli non aveva veduto in faccia — avreste per caso trovato il mio fazzoletto?

— Sì signore, eccolo qui — rispose la signora, mettendo in mano a Marcello il fazzoletto ch'ella aveva.

L'artista capitombolò in un abisso di stupore.

Ma tutt'ad un tratto uno scoppio di riso ch'egli ricevette in piena faccia lo fece rinvenire. — A tale allegra sinfonia egli riconobbe i suoi antichi amori.

Era la signora Musette.

— Ah! disse ella — il signore che va a caccia di avventure. Come trovi questa qui, eh? — Ella non manca di allegria.

— Io la trovo sopportabile, rispose Marcello.

— Dove vai così tardi in questi quartieri?

— Vado in quel monumento lì, rispose l'artista indicando un piccolo *teatro* nel quale aveva libero ingresso.

— Per l'amore dell'arte?

— Nò, per amore di Laura.

— Cos'è Laura? continuò Musette i cui occhi schizzavano punti d'interrogazione.

— È una chimera ch'io seguo e che fa la parte d'ingenua in quel piccol luogo: — assomiglia ad una persona *non ingenua* ch'io ho amata tanto.

— Voi avete molto spirito stassera, disse Musette.

— E voi molta curiosità, rispose Marcello.

— Non parlate sì forte, tutti ci odono; ci prenderanno per due innamorati che litigano.

— Non sarebbe la prima volta che ci succede, disse l'altro.

Musette vide una provocazione in questa frase e replicò in fretta:

— E non sarà l'ultima, eh?

La frase era chiara; — ella fischiò come una palla di fucile all'orecchio di Marcello.

— Luminari del Cielo — sclamò guardando le stelle — voi siete testimoni che non fui io il primo a tirare.

Da questo momento era aperto il fuoco.

Non si trattava più d'altro che di trovare un tiretto d'unione adattato per far abboccare questi due capricci che si risvegliavano così vivaci.

Camminando Musette guardava Marcello, — e Marcello guardava Musette. — Essi non parlavano, ma i loro occhi, — questi plenipotenziari del cuore — s'incontravano spesso — Dopo un quarto d'ora di diplomazia questo congresso di occhiate aveva accomodato tacitamente la vertenza.

Non mancava più che la retifica.

La conversazione interrotta ricominciò.

— Francamente! disse Musette a Marcello, — dove andavi poco fà?

— Te l'ho detto, — andava a veder Laura.

— È bella?

— La sua bocca è un nido di sorrisi.

— Cose vecchie.

— Ma, e tu interrogava Marcello, — dove andavi sull'ali di quella cittadina?

— Ritornavo dalla strada ferrata dove ho accompagnato Alexis che va a fare un giro in famiglia.

— Che uomo è questo Alexis?

Musette a sua volta fece un brillante ritratto del suo attuale amante.

Passeggiando sempre Musette e Marcello continuarono in mezzo al boulevard questa commedia del richiamo dell'amore. Colla stessa franchezza, ora tenera ed ora ironica, essi rifacevano strofa per strofa quell'ode immortale nella quale Orazio e Lidia vantano con tanta grazia l'incanto dei nuovi loro amori, e finiscono col mettere un *postscriptum* agli antichi. Allo svolto d'una contrada s'imbatterono con una grossa pattuglia. — Musette organizzò una attitudine di paura e si attaccò al braccio di Marcello dicendo:

— Oh Dio mio! guarda! la truppa arriva: c'è ancora una rivoluzione!! Fuggiamo; — io ho una orribile paura; accompagnami.

— Dove andiamo?

— A casa mia, rispose Musette; — vedrai come è bello. — T'invito a cena e parleremo di politica.

— Nò, rispose Marcello che pensava ad Alexis — ad onta del tuo invito a cena non verrò a casa tua. Non amo bere il mio vino nel bicchiere altrui.

Musette restò muta davanti questo rifiuto. Poi

traverso la nebbia delle sue reminiscenze ella vide la povera abitazione del povero artista (poichè Marcello non era diventato milionario). Allora Musette ebbe un'idea, ed approfittando dell'incontro di un' altra pattuglia ella manifestò una nuova paura.

— A momenti si battono, ella sclamò — io non avrò mai il coraggio di ritornare a casa. — Marcello, amico mio, accompagnami a casa d'una mia amica che deve abitare nel tuo quartiere.

Traversando il ponte nuovo Musette diede in uno scoppio di riso.

— Cosa c'è? domandò Marcello.

— Nulla, rispose Musette; — mi ricordo adesso che la mia amica ha cambiato di casa e che sta alle Batignolles.

Rodolfo vedendo giungere a casa Marcello e Musette a braccietto non ne fu meravigliato.

— Con questi amori mal sepolti, diss' egli, la è sempre così.

CAPITOLO XVI.

IL PASSAGGIO DEL MAR ROSSO.

Da cinque o sei anni Marcello lavorava in quel famoso quadro ch'egli asseriva dover rappresentare il *Passaggio del Mar Rosso*, e da cinque o sei anni i giudici dell'esposizione non ammettevano questo capolavoro. A forza di andare dallo studio dell'artista all'esposizione e dall'esposizione allo studio dell'artista il quadro conosceva così bene la strada che se vi avessero messo delle ruote esso sarebbe andato al Louvre da sè.

Marcello, che aveva rifatta e rimaneggiata quella tela dall'alto al basso almeno dieci volte, attribuiva ad una personale inimicizia dei giudici l'ostracismo che lo respingeva annualmente dal salone quadrato; e nei suoi momenti di ozio aveva composto un piccolo dizionario d'ingiurie in onore dei cerberi dell'Istituto con una aggiunta di illustrazioni d'una acuta ferocia.

Quella raccolta diventata celebre aveva ottenuto agli studii ed alle scuole delle Belle Arti il trionfo popolare che s'attaccò al lamento di Gianni Bolieu, pittore ordinario del Gran Sultano dei Turchi; — tutti i fattorini di Parigi ne avevano una copia nella testa.

Per lungo spazio di tempo Marcello non s'era scoraggito pegli accaniti rifiuti che lo accoglievano ad ogni esposizione.

Egli s'era comodamente allogato in questa opinione, che, cioè, il suo quadro era, in più piccole proporzioni, la pariglia desiderata dalle *Nozze di Cana*, quel gigantesco capolavoro il cui inarrivabile splendore non è offuscato dalla polvere di tre secoli. Perciò ogni anno all'aprirsi dell'esposizione Marcello mandava il suo quadro all'esame dei giudici: però per ingannare i giudici e provar di farli sbagliare nel loro partito di esclusione ch'essi avevano preso contro il *Passaggio del Mar Rosso*, Marcello, senza cambiar nulla della composizione generale, modificava qualche accessorio e cambiava il titolo del quadro.

Una volta il quadro giunse al cospetto dei giudici sotto il nome di *Passaggio del Rubicone*; — ma Faraone, mal nascosto sotto il manto di Cesare, fu riconosciuto e scacciato con tutti gli onori dovutigli.

L'anno dopo Marcello diede una mano di bianco alla sua tela in modo da figurare una nevata, — piantò un abete in un canto, e — vestendo da granatiere della guardia Imperiale un'egiziano — battezzò il suo quadro = *Passaggio della Beresina*.

Il giurì, che quel giorno aveva fregato i suoi occhiali sui paramani verdi dell'abito, — non fu vittima di questa nuova furberia. Egli riconobbe la caparbia tela, specialmente a cagione d'un diavolo di cavallo multicolore che s'impennava sulla cima d'un'onda del Mar Rosso.

Il mantello di quel cavallo serviva a Marcello per tutti i suoi esperimenti di colorito e lo chiamava nel suo discorrere famigliare la *tavola sinottica delle tinte fine*, perchè egli riproduceva tutte le combinazioni le più svariate di tutti i colori coi loro effetti d'ombra e di luce. Ma anche questa volta il giurì insensibile a questo accessorio parea non avesse abbastanza palle nere per rifiutare il *Passaggio della Beresina*.

— Benissimo, disse Marcello — me l'aspettava. — L'anno venturo lo rimanderò sotto il titolo di *Passaggio di Panorama*. [1]

— Saranno benissimo trappolati,...... trappola...... lati...... trappati...... cantarellò il musicante Schaunard sopra un nuovo motivo di sua composizione: — aria terribile, rimbombante come una scala di saetta, il cui accompagnamento era il terrore di tutti i pianoforti circonvicini.

— Come possono essi rigettar questo quadro senza che tutto il vermiglio del mio mar Rosso non salga

---

[1] È una galleria coperta di cristalli come quella De Cristoforis di Milano, e che si trova sui boulevards a Parigi, dove ve ne sono molte.

loro alla fronte e li copra di vergogna? mormorava Marcello contemplando il suo quadro.... Quando penso che là dentro ci sono cento scudi almeno di colori ed un milione di genio, senza contare la mia bella giovinezza diventata calva come il mio cappello. — Un' opera seria che apre nuovi orizzonti alle scienze degli spalti! Ma non saranno essi gli ultimi a parlare; io manderò loro il mio quadro fino all' ultimo mio sospiro. Voglio che si incida nella loro memoria.

— È il miglior modo di farlo incidere, disse Gustavo Colline con melanconica voce, e fra sè mormorava: Questo è bello, è bellissimo... lo ripeterò in società.

Marcello continuava le sue imprecazioni e Schaunard a metterle in musica.

— Ah! non vogliono ricevermi? diceva Marcello. — Ah il governo li paga, li alloggia, li decora al solo scopo di respingermi ogni anno — il primo di marzo — una tela di cento, su telajo a chiave!..... Vedo chiaramente la loro idea, la vedo chiarissimamente: — essi vogliono farmi spezzare i pennelli: — essi credono che rigettando il mio Mar Rosso io mi vi getterò saltando fuori dalla finestra della disperazione. Essi conoscono male il mio cuore d' uomo se credono di pigliarmi con questa astuzia grossolana. Non aspetterò più l'epoca dell' esposizione. Da oggi in avanti il mio quadro diventerà per loro la spada di Damocle eternamente sospesa sulla loro esistenza. — Adesso lo spedirò una volta la settimana a casa di ciascuno di loro, al domicilio proprio, in seno alla loro famiglia, in mezzo al cuore della loro vita privata. Esso disturberà le loro domestiche gioje — inacidirà il loro vino, — esso farà trovare loro abbruciato l'arrosto ed amara la moglie. — Diverranno pazzi in breve tempo e metteranno loro la camicia di forzato per mandarli all'Istituto i giorni di seduta — Quest'idea mi sorride.

Alcuni giorni dopo, allorchè Marcello aveva già dimenticati i suoi piani di vendetta contro i suoi persecutori, egli ricevette la visita del Padre *Medici*. Si chiama così nel cenacolo un'ebreo di nome Salomone il quale era allora conosciutissimo da tutta la Boema artistica e letteraria colla quale era in continua relazione.

Il padre Medici negoziava d'ogni genere di cianfrusaglie. Egli vendeva dei mobigli completi da 12 franchi fino a tre mila : — comperava tutto e sapeva rivendere tutto con guadagno. — La banca di scambio del Sig. Proudhon è una ben miserabile cosa in confronto del sistema applicato da Medici, il quale possedeva il genio del trafficare ad un tal grado che i suoi correligionarii non hanno ancora raggiunto. La sua bottega era sulla Piazza del Carrousel : — essa era un luogo fatato in cui si trovava tutto a piacere. Tutti i prodotti della natura — tutte le creazioni dell'arte — tutto ciò che esce dalle viscere della terra e dal genio umano, tutto era oggetto di negozio per Medici. — Il suo commercio abbracciava tutto — assolutamente tutto ciò che esiste — anzi egli lavorava perfino nell'ideale — Medici comperava le *idee* per metterle egli stesso a profitto o rivenderle. — Noto a tutti i letterati, a tutti gli artisti — amico intimo della tavolozza e del calamajo — egli era l'Asmodeo delle arti. Egli vi vendeva dei zigari per un piano di un appendice — delle pantofole per un sonetto — dei pesci per alcuni paradossi; — egli discorreva a tanto l'ora cogli scrittori incaricati di raccontare le dicerie nei giornali, — egli vi dava dei viglietti per andare alla camera e per la festa da ballo privata; — egli dava da dormire per una notte, per settimana, per mesi ai pittori erranti, che lo pagavano col copiare dei capiscuola al Louvre. Le quinte dei teatri non avevano misteri per lui. Egli faceva rappresentare le commedie ed i drammi; egli vi dava dei terni di favore: — aveva in testa un esemplare dell' Almanacco dei 25,000 indirizzi — conosceva l'abitazione, il nome, i segreti delle celebrità anche oscure.

Alcune pagine copiate del suo brogliazzo della tenuta dei libri potranno dare un'idea delle universalità del suo commercio meglio di tutte le spiegazioni dettagliate.

20 marzo 185.....

— Venduto al sig. L.... antiquario il compasso del quale Archimede si serviva durante l'assedio di Siracusa. Fr. 75.

— Comperato dal signor V... giornalista le opere complete, non tagliate, di M.... membro dell'accademia. Fr. 10.

— Venduto allo stesso un' articolo critico sulle opere complete di M... membro dell'accademia. F. 30.

— Venduto al sig. M.... membro dell' accademia un' appendice di dodici colonne sulle sue opere complete. Fr. 250.

— Comperato dal sig. R... letterato un riassunto critico sulle opere del signor M... membro dell'accademia di Francia. F. 10.

Più 50 libbre di carbon fossile e due chilogrammi di caffè.

— Venduto al signor .... un vaso di porcellana che appartenne a madamigella Dubarry F. 18.

— Comperato dalla piccola D.... i suoi capelli. Fr. 15.

— Comperato dal signor B... un lotto di articoli sui costumi, ed i tre ultimi errori d'ortografia fatti dal Prefetto della Senna. F. 6.

Più un pajo di scarpe di Napoli.

— Venduto alla damigella O.... una capigliatura bionda. F. 120.

— Comperato dal signor M.... pittore di storia una serie di disegni allegri. F. 25.

— Indicato al signor Ferdinando l'ora in cui la signora Baronessa R... di P... va alla messa. — Affittato allo stesso per un giorno il piccolo mezzanino del sobborgo Montmartre, in tutto F. 30.

— Venduto al signor Isidoro il suo ritratto in costume d'Apollo. F. 30.

— Venduto alla damigella R... due granchi di mare e sei paja di guanti in tutto F. 36.

(Ricevuto a conto Fr. 2. 75).

— Alla stessa procurato un credito per sei mesi presso la signora..., modista (Prezzo da stipulare.)

— Procurato alla signora... modista, la clientela della signorina R.... (Ricevuto perciò tre metri di velluto e sei di merletto).

— Comperato dal signor R... letterato un credito di 120 f. sul giornale *** ora in liquidazione per F. 5, e due libbra di tabacco di Moravia.

— Venduto due lettere amorose al signor Ferdinando. F. 12.

— Comperato dal signor Ferdinando pittore il ritratto del signor Isidoro in costume di Apollo. F. 6.

— Comperati dal signor... 75 chilogrammi della sua opera intitolata — *Delle rivoluzioni sottomarine*. F. 15.

— Dato a nolo alla signora Contessa di G......... un servizio di porcellana di Sassonia..... F. 20.

— Comperato dal Sig. M... giornalista 25 linee nel suo giornale *Il Corriere di Parigi* .... fr. 100.

Più una guarnitura da camino.

— Venduto ai signori O.... Comp. 25 linee del giornale il *Corriere di Parigi* del Sig M... fr. 300.

Più due guarniture da camino.

— Dato a nolo alla signora S.... G.... una carrozza ed un letto per un giorno (niente.) (Veggasi il conto della signora S. G. sul mastro pagina 26 e 27.)

— Comperato dal Sig. Gustavo C.... una memoria sull'industria del lino fr. 50.

Più una edizione rara delle opere di Giuseppe Flavio.

— Venduto alla signorina S... G... un mobigliare completo F. 5000.

— Pagato per la stessa il conto dello speziale F. 75.

— Pagato per la stessa il conto della lattaja F. 3 85. etc. etc. etc.

Da queste citazioni si vede su quale immensa scala si stendevano le operazioni dell'Ebreo Medici, il quale ad onta delle note un po' illecite del suo commercio infinitamente eclettico, non era mai stato disturbato da alcuno.

Entrando nella camera degli artisti, con quell'aria intelligente che lo caratterizzava, l'ebreo indovinò ch'egli capitava in un momento propizio. — Difatti i quattro amici si trovavano in consiglio e stavano discutendo, sotto la presidenza di un feroce appetito, la grave quistione *del pane e della carne.* — Era una domenica!... della fine del mese! Giorno fatale.... sinistra data!...

L'entrata del Medici fu acclamata da un coro gioviale, poichè si sapeva che l'ebreo era troppo avaro del suo tempo per spenderlo in visita di civiltà; — e quindi la sua presenza annunziava sempre un affare da trattarsi.

— Buona sera, signori, come va?

— Colline, disse Rodolfo coricato sul letto ed intorpidito nella dolcezza della linea orizzontale — esercita i doveri dell'ospitalità; — offri una sedia al nostro ospite: — l'ospite è sacro. — Io vi saluto in Abramo, aggiunse il poeta.

Colline andò a prendere una sedia che possedeva l'elasticità del bronzo, la portò presso l'ebreo dicendogli con voce ospitale:

— Supponete per un momento di essere Cinna e prendete questa sedia.

Medici si lasciò cadere sulla sedia e stava per lamentarsi della sua durezza, quando si ricordò che egli stesso l'aveva data a Colline in cambio di una professione di fede venduta ad un deputato che non aveva la corda dell'improvvisazione. — Nel sedere le tasche dell'Ebreo mandavano un suono argentino e questa melodiosa sinfonia piombò i quattro amici in una meditazione piena di dolcezza.

— Vediamo la canzone, adesso — disse Rodolfo a Marcello; — l'accompagnamento par bello.

— Signor Marcello, disse Medici, — vengo semplicemente a fare la vostra fortuna. — Vengo cioè ad offrirvi una superba occasione d'entrare nel mondo artistico. — L'arte, vedete, signor Marcello, è un arido cammino di cui la gloria è una oasis.

— Padre Medici, disse Marcello che arrostiva sui carboni dall'impazienza, — in nome del 50 per cento vostro santo tutelare, siate spiccio.

— Sì, disse Colline, breve come il re Pipino, il quale era un sir conciso, come voi, poichè voi dovete essere circonciso, o figlio di Giacobbe.

— Ouh, ouh, ouh! fecero i boemi guardando il pavimento per vedere se non si apriva ad inghiottire il filosofo.

Ma Colline non fu inghiottito neppure sta volta.

— Ecco l'affare, disse Medici. — Un ricco dilettante, che sta completando una galleria destinata a fare il giro d'Europa, mi incaricò di procurargli una serie di opere stimate. Io vengo ad offrirvi l'ingresso di quel museo... In una parola vengo per comperare il vostro *Passaggio del Mar Rosso*.

— A contanti? chiese Marcello.

— A contanti, rispose l'ebreo facendo suonare l'orchestra delle sue tasche.

— Continuate, Medici, disse Marcello facendo vedere il suo quadro. Vi lascio l'onore di fissare voi stesso il prezzo di quest'opera che non ne ha.

L'ebreo mise sul tavolino cinquanta scudi d'un bell'argento nuovo.

— E poi? disse Marcello, — questa è l'avanguardia.

— Signor Marcello, disse Medici, voi sapete che la mia prima è la mia ultima parola. — Non vi metterò nulla di più; riflettete: 50 scudi fanno 150 franchi. È una somma.

— Una piccola somma, rispose l'artista; la sola veste del mio Faraone costa più di 50 scudi in tanto cobalto. Pagatemi almeno la fattura; — livellate la pila, rotondate la cifra, e vi chiamerò Leone decimo, — Leone X *bis*.

— Ecco l'ultima mia parola, riprese il Medici; — io non ci metto un soldo di più, ma offro da pranzo a tutti — vini svariati a piacere — ed al dessert pago in oro.

— Nessuno dice nulla? urlò Colline battendo tre colpi di pugno sulla tavola — una, due, tre; è vostro.

— Andiamo, disse Marcello, è inteso.

— Manderò domani a prendere il quadro, disse l'Ebreo. — Andiamo, signori, la tavola è pronta.

I quattro amici scesero le scale cantando il coro degli Ugonotti. — *A tavola, a tavola!*

L'ebreo trattò i boemi in un modo veramente grandioso. Egli servì loro delle cose che fino a quel giorno erano state completamente inedite per loro. Si fu da quel giorno che il granchio di mare cessò di essere un mito per Schaunard, il quale prese per quell'anfibio una passione che doveva andar fino al delirio.

I quattro amici uscirono da quel pranzo ebbri come un dì di vendemmia. E quell'ebbrezza poco mancò fosse fatale a Marcello, il quale passando davanti la bottega del suo sarto a due ore dopo mezzanotte voleva assolutamente svegliare il suo creditore per dargli in acconto i 150 franchi appena ricevuti. Un lampo di ragione che vegliava ancora nel cervello di Colline fermò l'Artista sull'orlo del precipizio.

Otto dì dopo quella festa, Marcello seppe in qual galleria era stato posto il suo quadro. Passando nel sobborgo S. Honorè egli si fermò in mezzo di un gruppo di curiosi che stavano guardando una insegna che si andava mettendo a posto. Quest'insegna non era altro che il quadro di Marcello venduto da Medici ad un salsicciajo. Però il *Passaggio del Mar Rosso* aveva subito una nuova modificazione e portava un titolo nuovo — si era aggiunto un battello a vapore e si chiamava: *Al porto di Marsiglia*. Una lusinghiera ovazione si alzò fra i curiosi allo scoprirsi del quadro. E Marcello, felice di questo trionfo, si voltò indietro mormorando: *Vox populi, vox Dei.*

CAPITOLO XVII.

LA TOLETTA DELLE GRAZIE.

Madamigella Mimì, — che aveva l'abitudine di dormire fino all'alba dei tafani, — si svegliò un mattino in sulle dieci ore, e parve stupita di non vedere Rodolfo a lei vicino, e di non vederlo neppure in camera. — La sera prima ella lo aveva lasciato, prima di addormentarsi, seduto al suo tavolino e disposto a passarvi la notte intorno ad un lavoro extra-letterario, che gli era stato commesso, ed al compimento del quale la bella Mimì era particolarmente interessata, dacchè il poeta aveva fatto sperare alla sua amica, che col prezzo del suo lavoro le avrebbe comperato una veste da primavera della quale un giorno ella aveva veduto un taglio ai *due Magots*, — famoso magazzino di novità, alle cui seducenti mostre la civetteria di Mimì faceva delle frequenti divozioni. Quindi, dacchè il lavoro era incominciato — Mimì si occupava dei suoi progressi con somma inquietudine. — Spesso ella si avvicinava a Rodolfo mentre scriveva e sporgendo la testa sopra le sue spalle gli diceva con gravità:

— Ebbene? la mia veste va ella innanzi?

— C'è già una manica, rispondeva Rodolfo: sta quieta.

Una notte udendolo far scricciolare le dita, il che era segno ch'egli si compiaceva del suo lavoro. — Mimì s'alzò d'un balzo a sedere sul letto, e sporgendo la testa fra la tendina gridò:

— È forse finita la mia veste?

— Vedi, — rispose Rodolfo facendole vedere quattro grandi pagine coperte di linee fitte fitte: — finisco adesso il corsetto.

— Oh che felicità! disse Mimì, non manca più che la sottana? — Quante pagine ci vogliono per fare una sottana?

— Secondo, — ma tu non sei grande e con una dozzina di pagine di cinquanta linee, di trentatre lettere — noi avremo una sottana conveniente.

— Non sono grande, è vero, riprese Mimì seriamente, — ma non bisognerebbe poi aver l'aria di piangere dietro le stoffe: — adesso le vesti si usano ricchissime e mi piacerebbe aver delle belle pieghe che facciano frun, frun.

E si riaddormentò felice.

Avendo ella avuto l'imprudenza di parlare alle sue amiche Musette e Femia della bella veste che Rodolfo stava facendole, le due giovanette non avevano mancato di intrattenere i signori Marcello e Schaunard della generosità del loro amico verso la sua donna e queste confidenze furono seguite da non equivoche provocazioni a far altrettanto ed imitare l'esempio dato dal poeta.

— Il che significa — aggiungeva Musette tirando i mustacchi a Marcello, — che se si continua così ancora otto giorni — bisognerà ch'io mi faccia prestare da te un paja di calzoni per potere uscir di casa.

— Mi si devono undici franchi da una buona casa, rispose Marcello, — se ricupero questa somma la disporrò per comperarti una foglia di fico alla moda.

— Ed io? domandava Femia a Schaunard. Il mio *pegnoir* cade in rovina.

Schaunard allora tirava fuori di tasca tre soldi e li dava alla sua amica dicendole:

— Ecco di che comperarti ago e refe; rappezza il tuo *pegnoir* — tu t'istruirai divertendoti. — *utile dulcis*.

Però, — in un conciliabolo tenuto segretissimo — Marcello e Schaunard furono d'accordo con Rodolfo che ciascuno dal canto suo si sforzerebbe di soddisfare il giusto desiderio della sua amica.

— Queste povere ragazze, — diceva Rodolfo, un nulla le abbella, — ma pure bisogna averlo questo nulla. — D'altronde da qualche tempo in qua le belle arti e la letteratura vanno abbastanza bene — noi guadagniamo quasi come i facchini.

— È vero che non posso lamentarmi interruppe Marcello, — le belle arti vanno d'incanto: — si crederebbe che siamo sotto Leone X.

— Difatti, disse Rodolfo — Musette mi ha detto che tu esci il mattino e che non torni a casa che la sera e ciò da otto giorni in quà. — Hai dunque veramente del gran lavoro?

— Caro mio, — un'affare magnifico, — procuratomi da Medici. — Faccio dei ritratti alla caserma dell' *Ave Maria* — diciotto granatieri che mi hanno chiesto la loro immagine a 6 franchi l'una in mente, — la rassomiglianza garantita per un anno, — come gli orologi. — Spero di avere tutto il reggimento. Ho dunque pensato di restaurare Musette, appena Medici mi pagherà — perchè io ho trattato con lui e non coi miei originali.

— Quanto a me —, disse Schaunard con indifferenza, — senza che ciò sembri, io ho duecento franchi che dormono.

— Sacrableu! svegliamoli, disse Rodolfo....

— Fra due o tre dì faccio conto di smarginare, continuò Schaunard. Uscendo dalla cassa, non ve lo nascondo, ho intenzione di lasciare libero il freno ad alcune mie passioni. C'è specialmente qui dal rigattiere vicino un'abito di nankin ed un corno da caccia che mi stuzzicano gli occhi da molto tempo; — io me ne farò un omaggio.

— Ma, domandarono tutti due in una volta Marcello e Rodolfo, — da dove speri tu far uscire questo favoloso capitale?

— Ascoltate, signori, — disse Schaunard prendendo un'aria grave e mettendosi a sedere in mezzo a' suoi due amici, — non bisogna che noi nascondiamo a noi stessi che prima d'entrare nell'Istituto noi abbiamo ancora discretamente del pane di segale da mangiare — e la pagnotta quotidiana è dura da impastare. Da un'altro lato noi non siamo soli; siccome il cielo ci ha creati sensibili ciascuno di noi si scelse una ciascuna alla quale offrì di dividere la sua sorte.

— Preceduta da una aringa, disse Marcello.

— Ora, continuava Schaunard — anche vivendo colla più stretta economia, egli è difficile di mettere qualche cosa in serbo, quando non si possiede nulla, e specialmente quando l'appetito è più grande del piatto.

— Ma dove diavolo vuoi finire con queste storie? interrogò Rodolfo.

— A ciò, — continuò Schaunard, — che nella attuale situazione noi avressimo torto tutti di fare gli schifiltosi allorchè ci si presenta un'occasione — anche al di fuori dell'arte nostra, — di mettere una cifra davanti lo zero che costituisce la nostra quota sociale.

— Ebbene, — disse Marcello, a chi di noi puoi tu rimproverare di fare lo schifiltoso? Quantunque grande artista futuro non ho io acconsentito a consacrare i miei pennelli alla riproduzione pittorica di guerrieri francesi che mi pagano col soldo dei loro minuti piaceri? — Mi pare che io non abbia paura di discendere dalle scale della mia futura grandezza!!!

— Ed io? — riprese Rodolfo — non sai tu che

da quindici giorni in qua compongo un poema didascalico-medico-chirurgico-osannorico per conto di un celebre dentista, che mi paga 15 soldi la dozzina i miei versi Alessandrini? Due soldi di più delle ostriche!! — Pure non ne arrossisco; — piuttosto che veder la mia Musa lì, in piedi, colle braccia incrocicchiate, io le farei mettere in romanze il *Conduttore Parigino*. — Quando si ha una lira..... per Dio! — è per servirsene. — E del resto Mimì ha sete di stivaletti.

— In tal caso voi non mi accuserete — rispose Schaunard — quando saprete da quale sorgente scaturisce il fiume Pàttolo del quale aspetto lo straripamento.

Ma ecco qui la storia dei duecento franchi di Schaunard.

Una quindicina di giorni prima egli era passato da un'editore di musica il quale gli aveva promesso di procurargli fra i suoi avventori qualche lezione di piano-forte, o delle incordature.

— Per bacco! disse l'editore vedendolo entrare — arrivate a proposito: — sono venuti proprio oggi a chiedermi un pianista. — É per un'inglese, che, credo, vi pagherà bene... Siete voi forte davvero sul piano?

Schaunard pensò che un contegno modesto avrebbe potuto essergli nocivo nello spirito del suo editore. Un musicante-pianista specialmente — modesto, è così rara cosa!! — Perciò Schaunard rispose con molta franchezza:

— Sono di prima forza: — se avessi appena un polmone tocco, dei capelli lunghi ed un vestito nero, io a quest'ora sarei celebre come il sole, e voi, invece di domandarmi 800 fr. per stampare il mio spartito = *La Morte della giovinetta* = voi verreste ad offrirmene 3000, — in ginocchio — ed in un bacile d'argento. — Il fatto è intanto, che le mie dita contano dieci anni di lavori forzati sulle cinque ottave, e che io manipolo abbastanza bene l'avorio ed i diesis.

Il personaggio al quale Schaunard fu diretto era un'Inglese di nome Birn'n. L'artista fu ricevuto dapprima da un scrittore bleu, il quale lo presentò ad un altro servo verde, il quale lo trasmise ad un servo nero, che lo introdusse in una sala dove egli si trovò in faccia ad un'isolano accoccolato in una attitudine spleenitica che lo faceva rassomigliare ad Amleto meditante sul poco che noi siamo. Schaunard disponevasi ad esporre il motivo della sua presenza quando grida disperate gli troncarono la parola. — Quell'orribile schiamazzo che gli lacerava le orecchie era prodotto da un pappagallo che stava esposto sopra un verone del piano di sotto.

— Oh! il bestia, il bestia! mormorò l'inglese sobbalzando nella sua scranna, — egli farà morire me.

Ed in quel momento il volatile incominciò a sciorinare tutto il suo repertorio molto più esteso di quello dei pappagalli ordinarii. — Schaunard rimase confuso allorchè udì l'animale incitato da una voce femminina, che incominciava a declamare i primi versi del racconto di Teramene coll'inflessione di voce del Conservatorio.

Quel pappagallo era il favorito di una artista, una commediante in voga — nel proprio gabinetto. — Era una di quelle donne, le quali senza che si sappia nè come, nè perchè, sono tassate a prezzi esagerati sull'arena della galanteria, il nome delle quali è inscritto sui *menus* delle *cene* dei *gentelmans* a cui esse servono di *dessert* vivo. — Ai nostri tempi è un'onore per un cristiano il farsi vedere con una di queste pagane, le quali spesso null'altro hanno di antico che la loro fede di battesimo. — Quand'esse son belle, il male in fin dei conti non è grande: — il più che si arrischii si è di morire sulla paglia dopo averle messe sul mogano: — ma quando la loro bellezza è comperata un tanto l'oncia nella bottega dei profumieri, e quando essa non resista a tre goccie d'aqua su d'un pezzo di tela, quando il loro spirito stà tutto in una strofa di *vaudeville* ed il loro talento nel palmo delle mani di un *claqueur*, non si sà per dio! capir come gente distinta, che qualche volta ha un nome, criterio ed un vestito alla moda, si lasci trasportare — per amor dei luoghi comuni — ad innalzare fino al livello del più plateale capriccio delle donne, quali il loro Frontino non ne vorrebbe sapere per farne la sua Lisetta!!

L'attrice in quistione era del numero di queste bellezze della giornata. — Ella si chiamava Dolores e si diceva Spagnuola, quantunque la fosse nata in quella Andalusia Parigina che si chiama la contrada Coquenard. — Benchè dalla via Coquenard a quella di Provence non ci siano che dieci minuti pure ella vi aveva impiegato sette od otto anni per fare quel viaggio. — La sua prosperità finanziaria era incominciata ed avea progredito a seconda della sua decadenza personale, perciò ella ebbe un cavallo il giorno in cui si fece mettere il suo primo dente posticcio, e due il dì che si fece mettere il secondo — Adesso ella faceva sfarzi; — abitava un Louvre, ed i giorni di corso a Lonschampes passava in mezzo al viale; — finalmente dava dei balli ai quali correva tutta Parigi. — Il *tutto Parigi* però di queste dame!... Cioè quella collezione di oziosi cortigiani di tutte le ridicolaggini e di tutti gli scandali, — il *tutto Parigi* giuocatore di lanzinetto e di paradossi — i fanulloni di testa e di braccia, assassini del loro tempo e dell'altrui — gli scrittori che si creano letterati per utilizzare le penne che la natura ha fatto spuntar loro sulle spalle; — i bravi dell'orgia — i gentiluomini tarlati — i cavalieri di ordini misteriosi — tutta la Boemia guantata venuta da non si sà dove e che ritorna là donde venne; — tutta la natura notata e marchiata: — tutte le figlie di madre Eva da un banchetto e che adesso si vendono in un boudoir — tutte le razze corrotte dalle fasce al drappo mortuario che si trova a tutte le prime rappresentazioni, portando sulla fronte Golconda, il Thibet sulle spalle e per la quale, a dispetto di tutto, spuntano le prime mammolle ed i primi amori dégli adolescenti. Tutta questa gente, che le *Cronache* chiamano *Tutta Parigi*, era ricevuta in casa di Madamigella Dolores, la padrona del pappagallo in quistione.

Quest'uccello, celebre in tutto il quartiere pei suoi talenti oratorii, — poco a poco era diventato il terrore di tutti i più prossimi vicini. — Stando esposto sul balcone egli aveva convertito il suo palchetto in una tribuna da dove, dalla mattina alla sera, egli profferiva interminabili discorsi. — Alcuni giornalisti conosciuti dalla sua padrona gli avevano insegnate qualche specialità parlamentaria, ed il volatile era diventato versatissimo nella *quistione degli zuccari*. — Egli sapeva a memoria il repertorio dell'attrice e lo declamava in modo da poterle supplire in caso d'indisposizione. — Inoltre, siccome ella era poliglotta e riceveva visite da tutte le parti del globo conosciuto, il pappagallo parlava tutte le lingue, e qualche volta si abbandonava a bestemmie tali che avrebbero fatto arrossire i marinai che educarono sì squisitamente *Vert-Vert*. La compagnia di quest'uccello, che poteva essere divertente ed istruttivo per dieci minuti, diventava un vero supplizio allorchè era protratta. — I vicini avevano mosso spesso lagnanze, ma l'attrice loro aveva insolentemente risposto non farsi luogo alla domanda. — Due o tre inquilini onesti padri di famiglia, indignati dai rilassati costumi ai quali li iniziavano le propalazioni del pappagallo, si erano licenziati dalla casa, il cui padrone era stato sedotto dall'attrice.

L'inglese in casa del quale abbiamo veduto entrare Schaunard aveva avuto pazienza per lo spazio di tre mesi. Ma un giorno egli nascose sotto un' abito di cerimonie il suo furore che scoppiava — e si fece annunziare in casa dell'attrice, come lo avrebbe fatto nel Palazzo della Regina Vittoria a Windsor in un giorno di baciamano.

Vedendolo entrare l'attrice credette a prima giunta che fosse *Hoffmann* col suo abito di *Lord Spleen* e volendo far buone accoglienze ad un collega gli offerse da colazione. — L'inglese le rispose in un francese da venticinque lezioni che gli aveva insegnato un'emigrato spagnuolo:

— Io accettare vostro invito — a condizione che noi mangiaremo questo uccello.....disaggradevole.

Ed egli mostrava la gabbia del pappagallo, il quale avendo sentito all'odore che era un'isolano, l'aveva salutato intuonando il *God save the lhing*.

Dolores pensò che l'inglese fosse andato per prendersi spasso di lei e stava per mettersi in collera, quando egli continuò:

— Siccome io esser molto ricco, io mettere il prezzo alla bestia.

Dólores rispose che ella amava la sua bestia e che non voleva vederla passare nelle mani di un'altro.

— Oh non era per metter lui in mie mani — che io lo voleva, rispose l'inglese — era sotto miei piedi — e mostrava i tacchi dei suoi stivali.

Dolores fremette di sdegno e stava per andare sulle furie quand'ella vide sul dito dell'inglese un'anello il cui diamante rappresentava forse 2500 franchi di rendita. — Questa scoperta fu come una doccia gelata che cadesse sulla sua furia. Ella riflettè che era un'imprudenza l'andare in collera con un'uomo che portava 50,000 franchi al suo mignolo.

— Ebbene, signore, diss'ella — poichè questo povero Coco vi dà fastidio lo metterò dall'altra parte, così non lo sentirete più.

L'inglese si limitò a fare un segno di soddisfazione.

— Però, diss'egli mostrando i suoi stivali — avrei preferito......

— Non abbiate paura, disse Dolores — dal luogo dove lo metterò gli sarà impossibile di disturbare Milord.

— Ooh! io non esser Milord.... io esser soltanto Esquire.

Ma nel punto in cui M. Birn'n si disponeva a ritirarsi dopo averla salutata con un chinar di capo assai modesto, Dolores, la quale non trascurava mai i suoi interessi in alcunissima occasione, prese un pacchetto che si trovava sur un tavolino, e disse all'inglese:

— Questa sera al teatro di.... si dà una rappresentazione a mio benefizio ed io deggio figurare in tre commedie: vorreste permettermi di offrirvi alcuni coupons di palco? il loro prezzo non fu aumentato che pochissimo.

E mise in mano dell'isolano una dozzina di palchi.

— Dopo essermi mostrata così pronta a fargli piacere, ella pensava — è impossibile ch'egli rifiuti se è bennato; e se mi vede in iscena col mio abito rosa.... chi sà? — fra vicini? — il diamante che ha in dito è la vanguardia di un milione — Affè iddio! egli è ben brutto e triste, ma sarà un' occasione di andare a Londra — senza patire il mal di mare.

L'inglese dopo aver presi i viglietti si fece spiegare una seconda volta l'uso al quale erano destinati, poi chiese il prezzo.....

— I palchi sono 60 franchi; ce ne sono dieci lì.... Ma non c'è premura, aggiunse Dolores vedendo che l'inglese si disponeva a tirar di tasca il suo portafogli: — spero che in qualità di vicino voi vorrete avere la bontà di farmi qualche visita di quando in quando.

Il Signor Birn'n rispose:

— Io non amare fare gli affari a dilatazioni.

E prendendo un viglietto da mille franchi del suo taschino lo mise sul tavolino e fece sdrucciolare ia tasca i coupons dei palchi.

— Eccovi il restante, disse Dolores aprendo un piccolo scrignetto dov'ella metteva il suo danaro.

— Oh no! disse l'inglese — questo era per bere: ed uscì lasciando Dolores fulminata da questa parola.

— Una mancia!!! che villano! gli rimanderò il suo danaro — esclamava allorchè fu sola.

Ma questa rustichezza del suo vicino non aveva irritato che l'epidermide del di lei amor proprio; — la riflessione la calmò; — ella pensò che venti luigi di *boni* facevano un bel *banco* in fin dei conti, e che in altri tempi ella aveva sofferte impertinenze peggiori a miglior mercato.

— Ah bah! diss'ella, — non bisogna essere tanto orgogliosi. — Nessuno m'ha veduto ed oggi è la fin del mese della mia lavandaja.... E poi... quest'inglese maneggia così male le lingue, che forse ha creduto di farmi un complimento.

E Dolores intascò allegramente i suoi venti luigi.

Ma la sera, dopo teatro, ella tornò a casa furiosa. Il signor Birn'n non s'era servito dei suoi viglietti ed i dieci palchi erano rimasti vuoti.

Entrando in iscena a mezzanotte e mezzo la sventurata beneficiata leggeva sul viso delle sue *amiche* di quinta la gioja che esse provavano vedendo il teatro sì poco guarnito.

Ella udì perfino un'attrice sua amica dire ad un'altra, indicando i bei palchi inoccupati:

— Quella povera Dolores non ha *fatto* che un proscenio.

— I palchi sono pochi.

— L'orchestra è vuota.

— Per bacco! quando si vede il suo nome sull'avviso esso produce in teatro l'effetto della macchina pneumatica.

— Ma che idea ebbe mai di aumentare il prezzo dei viglietti?

— Bella beneficiata! Scommetterei che l'incasso sta tutto in un salvadanajo, o tutt'al più nel fondo d'una calza.

— Oh! ecco lì il suo famoso abito a buccia di velluto rosso.

— Pare un piatto di gamberi cotti.

— Quanto hai fatto tu alla tua ultima serata? domandò un'attrice alla sua compagna.

— Piena, cara mia; era un giorno di *prima*; Eh, eh, gli sgabelli si pagavano un luigi. — Ma io incassai sei franchi soli; la mia modista ha preso il rimanente. Se i geloni non mi spaventassero tanto anderei a Pietroburgo.

— Come? tu non hai ancora trent'anni e pensi già a *far la tua* Russia?

— Che vuoi? — E tu? è vicina la tua *beneficiata?*

— Fra quindici giorni. — Ho già venduto per mille scudi di *coupons* — senza contare i miei San-Siriani. [1]

— Oh bella! tutta l'orchestra se ne va!

— È Dolores che canta.

Difatti Dolores porporeggiante come il suo vestito cadenzava la sua aria in agro dolce. Mentr'ella finiva a gran pena, due mazzi di fiori le cadevano ai piedi, lanciatile dalle due sue amiche, le quali si sporgevano dal loro palco gridando:

— Brava Dolores, brava!!

[1] Allievi della scuola militare di Saint Cyr.

È facile immaginarsi il furore di costei. Ritornata a casa, benchè si fosse in piena notte, ella svegliò Coco, il quale svegliò l'onesto Signor Birn'n che dormiva sulla fede della data parola.

A datare da quel dì la guerra divampò fra l'attrice e l'inglese: — guerra a oltranza, nella quale i nemici accapigliati non avrebbero indietreggiato per nessun conto. Il pappagallo educato per questo scopo, aveva approfondito lo studio dalla lingua d'Albione e tutto il giorno proferiva ingiurie contro il suo vicino, col più acuto falsetto. Era davvero qualche cosa d'insopportabile. Dolores stessa ne soffriva, ma ella sperava che da un giorno all'altro il Signor Birn'n avrebbe licenziato l'appartamento: — ella — aveva posto tutto il suo amor proprio nel riuscire. Dal canto suo l'isolano aveva inventato ogni sorta di magia per vendicarsi. — Prima di tutto aveva aperto una scuola di tamburo nella sua sala, ma il commissario di polizia era intervenuto.

Il Signor Birn'n sempre più ingegnoso allora stabilì un tiro alla pistola: — i suoi servitori consumavano cinquanta cartoncini al giorno. — Il commissario venne ancora e gli mostrò un'articolo delle leggi municipali che proibisce l'uso delle armi da fuoco nelle case. Il signor Birn'n sospese il fuoco, ma otto dì dopo la signora Dolores s'accorse che nel suo appartamento pioveva. Il padrone di casa venne a far visita al Signor Birn'n e lo trovò che stava prendendo dei bagni di mare nella sala.

Difatto quella sala assai grande era stata tutta foderata di lamine di metallo; — tutte le porte erano ermeticamente chiuse ed in quel bacino improvvisato si erano versati cinquanta quintali di sale e cento brente d'aqua. Era un' Oceano tascabile: — non ci mancava nulla, — neppure i pesci. Vi si entrava da un buco fatto nel sovraporta dell'uscio di mezzo ed il Signor Birn'n prendeva il suo bagno ogni giorno.

Passato alcun tempo si sentiva l'odore di pantano per tutto il quartiere e la signora Dolores aveva mezzo pollice d'aqua nella sua camera da letto.

Il padrone di casa montò sulle furie e minacciò il Sig. Birn'n di fargli una causa per danni e spese cagionati al suo stabile.

— Non avere il diritto di bagnare me in mia casa? domandò l'inglese.

— Nò, signore.

— Se non avere il diritto, va bene, rispose l'inglese pieno di rispetto per la legge del paese in cui si trovava — È un peccato perchè io divertiva molto me.

La stessa sera diede gli ordini necessari per far vuotare il suo mare, e ne era tempo: — sul parquet s'era già formato un banco di ostriche.

Però il Signor Birn'n non rinunziò alla lotta: — egli cercava un mezzo legale di continuare quella guerra originale che faceva le delizie di tutto il Parigi ozioso, poichè il fatto era stato narrato in tutti i teatri ed altri luoghi di pubblicità. Dolores aveva impegnato il suo onore per uscir vittoriosa da questa lotta, sull'esito della quale si erano fatte delle grosse scommesse.

Si fu allora che il signor Birn'n immaginò il piano forte. E non era poi una cattiva idea: — il più seccante degli stromenti era capace di lottare contro il più nojoso degli uccelli. Dal momento che egli ebbe questa buona idea egli cercò dunque un pianista: — questi fu il nostro amico Schaunard. — L'inglese gli raccontò famigliarmente i suoi lamenti a cagione del pappagallo della sua vicina e tutto ciò ch'egli aveva già fatto per tentare di farle addivenire ad un'amichevole componimento.

— Ma, milord, — disse Schaunard, — c'è un mezzo di sbarazzarvi da questa bestia, — è il prezzemolo: Tutti i chimici non hanno che un grido per dichiarare che questa pianta dei cavoli è l'acido prussico di cotesti animali: — fate tritar del prezzemolo sui vostri tappeti e fateli scuotere dalla finestra vostra nella gabbia del pappagallo: — egli spirerà precisamente come se Alessandro Borgia l'avesse invitato a pranzo.

— Ci pensava, ma il bestia essere custodito, — rispose l'Inglese: — il piano forte esser più certo.

Schaunard guardò l'Inglese e non capì sulle prime.

— Ecco come io aveva combinato; — rispose l'isolano. — Il commediante ed il suo bestia dormire fino a mezzodì. — Seguite bene mio ragionamento.

— Andate pure, gli sono sulle peste.

— Io avere intrapreso di turbare suoi sonni. La legge di questo paese dà a me il diritto di far musica da mattina a sera. Capite voi cosa io voleva da voi?

— Ma, disse Schaunard — non sarebbe un dispiacere per la comica se ella ci udisse tutto il giorno suonare il piano-forte a gratis! — Io sono di prima forza e se avessi soltanto un polmone guasto....

— Oh oh! riprese l'inglese — intendiamo noi — io non dicere a voi di fare eccellente musica — bisognava solo battere su vostro istromento, — così — disse l'Inglese tentando una scala — e sempre e sempre, sempre stesse cose, senza pietà, signor musico, sempre la scala. Io sapere un poco medicina, questo far diventar pazzi; — essi diventare pazzi là sotto — è su questo che mi far calcolo. Andiamo, signore, mettetevi subito. Io pagherò bene voi.

— Ed ecco, disse Schaunard terminando la sua storia — ecco il mestiere che faccio da quindici giorni in quà. Una scala, niente di più che la stessa scala, dalle sette del mattino fino alla sera — non è veramente dell'arte seria, ma che volete figli miei? l'inglese mi dà due cento franchi al mese pel mio frastuono; bisognerebbe essere il carnefice di sè stesso per rifiutare un simile provento. — Ho accettato e fra due o tre giorni passo alla cassa per pigliare il mio primo mese.

Fu in conseguenza di queste scambievoli confidenze che i tre amici convennero di approfittare degli incassi comuni per dare alle loro donne il vestito primaverile che l'ambizioncella di ciascuna di esse sospirava da tanto tempo. Si convenne dippiù che colui il quale ricevesse il danaro pel primo aspetterebbe gli altri affine di far le compere tutte nello stesso tempo e perchè le damigelle Mimi, Musette e Femia potessero godere tutte insieme del piacere di far pelle nuova, come diceva Schaunard.

Ora, due o tre giorni dopo questo conciliabolo Rodolfo era alla corda — il suo poema gli era stato pagato: — esso pesava 80 franchi — Il dì dopo Marcello aveva smarginato con Medici ed intascato il prezzo di 18 ritratti di caporali a sei fr. l'uno.

Marcello e Rodolfo duravano tutte le fatiche del mondo a dissimulare la loro ricchezza.

— Mi pare di sudar oro, diceva il poeta.

— Anch'io, diceva Marcello. — Se Schaunard tarda ancora mi pare che non potrò più continuare la mia parte di Creso anonimo.

Ma il dì dopo i Boemi videro arrivare Schaunard splendidamente vestito di una giacchetta di nankin giallo d'oro.

— Oh dio mio! esclamò Femia abbagliata al vedere il suo amico in così elegante legatura: — dove hai tu trovato quel vestito?

— L'ho trovato fra le mie carte, rispose il maestro di musica, facendo segno ai suoi amici di seguirlo. — Ho incassato, diss'egli quando furono soli: — ecco le pile — e mostrò un pugno d'oro.

— Bene, disse Marcello: — mettiamoci in marcia. — Andiamo a saccheggiare i negozii — Come sarà felice Musette!!

— Come sarà contenta Mimì! aggiunse Rodolfo Andiamo, — vieni tu, Schaunard?

— Permettetemi di riflettere, rispose il musico. — Coprendo questo signore dei capricci della moda, noi facciamo forse una pazzia — Pensateci. — Quando elleno somiglieranno al viglietto della *Sciarpa d'Iride,* non temete voi che quegli splendori non esercitino una deplorabile influenza sul loro carattere? è egli conveniente per giovanotti come noi di trattare le donne come se fossimo dei caduchi e rugosi Mondor? Non è che io esiti a sagrificare 14 o 18 franchi all'abbigliamento di Femia; — ma tremo; — quand'ella avrà un cappello nuovo forse non vorrà più salutarmi. — Ella sta sì bene con un fiore nelle treccie! — Cosa ne dici tu, filosofo? interruppe Schaunard dirigendosi a Colline che era entrato da pochi minuti.

— L'ingratitudine è figlia del benefizio, — rispose il filosofo.

— E da un altro lato, continuava Schaunard, — allorchè le vostre amiche saranno ben vestite qual figura farete voi accanto a loro? voi coi vostri abiti a stracci? Voi sembrerete le loro cameriere. Non è per me che lo dico, interrompeva Schaunard pavoneggiandosi nel suo vestito nankin, poichè grazie al cielo adesso posso presentarmi dove voglio.

Ma a malgrado lo spirito d'opposizione di Schaunard fu convenuto che l'indomani si spoglierebbero tutti i bazars del vicinato a profitto delle signore.

Ed il giorno dopo difatti all'ora in cui sul principio di questo capitolo noi abbiamo veduto madamigella Mimì svegliarsi sorpresa dall'assenza di Rodolfo, il poeta ed i suoi due amici salivano le scale dell'albergo accompagnati da un giovane dei *Due Magots* e da una modista che portavano dei campioni. — Schaunard, che aveva comperato il famoso corno da caccia, apriva la marcia suonando l'introduzione della *Caravana*.

Musette e Femia, chiamate da Mimì che alloggiava nei mazzanini, discesero le scale colla rapidità della valanghe quando seppero che arrivano vesti e cappelli. — Le tre donne furono ad un pelo di diventare pazze di allegria nel vedere sciorinati sotto i loro occhi tutte quelle povere ricchezze. — Mimì fu assalita da un'eccesso di gioja e saltava come una capra facendo svolazzare una sciarpetta di barége. Musette s'era gettata al collo di Marcello battendo l'uno coll'altro due stivalini verdi ch'ella teneva uno per mano. Femia guardava singhiozzando Schaunard e non sapeva dir altro, che:

— Oh mio Alessandro, Alessandro mio!!....

— Non c'è pericolo ch'ella rifiuti i doni d'Artaserse, mormorava il filosofo Colline.

Passato il primo slancio della gioja, allorchè la scelta fu fatta e la spesa pagata, Rodolfo annunziò alle tre donne che esse dovevano far in modo di provare le loro vesti nuove l'indomani stesso.

— Si anderà in campagna, diss'egli.

— Che bell'affare! sclamò Musette — non è la prima volta che io avrò comperato, tagliato, cucito e portato un vestito, tutto nello stesso giorno. E d'altronde noi abbiamo la notte. Noi saremo pronte, non è vero signore?

— Noi sarem pronte! — risposero insieme Mimi e Femia.

Ed immediatamente si misero all'opera: — per sedici ore di fila non abbandonarono forbici ed aghi.

Il domani mattina era il primo giorno di maggio. — Le campane di Pasqua avevano già da qualche dì suonata la risurrezione della primavera ed egli giungeva frettoloso e contento da tutte le parti; — egli arrivava, come dice la ballata alemanna — leggiero come il giovane fidanzato che va a piantare il maggio sotto la finestra della sua promessa sposa. Esso dipingeva d'azzurro il cielo, gli alberi di verde e tutto di colori vivaci: — esso svegliava il sole intorpidito che dormiva ancora nel suo letto di nebbie colla testa appoggiata alle nuvole piene di neve che gli servivano di guanciale e gli gridava: Eh! ohè, l'amico! è ora, son quà! animo, presto al lavoro! vestite in fretta il vostro bell'abito di bei raggi nuovi e fatevi vedere al verone per annunziare il mio ritorno.

E allora il sole s'era difatti messo in campagna — e passeggiava fiero e superbo come un signore della corte. — Le rondini ritornate dal loro pellegrinaggio d'oriente riempivano l'aria dei loro voli; la spinelba imbalsamava l'erba dei boschi: già si vedevano tutti gli uccelli uscir dai loro nidi con un fascicolo di romanze sotto l'ale. — Era davvero la primavera, — I zeffiri intiepiditi correvano per l'aria trasparente e spargevano nella città i primi odori delle circostanti campagne — I raggi del sole che limpidi e caldi venivano a battere ai vetri delle finestre, così dicevano, all'ammalato: « Aprite, noi siamo la salute! » — e nelle soffitta della giovinetta chi si spenzola sul suo specchio, questo primo ed innocente amore delle più innocenti, essi dicevano: — « Apri, o bella, noi illumineremo la tua bellezza! noi siamo i messaggeri del bel tempo, adesso tu puoi metterti la tua veste di tela, il tuo cappello di paglia, e calzarti i tuoi bei stivalini; — vedi: i boschetti dove si balla sono sparsi di fiori belli e freschi, i violini stanno per isvegliarsi sul ballo di domenica. O bella, buon dì! »

Appena l'Angelus suonava alla vicina chiesa, le tre laboriose civettuole, che non avevano dormito se non poche ore, erano già allo specchio e davano l'ultimo colpo d'occhio alla loro nuova toletta.

Esse erano belle, graziosissime tutte tre, vestite nello stesso modo, e con istampato in faccia lo stesso riverbero di contentezza che dà la realizzazione d'un desiderio lungamente accarezzato.

Musette sopra tutto era sorprendente di bellezza.

— Io non fui mai sì contenta; — ella diceva a Marcello; — mi pare che il buon Dio abbia messo in quest'ora qui tutta la felicità della mia vita e temo che non me ne resti più.... Ah bah! quando non ve n'è più, ce n'è ancora: — noi abbiamo la ricetta per fabbricarne — diss'ella abbracciando Marcello.

Quanto a Femia ella aveva una cosa sola che la tormentava.

— Io, amo molto la verdura e gli uccellini, ella diceva, — ma in campagna non si vede nessuno e non potranno vedere il mio bel cappello e la mia veste nuova. — Se andassimo in campagna sul boulevard?..

Alle otto del mattino tutta la contrada fu messa in subbuglio dai suoni del corno da caccia di Schaunard che dava il segnale della partenza. Tutti i vicini si posero alla finestra per veder passare i boemi. Colline, che pure era della festa, chiudeva la marcia portando gli ombrellini delle signore. — Un'ora dopo tutta l'allegra brigata era sparsa pei campi di Fouteney aut Roses.

Quand'essi tornarono a casa la sera assai tardi, Colline, che tutta la giornata aveva fatto le funzioni di cassiere, dichiarò che si erano dimenticati di spendere sei franchi, e depose questo resto sul tavolino.

— Cosa ne facciamo? domandò Marcello.

— Se comperassimo delle rendite? disse Schaunard.

CAPITOLO XVIII.

I CAPRICCI DI MUSETTE.

Il lettore si ricorda forse ancora del come Marcello un giorno vendette il suo famoso quadro del Passaggio del Mar Rosso all'Ebreo Medici, perchè quel quadro servisse d'insegna ad un negozio di commestibili. — Il giorno successivo a questa vendita che era stata seguita da un magnifico pranzo dato dall'ebreo ai boemi come buon peso sul contratto, Marcello, Schaunard, Colline, e Rodolfo si svegliarono assai tardi. Storditi ancora un po' tutti dai fumi dell'ebbrezza del giorno innanzi, essi non si ricordavano più di quanto era successo, e, mentre l'Angelus del mezzogiorno suonava, si guardarono l'un l'altro tutti quattro con un melanconico sorriso.

— Ecco la campana del pio concento che chiama al refettorio l'umanità, disse Marcello.

— Difatti, rispose Rodolfo, — questa è l'ora solenne in cui la gente onesta pasce nella sala da pranzo.

— Bisognerebbe ben pensare a diventar gente

onesta ancor noi; mormorò Colline pel quale tutti i giorni eran dedicati a Sant'Appetito.

— Oh vasi di latte della mia balia, oh quattro pasti al giorno della mia infanzia, che diventaste mai? — aggiunse Schaunard — Che diveniste voi? egli ripetè sopra un motivo pieno di dolce e pensosa mestizia.

— E dire che in Parigi a quest'ora vi sono più di cento mila costolette sulla graticola, disse Marcello.

— Ed altrettanti beafsteaks, aggiunse Rodolfo.

Mentre i quattro amici mettevano sul tappeto la terribile quistione cotidiana della colazione, i garzoni di un trattore, che stava nella stessa casa, gridavano, come una terribile antitesi, gli ordini ricevuti dagli avventori.

— Non taceranno mai quei bricconi — diceva Marcello — ogni loro parola mi fa l'effetto di un colpo di vanga che mi fori lo stomaco.

— Il vento è al nord, disse gravemente Colline, indicando una banderuola in evoluzione sovra un tetto vicino, — noi non faremo colazione stamattina: — gli elementi vi si oppongono.

— Perchè? domandò Marcello.

— É un'osservazione atmosferica che ho fatto, rispose il filosofo; il vento del nord indica generalmente astinenza, mentre il vento di mezzodi indica divertimenti e buon pranzo. Questo è ciò che la filosofia chiama *gli avvisi dall'alto*.

Gustavo Colline a digiuno aveva lo scherzo feroce.

In quel punto Schaunard, che aveva sprofondato un braccio nell'abisso che gli serviva di tasca, lo ritirò mandando grida disperate.

— Ajuto, ajuto! urlava egli tentando di sbrogliare la sua mano chiusa fra le molle di un granchio di mare ancor vivo; — c'è qualcuno nella mia tasca!!

Al suo grido rispose un'altro grido. — Era Marcello che mettendo macchinalmente la mano in tasca aveva scoperto un'America alla quale non pensava più: — cioè i 150 fr. che l'Ebreo Medici gli aveva dato il dì prima in pagamento del *Passaggio del Mar Rosso*.

Allora tutti i boemi riacquistarono la memoria.

— Salutate, signori! — disse Marcello spandendo sulla tavola una quantità di scudi, fra i quali guizzavano due o tre luigi nuovi.

— Sembrano vivi, disse Colline.

— Che bella voce! sclamò Schaunard facendo cantare le monete d'oro.

— Come son belle queste medaglie, — aggiunse Rodolfo, pajono pezzetti di sole. Se io fossi un re non vorrei moneta d'altra qualità e le farei coniare col ritratto della mia amante.

— Quando si pensa che havvi un paese in cui questi sono sassi, disse Schaunard. — Una volta gli americani ne davano quattro per un soldo. Ho uno zio che visitò l'America: egli è stato sepolto là, nel ventre dei selvaggi; — ciò fece un gran torto alla famiglia!

— Ah di' un po'? — domandò Marcello guardando il granchio di mare che s'era messo a passeggiare per la camera, — da dove viene questa bestia?

— Mi ricordo, disse Schaunard, — che jeri andai a far un giro nella cucina di Medici; bisogna credere che questo rettile sia caduto nella mia saccoccia senza far a bella posta; — queste bestie hanno la vista sì corta. Ma dacchè è qui aggiunse egli, ho volontà di tenermelo: lo addomesticherò e lo dipingerò di rosso; — sarò così più allegro. Dal dì che Femia se ne andò son melanconico: — questo mi farà compagnia.

— Signori, esclamò Colline — la banderuola si è volta a mezzodì: noi faremo colazione.

— Lo credo bene per dio! disse Marcello pigliando una moneta d'oro; — eccone qui una che noi faremo cuocere e con molta salsa, anche!...

Si procedette lungamente e con gravità alla discussione di ciò che si doveva comandare. — Ciascun piatto fu oggetto di dibattimento e si votò alla maggioranza

La frittata proposta da Schaunard fu rejetta colla più grande sollecitudine; così pure i vini bianchi contro i quali Marcello sorse con una improvvisazione che fece risaltare le sue cognizioni enofile.

— Il primo dovere del vino, diss'egli, — è di esser rosso; — non parlatemi dunque di vini bianchi.

— Però, lo Champagne?! disse Schaunard.

— Ah bah; un sidro elegante! un *cocò* epilettico! darei tutta la cantina di Epernag e di Aì per una botte borgognona. D'altronde noi non abbiamo nè *grisettes* da sedurre, nè *vaudevilles* da scrivere. Io voto contro lo Champagne.

Una volta adottato il programma, Schaunard e Colline scesero dal trattore per comandare la colazione.

— Se accendessimo un po' di fuoco! disse Marcello.

— In verità non saremmo in contravvenzione, rispose Rodolfo. — Il termometro ci invita da un pezzo; accendiamo il fuoco. — Il camino ne sarà tutto sorpreso.

E corse alla scala per raccomandare a Colline di far portare della legna.

Alcuni minuti dopo Schaunard e Colline risalivano seguiti da un carbonajo carico di un grosso fascio di legna.

Mentre Marcello frugava in un cassetto per cercare qualche carta inutile onde accendere il fuoco, trovò per caso una lettera la cui scrittura lo fece trasalire e ch'egli si pose a leggere di nascosto dei suoi amici.

Era un viglietto a lapis, scritto una volta da Musette, nel tempo ch'ella stava con Marcello; — quella lettera aveva un anno di data appunto. — Essa non conteneva che queste poche parole:

« Mio caro amico,

» Non essere in pena per me; — ritorno subi-

» to. — Sono andata a passeggiare un momento
» per scaldarmi muovendomi; qui in camera si gela
» ed il carbonajo ha chiuso l'occhio. Ho abbruciate
» le due ultime gambe della sedia, ma non dura-
» rono il tempo di far cuocere un uovo. Dippiù
» poi il vento entra qui come se fosse in casa sua
» e dal vetro rotto mi soffia una quantità di cat-
» tivi consigli, che ti farebbero dispiacere se li a-
» scoltassi. — Preferisco uscire un momento; —
» anderò a vedere le botteghe del quartiere. —
» Dicesi che vi è del velluto a dieci franchi il me-
» tro: — è incredibile, — bisogna andar a veder-
» le. Per l'ora di pranzo sarò a casa.

» La tua Musette ».

— Povera ragazza! mormorò Marcello mettendo in tasca la lettera... E restò pensoso un momento colla testa fra le mani.

A quell'epoca lì, era già molto tempo che i boemi erano vedovi — eccettuato Colline, la cui amante era stata sempre invisibile ed anonima.

La stessa Femia, l'amabile compagna di Schaunard, aveva incontrato un'anima candida che le offerse il suo cuore, un mobiglio di mògano — ed un anello di capelli — dei capelli rossi!! — Però quindici giorni dopo averglieli dati, l'amante di Femia volle riprenderle i mobili ed il cuore, — perchè s'era accorto guardando le mani della sua amica, che ella aveva sì un anello — di capelli, — ma neri; — ed osò sospettarla di tradimento.

Quando seppe però che Femia non aveva cessato di

essere virtuosa, ma solo aveva fatto tingere in nero i capelli perchè le sue amiche l'avevano spesso derisa a causa dei suoi capelli rossi, il signore fu sì contento che le comperò una veste di seta, — era la prima. — Il giorno in cui ella se la mise per la prima volta, la povera fanciulla esclamò:

— Ora posso morire!

Quanto a Musette poi ella era ridiventata un personaggio semi-officiale; — erano tre o quattro mesi che Marcello non l'aveva incontrata. — Per Mimì, Rodolfo non ne aveva più udito parlare, — se non da lui stesso quand'era solo.

— Ebbene! sclamò tutt'ad un tratto Rodolfo vedendo Marcello accasciato e pensieroso accanto al fuoco; — e questo fuoco? non vuol esso accendersi?

— Ecco; ecco! disse il pittore accendendo la legna che fiammeggiò scintillando.

Ma mentre i suoi amici si aguzzavano l'appetito facendo i preparativi del pasto, Marcello erasi isolato di nuovo in un canto, e metteva da canto la lettera di Musette insieme ad altre memorie ch'ella gli aveva lasciato. Tutt'ad un tratto gli venne in mente l'indirizzo di una donna che era l'amica intima della sua antica fiamma.

— Ah! sclamò egli abbastanza forte da essere inteso: — so dove trovarla.

— Trovar cosa? domandò Rodolfo. Cosa fai lì? aggiunse vedendo l'artista che si metteva a scrivere.

— Nulla; una lettera pressantissima ch'io dimenticava. — Vengo subito: disse Marcello e scrisse:

« Mia cara bambina

« Ho delle somme nel mio secretaire: è un'apo-
» plessia di ricchezze fulminanti. C'è qui in casa
» una grandissima colazione che si perfeziona, dei
» vini generosi, e noi abbiamo acceso un fuoco,
» mia cara, come benestanti. — Bisogna vedere, come
» tu dicevi una volta. — Vieni a passare un mo-
» mento con noi; troverai qui Rodolfo, Colline e
» Schaunard; — tu ci canterai delle canzoni al
» *dessert*, — poichè c'è del *dessert!* Giacchè ci
» siamo, noi staremo a tavola un otto o dieci gior-
» ni. — Non aver paura dunque di arrivare troppo
» tardi. È un sì gran pezzo che non ti sento ri-
» dere! Rodolfo ti farà dei madrigali, e noi beve-
» remo ogni sorta di roba alla salute del nostro
» amore defunto,.... salvo a risuscitarlo. Fra gente
» come noi l'ultimo bacio non è mai l'ultimo. —
» Ah! se l'anno passato non avesse fatto tanto
» freddo tu non mi avresti forse abbandonato! —
» Tu mi tradisci per una fascina, perchè tu hai
» avuto paura di avere le mani rosse; — tu hai
» fatto bene; — io non sono in collera più per
» questa, che per le altre volte; — ma vieni a
» scaldarti intanto che v'è del fuoco.

» Ti bacio quanto vuoi.

» Marcello ».

Finita questa lettera Marcello ne scrisse un'altra

alla signora Sidonia, l'amica di Musette, in cui la pregò di far ricapitare il viglietto che le mandava. — Poi scese dal portinajo per ispedire la lettera. — Intanto che gli pagava la commissione anticipata il portinajo vide nelle mani del pittore il lampo di una moneta d'oro; e prima di partire per fare quella corsa salì dal padrone di casa, col quale Marcello era in ritardo del fitto.

— Signore, diss'egli tutto ansante, l'artista del *sesto* ha del denaro! voi sapete bene, quel grande che mi ride in faccia allorchè gli porto la quitanza.

— Sì, disse il padrone, colui che ebbe la sfrontatezza di farsi prestar da me il denaro per darmi un'acconto. — L'ho licenziato.

— Sì, signore. Ma oggi è pieno d'oro: — poco fà mi ha abbruciato gli occhi. — Dà delle feste... è il vero momento buono.

— Va bene, disse il padron di casa: tra poco vi anderò io stesso.

La Signora Sidonia, la quale era in casa quando fu recata la lettera di Marcello, mandò subito la sua cameriera a portare il viglietto diretto a Musette.

Dessa abitava allora un'elegante appartamento della Chaussée d'Autin. Quando le portarono la lettera ella era in compagnia del suo amante e precisamente in quella sera era invitata ad un gran pranzo di gala.

— Questo sì è un miracolo!! sclamò Musette ridendo come una pazza.

— Cosa c'è? le chiese il giovinotto.

— É un'invito a pranzo, disse la fanciulla. Eh! come arriva a proposito!!

— Arriva anzi in mal punto, rispose l'altro.

— Perchè?......

— Come? avreste intenzione di andare a questo pranzo?

— Credo bene, che ne ho intenzione!... Accomodatevi come volete.

— Però, cara mia, non sta bene..... Vi anderete un'altra volta.

— Oh quest'è bella! un'altra volta! É una vecchia conoscenza... Marcello che m'invita a pranzo! è cosa abbastanza straordinaria perch'io vada a vederlo in faccia! un'altra volta!... ma son rari come gli ecclissi i pranzi in quella casa là!

— Come voi ci mancate di parola per andar a vedere *questa persona?* disse il giovinotto; — e me lo dite .... a me?

— A chi volete che lo dica? Al Gran Turco? Io credo che ciò non lo riguardi.

— Ma... è una franchezza singolare la vostra.

— Voi sapete bene ch'io non faccio nulla come gli altri, disse Musette.

— Ma cosa pensereste voi di me se vi lasciassi andare? — sapendo dove andate? — Riflettete, Musette, — per me, per voi ciò è sconvenientissimo: — Bisogna che voi facciate le vostre scuse a quest'uomo e che gli diciate che siete impegnata.

— Caro mio signor Maurizio, disse madamigella Musette con fermissima voce; — prima di prendermi voi mi conoscevate; — voi sapevate che io sono piena di capricci, e che mai anima viva me ne ha fatto inghiottir uno.

— Chiedetemi ciò che vorrete,... disse Maurizio... — ma questo poi!... C' è capriccio e capriccio...

— Maurizio, io anderò da Marcello: — vado, aggiunse mettendosi il cappello. — Voi mi lascerete se volete, ma è una cosa più forte di me; — è il miglior ragazzo del mondo, — il solo che io abbia mai amato. — Se il suo cuore fosse stato d' oro egli l' avrebbe fatto fondere per darmi degli anelli. Povero giovane! diss' ella mostrando la sua lettera, — guardate, appena ha un po' di fuoco m' invita ad andarmi a scaldare. — Ah! se non fosse stato sì povero e se nei magazzini non ci fosse velluto e seta! Ero ben felice con lui; egli aveva il talento di farmi soffrire; — fu lui che mi diede il nome di Musette in grazia delle mie canzoni. — Almeno andando a casa sua voi siete certo ch' io ritornerò con voi, — se voi non mi chiudete la porta in faccia.

— Voi non potreste più sinceramente confessarmi, che non m' amate, disse il giovane.

— Andiamo, andiamo, mio Maurizio caro, — voi siete uomo di troppo spirito per voler intavolare una seria discussione su questo oggetto. — Voi mi tenete come si tiene in iscuderia un bel cavallo; — io vi amo..... perchè amo il lusso, il fracasso delle feste, tutto ciò che suona e che brilla; — non facciamo il sentimentale; — sarebbe ridicolo ed inutile.

— Lasciatemi almeno venire con voi.

— Ma voi non vi divertireste affatto, disse Musette, — e ci impedireste di divertirci. — Pensate dunque ch'egli mi abbraccerà quel ragazzo — necessariamente.

— Musette, disse Maurizio — avete trovato spesso gente come me compiacente?

— Signor Visconte, rispose Musette: — un giorno che io passeggiava in carrozza con Lord*** incontrai Marcello ed il suo amico Rodolfo che erano a piedi, mal vestiti tutti due, infangati come cani da pastore e colla pipa in bocca. — Erano tre mesi che non vedevo Marcello; — mi parve che il mio cuore volesse saltar fuori dallo sportello. — Feci fermare la carrozza e parlai una mezz'ora con Marcello in faccia a tutta Parigi che passava là in carrozza. — Marcello mi offrì dei pasticcetti di Nanterre ed un mazzolino di mammole da un soldo, che mi posi sul seno. Quand'egli prendeva congedo da me, Lord*** voleva chiamarlo indietro per invitarlo a pranzo con noi. Io gli feci un bacio per riconoscenza. — Ed ecco lì il mio carattere, caro mio signor Maurizio; — se così non vi piace bisogna dirlo subito; — vado a prendere le mie pantofole e la mia cuffia da notte.

— Dunque è una bella cosa l'esser povero qualche volta! disse il Visconte Maurizio con un'aria piena di invidiosa tristezza.

— Eh!... nò, rispose Musette; — se Marcello fosse stato ricco io non l'avrei abbandonato, mai.

— Andate dunque, disse il giovane stringendole la mano. — Voi avete messo la vostra veste nuova, aggiunse: — essa vi sta divinamente.

— È vero difatti, disse Musette; fu come un presentimento che ebbi stamattina. Marcello ne avrà la primizia. Addio, vado a mangiare un po' di pane benedetto d'allegria.

Quel di Musette aveva una toletta deliziosa: mai più seduttrice legatura aveva coperto il poema della sua bellezza. Del resto Musette possedeva istintivamente il genio dell'eleganza. Venendo al mondo la prima cosa ch'ella dovette cercare collo sguardo fu certo uno specchio per accomodarsi intorno le fasce e prima d'andare al battesimo ella aveva già commesso il peccato della civetteria.

Quando la sua posizione era delle più umili, quando ell'era ancora condannata alle vesti di percallo stampato, alle cuffiette, alle scarpe di pelle di capra, ella portava questa povera e semplice uniforme delle *grisette*, in modo incantevole. — Queste belle ragazze metà api, metà cicale, che lavorano cantando tutta la settimana, non chiedono a Dio che un pò di sole la domenica, fanno volgarmente l'amore col cuore e si gettano qualche volta dalla finestra È una razza che va ora scomparendo, grazie alla presente generazione di giovinotti; — generazione corrotta e corrompitrice, ma più d'ogni altra cosa sciocca, vanagloriosa e brutale. — Pel diacere di fare dei cattivi paradossi essi hanno deriso queste povere creature per le loro mani guaste dalle sante cicatrici del lavoro, ed esse non guadagnarono più abbastanza da comperarsi la farina di mandorle — Poco a poco essi riuscirono ad inocular loro la loro stupidità, loro vanagloria, ... ed allora la *grisette* incominciò a scomparire .... ed allora nacque la *lorette*, razza ibrida, caricature impertinenti, bellezze mediocri, metà carne e metà unguenti, i cui gabinetti sono un banco dove esse vendono al dettaglio il loro cuore, come delle fette di roastbeef. La maggior parte di queste donne, che disonorano il piacere e che sono la vergogna della moderna galanteria, non hanno spesso neppure l'intelligenza delle bestie delle quali hanno sul cappello le piume. — Se per caso succede ch'esse abbiano, non dirò un'amore, neppure un capriccio, ma un volgare desiderio, si è a profitto di qualche ciarlatano ordinario, che la folla stupida circonda nei pubblici balli, cortigiani di tutte le ridicolaggini, che i giornali decantano coi loro avvisi.

Quantunque Musette fosse costretta a vivere in simili società ella non ne aveva preso nè le abitudini, nè i modi; — ella non aveva la cupida servilità ordinaria in queste creature che non sanno legger altro che Barème e non sanno scrivere che in cifra. Ell'era una ragazza di spirito ed intelligente che aveva nelle vene alcune goccie del sangue di Manon; — ribelle a tutto ciò che è forzato, non aveva mai saputo resistere ad un capriccio, qualunque fossero per esserne le conseguenze.

Marcello era stato veramente il solo uomo ch'ella avesse amato: — egli era stato per lo meno l'uomo pel quale ella aveva sofferto davvero: — c'era proprio voluta tutta l'ostinazione degli istinti che l'attiravano verso = *tutto ciò che brilla e che risuona* = per obbligarla a lasciarlo. Ella aveva vent'anni e per lei il lusso era quasi una quistione di salute. Poteva farne a meno per qualche tempo, ma rinunziarvi del tutto impossibile. Conoscendo la propria incostanza ella non aveva mai voluto acconsentire a mettere al suo cuore il chiavistello d'un giuramento di fedeltà. Ella era stata ardentemente amata da molti giovanotti, pei quali aveva avuto dei capricci anche forti, — aveva sempre trattato con tutti con una probità piena di previdenza; — gli impegni che assumeva erano semplici, franchi, rozzi come le dichiarazioni d'amore dei paesani di Molière — Voi mi volete bene ed io altresì ve ne voglio: — tocchiamoci la mano, e facciamo le nozze — Se ella avesse voluto avrebbe potuto farsi dieci volte una stabile posizione, ciò che si chiama un'avvenire; — ma la spensierata non crede molto all'avvenire ed a questo riguardo professava lo scetticismo di Figaro.

— Il domani, ella diceva — è una fatuità del calendario; — è un pretesto cotidiano inventato dalli uomini per non fare oggi i loro affari — il domani è forse un terremoto. — Oggi è la terra ferma; alla buon ora!!

Un giorno un galantuomo col quale ella aveva vissuto sei mesi e che si era perdutamente innamorato di lei le propose seriamente di sposarla. Musette gli gettò in faccia un'immenso scoppio di riso udendo simile proposta.

— Io mettere in prigione la mia libertà in un contratto di matrimonio, mai!....

— Ma io passo tutta la mia vita tremando di perdervi!....

— Voi mi perdereste ben più se fossi vostra moglie, rispose Musette. — Non parliamo di simili cose, — d'altronde io non sono libera, diceva pensando senza dubbio a Marcello.

Così ella traversava la sua giovinezza, lasciando sventolare lo spirito a tutti i venti dell'imprevidenza, facendo felici molti e rendendo quasi felice sè stessa. — Il Visconte Maurizio, col quale ella era adesso, aveva molto da fare per assuefarsi a questo indomabile carattere ubbriaco di libertà: — egli aspettò il ritorno di Musette con una impazienza ossidata di gelosia.

— Starà ella là? si domandava il giovanetto tutta la sera, immergendosi nel cuore questo punto d'interrogazione.

Dal canto suo Musette diceva:

— Quel povero Maurizio! egli trova un pò violenta la cosa!...... Ah bah! bisogna educare la gioventù.

Ed il di lei spirito passando d'un balzo ad *altri esercizii*, ella pensò a Marcello dal quale si recava, e passando in revista la memoria che il nome del suo antico adoratore svegliava in lei, essa si domandava per qual miracolo si era messa la tovaglia in quella casa.

Camminando rilesse la lettera che le aveva scritto l'artista e non potè a meno d'esserne un pò afflitta. Ma non lo fu che un minuto — Musette pensò che ora era tutt'altro che il momento di rattristarsi; — e siccome in quel punto il vento si mise a soffiare, ella disse, fra sè.

— È strano! se anche non ci volessi andare il vento mi vi spingerebbe.

E continuò il suo cammino affrettando il passo, allegra come un'uccello che rivola al suo nido primiero.

Tutt'ad un tratto incominciò a nevicare a larghe falde: — Musette cercò cogli occhi una carrozza: — e non ne vide. — Trovandosi ella in quel momento proprio nella contrada dove abitava la sua amica signora Sidonia — quella che le aveva mandato la lettera di Marcello — pensò di salire un momento da lei per aspettare che il tempo la permettesse di continuare il suo viaggio.

Allorchè Musette entrò da Sidonia ella vi trovò numerosa società — Si continuava a giuocare un lanzinetto, incominciato da tre giorni.

— Non incomodatevi, disse Musette — non faccio che entrare ed uscire.

— Hai ricevuto la lettera di Marcello? le domandò all'orecchio Sidonia.

— Sì, rispose Musette — grazie: vado da lui. Egli m'invita a pranzo. — Vuoi venire anche tu? Ti divertirai molto.

— Nò, — non posso, disse Sidonia, mostrando la tavola da giuoco — è il mio fitto?

— C'è sei luigi, disse il banchiere che dava le carte.

— Ne faccio andar due? disse Sidonia.

— Io non sono orgoglioso, disse il banchiere che aveva già passato più volte: — vada per due. — Re ed asso. — Son servito! diss'egli facendo cader le carte: — tutti i re son morti.....

— Qui non si parla di politica, disse un giornalista.

— E l'asso, continuava il banchiere — è il nemico della mia famiglia: — e voltò un altro re. — Viva il re! egli sclamò — Sidonia mia cara datemi due luigi.

— Mettili nella tua nota, disse Sidonia furente d'aver perduto.

— Così sono 500 franchi che mi dovete, mia bella, disse il banchiere. — Arriverete fino a mille. — Passo la mano.

Sidonia e Musette parlavano sottovoce — e la partita continuava.

Circa la stess'ora i boemi si mettevano a tavola. — Durante tutto il pasto Marcello parve inquieto; — lo si vedeva trasalire ogni volta che si udiva un rumore per le scale.

— Cos'hai? domandava Rodolfo: — si direbbe

che aspetti qualcheduno. — Non siamo noi in numero completo?

Ma il poeta, ad uno sguardo lanciatogli dall'artista, capì qual fosse la preoccupazione del suo amico.

— È vero, — egli pensò — il nostro numero non è completo.

L'occhiata di Marcello significava Musette, quella di Rodolfo voleva dire Mimì.

— Mancano le donne, disse Schaunard tutto ad un tratto.

— Sacrebleu! urlò Colline, — vuoi tacere colle tue riflessioni libertine? si è convenuti che non si debba parlar d'amore; — esso fà andar a male le salse.

E gli amici ricominciarono a bere più allegramente — e la neve di fuori cadeva sempre, — e nel focolare la legna abbruciava schioppettando dei fuochi artificiali di scintille.

Nel momento in cui Rodolfo cantarellava ad alta voce il ritornello d'una canzone trovata allora in fondo al suo bicchiere furono battuti alcuni colpi alla porta.

A questo fracasso Marcello già assopito da un principio d'ebbrezza s'alzò precipitosamente e corse ad aprire, come il palombaro che con un colpo di piede rimonta alla superficie dell'aqua.

Non era Musette.

Apparve sulla soglia un signore. — Egli aveva in mano una cartolina. — Il suo aspetto non era disaggradevole, — ma la sua veste da camera era fatta assai male.

— Vi trovo in buone disposizioni, diss'egli vedendo la tavola in mezzo alla quale giaceva il cadavere d'un colossale gigot.

— Il padrone di casa!!!! disse Rodolfo: — gli si facciano i dovuti onori — E si mise a battere il tamburo sul suo piatto con forchetta e coltello.

Colline gli diede la sua sedia; — Marcello sclamò:

— Andiamo, Schaunard, — un bicchiere pulito pel signore. — Voi arrivate proprio a tempo, disse Marcello al padrone di casa: — noi stavamo facendo un brindisi alla possidenza! Il mio amico, là, il Sig. Colline, diceva delle cose commoventissime. — Giacchè siete qui egli ricomincierà per farvi onore. — Da capo, Colline.

— Perdono, signori miei; — disse il padrone di casa: — non vorrei disturbarvi...... e spingeva la cartolina che aveva in mano.

— Cos'è questo stampato? interrogò Marcello.

Il padrone di casa che aveva dato una occhiata da inquisitore alla camera, vide l'oro e l'argento rimasto sul camino.

— É la ricevuta della pigione, diss'egli in fretta. — Ho già avuto l'onore di farvela portare una volta.

— Difatti, rispose Marcello; — la mia fedele memoria mi rammenta questo dettaglio: — era un venerdì, — l'8 Ottobre, — a mezzodì ed un quarto, — va benissimo.

— È firmata, — continuò il padrone di casa: e se non v'incomoda.....

— Signore, disse Marcello, — avevo intenzione di venire da voi; — ho bisogno di parlarvi a lungo.

— Tutto ai vostri comandi...

— Fatemi il favore di prendere qualche cosa, continuò Marcello obbligandolo a bere un bicchiere di vino. — Signore, continuava — voi m'avete mandato ultimamente una carta con una immagine rappresentante una signora con una bilancia in mano. Questo messaggio aveva la firma Godard.

— È il mio usciere, disse il padrone.

— Egli ha una scrittura molto brutta, disse Marcello. — Il mio amico, che conosce tutte le lingue, continuava egli indicando Colline, ha avuto la bontà di tradurmi quel dispaccio, il cui porto costa cinque franchi...

— Era una disdetta, disse il padrone; — una misura di precauzione..... è l'usanza.

— Una disdetta, appunto, disse Marcello. — Volevo vedervi per avere una conferenza circa questo atto, — che io vorrei cambiare in una investitura. — Questa casa mi piace: — la scala è pulita, — la contrada è allegra, — e poi alcune ragioni di famiglia, mille cose mi attaccano a queste mura.

— Ma, disse il padrone, mostrando di nuovo la sua cartolina: — c'è l'ultima rata da liquidare.

— Noi la liquideremo, signore: — questo è il mio intimo pensiero.

Intanto il padrone di casa non toglieva gli occhi dal camino dove stava il denaro; — la fissazione attrattiva del suo sguardo pieno di desiderii era tale, che le monete sembrava si muovessero e venissero verso di lui.

— Sono felice d'arrivare in un momento, in cui senza incomodarvi possiamo saldare questo contarello, — diss'egli offrendo a Marcello la ricevuta, e l'artista non potendo parar l'attacco, rinculò ancora una volta e ricominciò col suo creditore la scena di Don Giovanni col signor Domenico.

— Voi avete, credo, dei beni in provincia? domandò.

— Oh poca cosa! disse il padrone: — una casetta in Borgogna, una masseria; poca cosa: cattiva rendita: — i fittabili non pagano. — Perciò, — aggiunse egli sporgendo sempre la sua ricevuta, — questo piccolo incasso giunge a proposito. — Sono 60 franchi, come sapete.

— Si, sessanta, — disse Marcello andando verso il camino sul quale prese tre monete d'oro. — Noi diciamo sessanta, — e pose sul tavolo i tre luigi, — ma ad una certa distanza del padrone di casa.

— Finalmente, disse questi fra sè, ed il suo volto si rischiarò: egli pure depose sulla tavola la sua ricevuta.

Schaunard, Rodolfo, Colline osservarono inquieti quella scena.

— Parbleu! signor mio disse Marcello — poichè siete Borgognone non sdegnerete di dir due parole ad un compatriota.

E facendo saltare il turacciolo d'una bottiglia di Macon vecchio, ne versò un bicchier pieno pel padrone.

— Ah! buonissimo, disse questi. — Non ne bevvi mai di migliore.

— È uno zio che ho da quelle parti, il quale me ne manda qualche canestro di tanto in tanto.

Il padrone di casa s'era alzato e stendeva la mano verso il denaro posto dinnanzi a lui, allorchè Marcello lo fermò di nuovo.

— Non rifiutate di darmi soddisfazione ancora una volta, — diss'egli versando ancora da bere ed obbligando il creditore a trincare con lui e coi tre boemi.

Il padrone non ardì ricusare. — Bevve di nuovo, depose il suo bicchiero e un'altra volta si disponeva a prendere il denaro, allorchè Marcello esclamò:

— Mi viene un'idea, signore! — io sono un po' ricco in questi giorni. Il mio zio di Borgogna mi ha mandato un supplemento alla mesata, ed ho paura di dissipare questo denaro: — voi sapete, la gioventù è pazza. Se non vi dispiace vi pagherò una rata anticipata. — E prendendo sessanta altri franchi in scudi li aggiunse ai luigi che stavano sulla tavola.

— In tal caso, disse il padrone di casa, — vi farò una ricevuta anche per la rata di fitto che scadrà. Ne ho qui in saccoccia bell'e in bianco, disse egli tirando fuori il suo portafogli. — La riempio e la antidaterò. — Ma, quest'inquilino è un angelo, — pensava egli guatando i cento venti franchi.

A questa proposizione i tre boemi, che non capivano più nulla della diplomazia di Marcello rimasero stupefatti.

— Ma questo camino fuma, e ciò è assai incomodo.

— Perchè non avvertirmene? Avrei fatto chiamare il fumista, disse il proprietario, che non voleva esser debitore di gentilezza. — Domani farò venire gli operai.

Ed avendo finito di riempire la seconda quietanza, ei la pose colla prima, le spinse tutte due davanti a Marcello ed avvicinò di nuovo la mano alla pila di denaro.

— Voi non potete figurarvi come arriva a proposito questa somma, diss'egli. — Ho dei conti da pagare per alcune riparazioni fatte alla casa e non sapevo come fare.

— Mi dispiace assai d'avervi fatto aspettare alquanto, disse Marcello.

— Oh non avevo paura... signori!... ho l'onore...

E la sua mano s'avvicinava ancora.

— Oh oh! permettetemi, disse Marcello; non abbiamo finito ancora. — Voi sapete il proverbio: — Quando il vino è versato... — ed egli riempie di nuovo i bicchieri.

— .... bisogna berlo, disse il padrone: — è giusto: — e si sedette di nuovo per civiltà.

Questa volta i boemi ad un'occhiata di Marcello capirono qual fosse il suo scopo.

Intanto il padron di casa incominciava a girar gli occhi in un modo straordinario. Egli si dondolava sulla sedia, — parlava di cose allegre, e prometteva a Marcello, che gli domandava alcune riparazioni, abbellimenti favolosi.

— Avanti l'artiglieria grossa! disse sottovoce l'artista a Rodolfo, indicando una bottiglia di Rhum.

Dopo il primo bicchierino il padrone di casa cantò con Schaunard una canzone indecente.

Dopo il secondo raccontò le sue disgrazie conjugali: — e siccome la sua sposa aveva nome Elena, egli si paragonò a Manelao.

Dopo il terzo egli ebbe un'accesso di filosofia ed emise degli aforismi di questo genere:

» La vita è un fiume.
» La ricchezza non fà la felicità.
» L'uomo è effimero.
» Oh! com'è dolce l'amore!

E prendendo per confidente Schaunard egli gli raccontò una sua relazione clandestina con una ragazza ch'egli aveva messo nel mògano — e che si chiamava Eufemia. — Egli fece un ritratto così dettagliato di quella ragazza dalle innocenti tenerezze, che Schaunard incominciò ad essere tormentato da un crudele sospetto, il quale diventò una certezza allorchè il padrone di casa gli mostrò una lettera che prese nel suo portafogli.

— Oh Cielo! sclamò Schaunard vedendo la firma. — Crudel fanciulla! tu mi immergi un pugnale nel cuore.

— Cos'ha? Cos'ha?.... sclamarono i boemi sorpresi da questo linguaggio.

— Guardate, disse Schaunard; — questa lettera è di Femia, guardate questo sgorbio che serve di firma..

Ed egli fece circolare la lettera della sua antica amante: — essa incominciava così:

« Mio grosso louf louf! »

— Sono io il suo grosso louf-louf, disse il padrone di casa tentando di alzarsi, senza riuscirvi.

— Benissimo! disse Marcello che lo stava osservando. L'àncora l'ho gettata.

— Femia! Femia crudele! — mormorava Schaunard; — tu mi fai soffrire......

— Le ho ammobigliato un bel mezzanino in contrada Coquenard, al N. 12, — diceva il padrone di casa. — É bellino, bellino!.. mi ha costato caro, per esempio... Ma l'amor sincero non ha prezzo, e poi ho venti mila franchi di rendita... — Ella mi chiede del denaro, continuava riprendendo la lettera. Poverina mia!.. le darò quel lì.. le farà piacere.. e stese la mano verso il denaro preparato da Marcello.

— Oh bella! diss'egli stupito tastando sul tavolino: — dov'è?....

Il denaro era scomparso.

— É impossibile che un galantuomo si presti a tali colpevoli maneggi, disse Marcello. — La mia coscienza e la morale mi proibiscono di versare nelle mani di questo vecchio libertino il prezzo della mia pigione. — Non pagherò la rata scaduta, ma non avrà almeno rimorsi — Quali costumi! un'uomo si calvo!!...

Intanto il padrone di casa finiva di mandarsi a picco: — egli faceva insensati discorsi alle bottiglie.

Siccome egli era assente da due ore, sua moglie inquieta mandò la serva a cercarlo, e questa vedendolo così brillo diede in grandi schiamazzi.

— Cos'avete fatto al mio padrone? ella domandò ai boemi.

— Nulla, disse Marcello. — Egli è venuto sù poco fa per chiedermi la pigione; — e siccome io non aveva denaro gli ho domandato una dilazione.

— Ma egli si è ubbriacato, disse la serva.

— Il più era già fatto, rispose Rodolfo: — quando egli venne qui ci disse che era stato a mettere in ordine la cantina.

— Egli era sì poco in sè, continuò Colline — che voleva lasciarci le ricevute senza ricever denaro.

— Datele a sua moglie, — aggiunse il pittore restituendo le quietanze — noi siamo galantuomini e non vogliamo approfittare del suo stato.

— Oh Dio mio! che dirà la signora! — disse la serva trascinando via il padrone di casa che non poteva stare in piedi.

— Finalmente! — sclamò Marcello.

— Egli ritornerà domani, disse Rodolfo: ha veduto denaro.

— Quand' egli ritornerà, — disse l'artista, — lo minaccerò di raccontare a sua moglie la sua relazione colla giovine Femia: — egli mi accorderà una dilazione.

Quando il proprietario fu uscito i quattro amici si rimisero a bere e fumare. — Marcello solo aveva conservato un sentimento di lucidità nella sua ebbrezza. — Ad ogni momento e ad ogni fracasso ch'egli udiva sù per le scale egli correva ad aprire la porta. — Ma coloro che salivano si fermavano sempre ai piani inferiori; — allora l'artista ritornava lentamente a sedere accanto al suo fuoco. Mezzanotte suonò — e Musette non era venuta. — Ma,.... — pensava Marcello, — fors'ella non era in casa quando le portarono la mia lettera. — Ella la troverà stassera andando a casa, e verrà domani; — ci sarà ancora del fuoco. — É impossibile che ella non venga. — Basta; — a domani.

E s'addormentò accanto al fuoco.

Nel punto stesso in cui Marcello s'addormentava, — sognando di lei, — madamigella Musette usciva dalla casa della sua amica Sidonia dove s'era fermata fino a quell'ora. — Musette non era sola; — l'accompagnava un giovinotto; — una vettura stava alla porta: — vi salirono entrambi, — e la vettura partì di galoppo.

La partita al lanzinetto continuava in casa di Sidonia.

— Dov'è Musette? domandò qualcuno.

— E Serafino dov'è andato? disse un'altro.

La Signora Sidonia si mise a ridere.

— Sono fuggiti insieme, — diss'ella, — Ah! è una storia curiosa. — Che singolare creatura è quella Musette!! — Figuratevi che:

Ed ella raccontò alla società come Musette, dopo essere andata quasi in collera col Visconte Maurizio, s'era messa in viaggio per andare da Marcello, come era salita un momento da lei, come vi avesse incontrato il piccolo Serafino ecc. ecc.

— Oh! sospettava ben qualche cosa, io, — disse Sidonia interrompendo il suo racconto; — li osservai tutta sera; — non è sciocco quel piccolo fantoccino! — Insomma se ne andarono senza dir nulla, e bravo chi li piglia! — Ma però è strano, quando si pensa che Musette è pazza pel suo Marcello.

— Se ella ne è pazza, perchè si perde con Serafino? un bambino, quasi! egli non ebbe mai un amica, — disse un giovanotto.

— Musette gli vuole insegnar a leggere, disse il giornalista che era molto asino quando perdeva.

— Pure, è vero, ripetè Sidonia, — dal momento ch'ella ama Marcello, perchè attaccarsi a Serafino? Non la capisco.

. . . .

I boemi senza uscir mai di casa menarono la più allegra vita del mondo per cinque giorni. — Stavano a tavola dalla mattina alla sera — Un disordine ammirabile regnava nella camera, piena d'una atmosfera pantagruelica. — Un' armata di bottiglie di diversi formati era sdrajata sur un banco di scaglie d'ostriche. — La tavola era carica di avanzi d'ogni natura, ed una foresta abbruciava nel camino.

Il sesto giorno Colline, che era l'ordinatore della cerimonia, — scrisse, come faceva tutti gli altri giorni, la nota della colazione, del pranzo, della merenda, e della cena, e la sottopose all'esame dei suoi amici, i quali la firmarono tutti in segno della loro approvazione.

Ma quando Colline aprì il cassetto che serviva di cassa e volle prendere il denaro necessario pelle spese della giornata, — egli indietreggiò due passi e diventò giallo come lo spettro di Banco.

Cosa c'è? domandarono con indifferenza gli altri.

— C'è, — che non c'è più che trenta soldi! rispose il filosofo.

— Diavolo,......diavolo, dissero gli altri: — saremo forzati a far dei cambiamenti alla nostra nota. — Pure,... trenta soldi bene impiegati!...... ma ad ogni modo non potremo avere un fagiano!.. peccato!

Pochi minuti dopo la tavola era pronta. — Eranvi serviti tre piatti con molta simmetria:

Un piatto di aringhe;

Un piatto di pomi di terra;

Un piatto di formaggio.

Nel camino fumavano due ceppi, — grossi come un pugno.

Fuori nevicava sempre.

I quattro boemi si misero a tavola e spiegarono gravemente i loro tovaglioli.

— È strano, diceva Marcello; — questa aringa ha il sapore del fagiano.

— Dipende dal modo col quale l'ho accomodata io, rispose Colline. — L'aringa fu sempre calunniata finora.

In quel momento una allegra canzone saliva le scale, — e venne a battere la porta. — Marcello corse ad aprire.

Musette gli saltò al collo, — e lo tenne abbracciato cinque minuti. — Egli la sentiva tremare nelle sue braccia.

— Cos'hai? le domandò egli.

— Ho freddo, disse macchinalmente Musette — avvicinandosi al fuoco.

— Ah, disse Marcello, — noi avevamo un sì bel fuoco!

— Sì, disse Musette guardando i resti del festino che durava da cinque giorni; — arrivo troppo tardi.

— Perchè? disse Marcello.

— Perchè?... rispose ella arrossendo un pò, — e si assise sulle ginocchia di Marcello; — ella tremava e le sue mani erano violacee.

— Tu non eri libera dunque? le disse Marcello sottovoce.

— Non libera!! io!! gridò la bella fanciulla. — Oh Marcello! — Sarei seduta in mezzo alle stelle nel paradiso del buon Dio, che, se tu mi facessi un segno, — io scenderei fra le tue braccia. — Non libera, io!! e si rimise a tremare.

— Qui ci sono cinque sedie, disse Rodolfo — è un numero dispari, — senza contare che la quinta è d'una forma ridicola.

E rompendo la sedia contro il muro egli ne gettò i pezzi sul camino. — Il fuoco risuscitò subito in fiamma chiara ed allegra: — poi facendo un segno a Colline ed a Schaunard, il poeta li conduceva via con lui.

— Dove andate voi altri? domandò Marcello.

— Andiamo a comperar del tabacco: risposero.

— All'Avana, — aggiunse Schaunard facendo un segno d'intelligenza a Marcello, che lo ringraziò con un'occhiata.

— Perchè non sei venuta prima? domandò egli di nuovo a Musette quando furono soli.

— È vero: ho tardato un pò.....

— Cinque giorni — per traversare il Ponte Nuovo: — sei dunque passata dei Pirenei?

Musette chinò il capo e restò muta.

— Oh! cattiva ragazza! — ripigliò melanconicamente l'artista battendo colla sua mano leggermente il corsetto della sua amica, cos'hai qui sotto?

— Tu lo sai bene, rispose ella in fretta.

— Ma cos'hai fatto dacchè ti ho scritto?

— Non m'interrogare! disse Musette abbracciandolo; — non mi domandar nulla; — lasciami scaldare vicino a te mentre fà freddo. — Vedi? — avevo messo la mia veste più bella per venire da te... Quel povero Maurizio, egli non capiva nulla allorchè partii per venir qui; — ma non potevo resistere... Mi sono messa in viaggio — Il fuoco fa bene, diss'ella accostando la sua manina alla fiamma — Starò qui fino a domani, — lo vuoi?

— Farà ben freddo quà dentro, — rispose Marcello, — e noi non abbiamo da pranzo. — Sei venuta troppo tardi.

— Ah bah! disse Musette; — così rassomiglierà dippiù il tempo passato.

. . . .

Rodolfo, Colline e Schaunard impiegarono 24 ore per andar a pigliare il tabacco. — Allorchè tornarono, Marcello era solo.

Il Visconte Maurizio vide ritornare Musette dopo sei giorni di assenza.

Egli non le fece rimprovero alcuno, solo le domandò perchè ell'era sì melanconica.

— Ho avuto una disputa con Marcello, — diss'ella — noi ci siamo lasciati male.

— Eppure, chi sà? — disse Maurizio: — voi tornerete là ancora.

— Che volete? disse Musette: — di tanto in tanto ho bisogno d'andar a respirare l'aria di quella vita là. — La mia esistenza è una canzone: — ciascuno dei miei amori è una strofa, — ma Marcello è il ritornello.

CAPITOLO XIX.

MIMI HA DELLE PIUME.

I.

» Eh! nò, nò, nò, voi non siete più Lisetta. — Eh! nò, nò, nò, voi non siete più Mimì.

» Oggi voi siete la Signora Viscontessa; dopo domani forse voi sarete la Signora Duchessa, — poichè voi avete messo il piede sulla scala della grandezze; — la porta dei vostri sogni finalmente s'è aperta a due battenti dinanzi a voi, — e voi ci entrate vittoriosa e trionfante. — Io lo sapevo bene che una volta o l'altra avreste finito così! — del resto ciò doveva succedere ; — le vostre bianche mani erano fatte per l'ozio, e da lungo tempo esse chiamavano ad alta voce l'anello d'una alleanza aristocratica. — Finalmente voi avete un blasone! Ma noi preferiamo ancora quello che la gioventù dava alla vostra bellezza, la quale coi vostri occhi azzurri e col vostro pallido viso sembrava inquartata di azzurro in campo di giglio. — Nobile o plebea voi eravate sempre leggiadra, state quieta: — io vi ho bene riconosciuto l'altra sera quando voi passavate per istrada: — piede leggero e calzato finamente; — voi colla vostra mano ajutavate il vento nel sollevare i *volanti* della vostra veste nuova, — un pò per non sporcarla — molto per lasciar vedere le vostre sottane ricamate e le vostre calze trasparenti. Voi portavate un cappello di stile meraviglioso, anzi voi sembravate sprofondata in una profondissima inquietudine circa il ricco velo di merletto, ondeggiante su quel cappello. — Grave imbarazzo davvero! — Si trattava di sapere se era meglio portarlo, quel velo, alzato od abbassato. — Portandolo abbassato, voi correvate il rischio di non essere conosciuta da quegli amici che avreste potuto incontrare, i quali certamente vi sarebbero passati accanto dieci volte senza sospettare che quella ricca sopraccoperta nascondeva madamigella Mimi. — Da un'altro lato, portandolo rilevato era desso che arrischiava di non essere veduto, ed allora a che valeva l'averlo? — Voi avete sciolta la difficoltà con molto spirito abbassando ed alzando ad ogni dieci passi quel meraviglioso tessuto, compilato certamente in quel paese di arcani che chiamano Fiandra; — esso solo costò più caro di tutta l'antica vostra guardaroba. — Ah! Mimi... perdono... signora Viscontessa! — Voi vedete che io aveva ben ragione quando vi diceva: — Abbiate pazienza: — non disperate: — l'avvenire è pregno di cachemire, di astucci brillanti, di cenette etc. etc. etc. — Voi non volevate credermi, scettica! — Ebbene! le mie predizioni si sono avverate però, ed io valgo almeno, spero, il vostro *Oracolo* delle *Dame*, un piccolo mago in diciottesimo, che voi comperaste per cinque soldi da un venditore di libri vecchi sul Pout Neuf e che voi stancavate colle vostre continue interrogazioni. — Non avevo io ragione, lo ripeto, colle mie profezie? — mi crederete adesso se vi dico che voi non vi fermerete lì; — se vi dicessi che dando attentamente ascolto, sento già sorgere dal profondo del vostro avvenire lo scalpito ed i nitriti di cavalli attaccati ad un *coupè* bleu, condotto da un cocchiere in parrucca, che abbassando il predellino davanti a voi, vi domanda; — Dove và la Signora? — Mi crederete voi se vi dicessi che più tardi — oh il più tardi possibile gran Dio! — raggiungendo la meta di quell'ambizione che voi avete accarezzata per tanto tempo, — voi terrete una pensione a Belleville ed a Batignolles; — che voi sarete corteggiata da vecchi militari e da pensionati Cupidi, che verranno a casa vostra a giuocare clandestinamente al lanzinetto ed al maccao... — Ma prima di arrivare a quell'epoca in cui il sole della vostra giovinezza già sarà tramontato, credetemi ragazza mia, — voi consumerete ancora molte braccia di velluto e di seta: — molti patrimonii si liquefaranno nel crogiuolo dei vostri capricci; — voi avvizzirete molti fiori sulla vostra fronte, molti sotto i vostri piedi; — voi cambierete molte volte di stemma. — Uno alla volta si vedranno brillare sul vostro capo la benda delle baronesse — la corona delle contesse — il diadema perlato delle marchese; voi prenderete per motto

— *Incostanza* — e voi saprete soddisfare, secondo il capriccio od il bisogno — ciascuno a sua volta ed anche tutti in una volta — tutti quei numerosi adoratori, che verranno a fare la coda nella anticamera del vostro cuore, come si fa la coda alla porta di un teatro dove si rappresenta una commedia in voga. — Andate, dunque — camminate diritto davanti a voi, lo spirito sciolto dalle memorie, rinpiazzate dall'ambizione: — andate! la strada è bella, e noi ve la desideriamo molle ai piedi; — ma noi vi auguriamo specialmente che tutte queste grandezze e queste belle tolette non divertino troppo presto il lenzuolo nel quale si seppellirà la vostra allegria. »

Così parlava il pittore Marcello alla giovane madamigelle Mimì, ch'egli incontrava tre o quattro giorni dopo il di lei secondo divorzio col Poeta Rodolfo. — Benchè egli avesse fatto ogni sforzo per mettere una sordina agli scherzi che infioravano il suo oroscopo, madamigella Mimì non si lasciò ingannare dalle parole di Marcello; — ella comprese benissimo, che egli — poco rispettoso pel nuovo di lei titolo — l'aveva messa in ridicolo a oltranza.

— Voi siete cattivo con me, Marcello, disse madamigella Mimì: — fate male: io sono stata sempre buona per voi quando ero l'amica di Rodolfo; — ma se l'ho abbandonato in fin dei conti è colpa sua. — È lui che mi ha congedato e senza dilazione quasi; — e poi come mi ha egli trattato gli ultimi giorni che passai con lui? oh ero ben infelice, vedete! — Voi non sapete, voi, che uomo era Rodolfo! — un carattere impastato di collera e di gelosia, che mi uccideva ad oncia ad oncia — Egli mi amava, lo sò anch'io, ma il suo amore era pericoloso come un'arma da fuoco; — che vita, che ho fatto per quindici mesi! Oh, Marcello, io non voglio dirmi migliore di quel che sono, vedete, ma con Rodolfo ho sofferto assai: — lo sapete bene anche voi, del resto. — Non fu la miseria che me lo fece abbandonare, nò, ve lo giuro: — prima di tutto mi vi era assuefatta — e poi vi ripeto che fu lui che mi scacciò. Egli ha calpestato con tutti due i piedi il mio amor proprio; — mi ha detto che non avevo cuore se continuava a stare con lui; — mi disse che non mi amava più, che bisognava mi cercassi un'altro amante; arrivò perfino ad indicarmi un giovanotto che mi faceva la corte, e colle sue provocazioni egli divenne la lineetta d'unione fra me e quel giovane. — Vissi con colui sì per dispetto, che per necessità, poichè io non l'amava; — voi lo sapete bene, voi; — io non amo gli uomini così giovani; — sono nojosi e sentimentali come fisarmoniche. — Basta, — quel ch'è fatto è fatto, io non me ne pento, e se ci fossi lo farei ancora. Adesso che non sono più con lui e che sà ch'io sono felice con un'altro, Rodolfo è infelice e rabbioso; — qualcuno l'incontrò questi giorni; egli aveva gli occhi rossi. — Ciò non mi sorprende; — io ero certa che succederebbe così e che egli mi correrebbe dietro; — potete dirgli che egli perderà il tempo, e che questa volta è proprio sul serio e davvero. — È un pezzo che voi non lo vedete, Marcello? è vero che è sì cambiato? domandò Mimi con un'altro accento.

— Molto cambiato, difatti, — rispose Marcello — Discretamente cambiato.

— Egli si dispera, è cosa certa: — ma che volete ch'io ci faccia? Peggio per lui! — l'ha voluto; — bisogna finirla, finalmente. — Consolatelo, ... voi.

— Oh oh! disse Marcello tranquillamente; — il più è fatto; — state tranquilla, Mimi.

— Caro mio, voi non dite la verità, rispose Mimi facendo una smorfia ironica: — Rodolfo non si consolerà così presto; — se voi sapeste in che stato l'ho veduto la vigilia della mia partenza! — Era un venerdì; — io non avevo voluto passare la notte in casa del mio nuovo amante, perchè io sono superstiziosa, — e il venerdì è un giorno cattivo.

— Voi avete torto, Mimi; — in amore il Venerdì è un giorno eccellente; — gli antichi lo chiamavano: *Dies Veneris*.

— Io non sò il latino, rispose Mimi continuando. — Tornavo dunque dalla casa di Paolo, e trovai Rodolfo che mi aspettava facendo sentinella in contrada. — Era tardi, — più di mezzanotte, — ed avevo fame, perchè io aveva pranzato male. Pregai Rodolfo d'andar a prendere qualche cosa da cena.
— Egli ritornò una mezz'ora dopo; — egli aveva corso molto per portarmi poco; — pane, vino, del-

le sardelle, formaggio ed un pasticetto di mele. Mentr'egli era fuori io m'ero coricata; — egli mise la tavola presso il letto; io facevo mostra di non guardarlo, ma lo vedevo benissimo; — era pallido come la morte; — aveva i brividi, e girava per camera come un'uomo che non sà cosa vuol fare. — Vide in un canto alcuni involti contenenti i miei stracci; — e quella vista parve che gli facesse male: — vi pose davanti il paraventi per non vederli più. Quando tutto fu in ordine, incominciammo a mangiare; — egli tentò di farmi bere, — ma io non avevo più nè fame, nè sete; — avevo il cuore serrato. — Faceva freddo, perchè noi non avevamo di che accendere il fuoco; e si udiva il vento soffiar nel camino. — Era una casa ben triste! — ci si pose a tavola: — Rodolfo mi guardava, aveva lo sguardo fisso: — pose la sua nella mia mano e la sentii tremare; — ell'era gelata e scottava al tempo stesso.

— È la cena dei funerali del nostro amore, — diss'egli sottovoce.

Io non risposi, ma non ebbi il coraggio di ritirare la mia mano.

— Ho sonno, — gli dissi finalmente: — è tardi — dormiamo.

Rodolfo mi guardò: — per difendermi dal freddo io mi ero messo in testa una delle sue cravatte: — egli mi tolse senza parlare quella cravatta.

— Perchè me la togli? — gli domandai — ho freddo.

— Oh Mimì, — diss'egli allora, — te ne prego — per questa notte mettiti ancora la tua cuffietta a righe: — ciò non ti costerà molto.

Era una cuffia da notte di percallo rigato bianco e bruno. Rodolfo amava molto quella cuffia: — essa gli rammentava alcune belle notti; — era così che noi contavamo i nostri bei giorni. Pensando ch'era l'ultima volta ch'io stava per dormire accanto a lui non ebbi il coraggio di negargli quel capriccio: — mi alzai ed andai a prendere la mia cuffia rigata che era in fondo d'un involto: dimenticai per isbaglio di rimettere a posto il paravento; — Rodolfo se ne accorse, e nascose gli involti, come aveva già fatto.

— Buona sera, mi disse.

— Buona sera, gli risposi. — Io credeva che volesse darmi un bacio e non glielo avrei negato; — ma egli mi prese soltanto la mano, e la portò alle labbra. Voi sapete, Marcello, come era passionato per baciarmi le mani. — Lo sentivo battere i denti: — egli era freddo come il marmo. — Egli mi teneva sempre la mano: — m'aveva posto la testa sulla spalla e poco dopo io era bagnata. — Rodolfo era in uno spaventevole stato. Mordeva le lenzuola per non gridare; ma io udiva i suoi sordi singhiozzi e sentivo le sue lacrime scorrere sulle mie spalle, che esse scottavano dapprima e facevano poi gelare. — In quel momento ebbi bisogno di tutto il mio coraggio; e ce ne volle, ve lo dico io. — Io non avevo a dire che una parola — non avevo che a volgere la testa; la mia bocca avrebbe incontrata la sua e noi ci saressimo rappacificati ancora. — Davvero io credetti un momento ch'egli mi morisse fra le braccia. — o che per lo meno diventasse pazzo, come poco mancò lo diventasse una volta, ve ne ricordate? — Io stavo per cedere, — lo sentivo; — stavo per essere la prima a riavvicinarmi, — per prenderlo fra le mie braccia, — perchè poi bisognerebbe proprio non aver cuore per restare insensibile a simili dolori. — Ma mi ricordai delle parole ch'egli mi aveva detto il dì prima: — Tu non hai cuore se continui a vivere con me, — perchè io non t'amo più — Ah!... il ricordarmi queste durezze io avrei veduto Rodolfo spirante, — non ci sarebbe voluto che un mio bacio per salvarlo, — che avrei voltata la testa e l'avrei lasciato morire. — Finalmente vinta dalla stanchezza m'addormentai a metà: — lo sentiva sempre singhiozzare — e ve lo giuro, Marcello, quel singhiozzo durò tutta la notte: — quando fu giorno e che guardai a quel letto, dove io aveva dormito per l'ultima volta, — a questo amante che stavo per abbandonare per passare fra le braccia d'un altro, — io fui spaventosamente colpita dallo strazio che quest'angoscia faceva della faccia di Rodolfo.

S'alzò anche egli, senza dir nulla; — ei traballava e sembrava cadere ai primi passi che mosse per la camera, tanto egli era debole ed abbattuto. — Pure si vestì presto, e mi chiese dove fossero le cose mie e quando sarei partita — gli risposi che non ne sapeva nulla. — Egli se ne andò — senza dirmi a ben vederci, senza stringermi la mano. — Ecco come ci siamo lasciati. — Che colpo dev'essere stato per lui quando, tornato a casa, non mi trovò più, — eh?

— Ero lì quando Rodolfo ritornò, disse Marcello a Mimì sfiatata d'un sì lungo discorso. — Mentre egli pigliava la chiave dalla portinaja che gli disse:

— La piccina è partita.

— Ah, rispose Rodolfo; — non me ne meraviglio; — me l'aspettava. — E salì in camera sua dove io lo seguii, — poichè io temeva qualche crisi; — ma non successe nulla.

— Siccome ora è troppo tardi per andar a prendere un'altra camera stassera, sarà per domattina, — diss'egli; anderemo insieme. — Adesso andiamo a pranzo.

Credetti volesse ubbriacarsi; m'ingannavo. Pranzammo assai sobriamente da un trattore dove voi andavate qualche volta. Io feci portare del vino di Beaune per istordirlo un pò.

— Era il vino favorito di Mimì, diss'egli; noi ne abbiamo bevuto spesso insieme a questa tavola stessa. — Mi ricordo anzi che un giorno, sporgendomi il suo bicchiere, mi diceva: Versamene ancora: egli mi mette il balsamo in cuore. — Oh ella beveva bene, Mimì.

Vedendolo disposto ad ingolfarsi nei sentieri delle rimembranze io cambiai discorso; e di voi non si parlò più. Passò con me tutta la serata e pareva calmo come il Mediterraneo. — Ciò che più mi stupiva si era che quella calma non aveva nulla di affettato. — Era una sincera indifferenza — A mezzanotte andammo a casa.

— Tu sembri sorpreso della mia tranquillità nella situazione in cui sono, dissemi: lascia che ti faccia un paragone, caro mio, — s'esso è volgare, ha però il merito di essere giusto. — Il mio cuore è come una fontana il cui rubinetto sia stato aperto tutta notte: — alla mattina non vi trovo più dentro una goccia di acqua. — In verità, il mio cuore è così, stanotte ho pianto tutte le lacrime che mi rimanevano. — É strano: io mi credevo più ricco di dolori, e per una notte d'affanno, sono rovinato; sono affatto a secco in parola d'onore! è così. — In questo stesso letto, — in cui la notte passata poco mancò non spirassi l'anima, presso una donna che si mosse quanto un sasso, — ora, — mentre quella donna posa la sua testa sul guanciale d'un'altro uomo, — io vado a dormire come un facchino che ha fatto una buona giornata.

— Commedie, — io pensai, — appena io sarò uscito egli darà del capo nei muri.

— Però lasciai Rodolfo solo e salii in camera mia, ma non mi coricai. — Alle tre del mattino mi parve udire del romore nella camera di Rodolfo: discesi in fretta credendo trovarlo in preda ad una febbre disperata...

— Ebbene? — chiese Mimi.

— Ebbene, cara mia, egli dormiva. — Il letto era quasi appena tocco, e tutto dimostrava che il suo sonno era stato tranquillo, — e che egli non l'aveva troppo aspettato.

— É possibile, disse Mimì; — egli era sì affranto dalla notte precedente; — . . . ma il dì dopo? . . .

— L'indomani egli venne a svegliarmi di buon mattino ed andammo a fissare delle altre camere in un'altro albergo, dove andammo ad abitare la sera.

— E cos'ha fatto lasciando quella camera? domandò Mimì. Che diss'egli abbandonando quelle stanze in cui mi amò tanto?

— Egli ha fatto tranquillamente il suo bagaglio, rispose Marcello; ed avendo trovato in un cassetto un pajo di guanti a rete dimenticati da voi, e due o tre lettere pure vostre . . . .

— Lo sò, disse Mimì con un accento che sembrava dicesse: Le ho lasciate apposta perchè gli restasse ancora in memoria: — Cosa ne ha fatto? diss'ella.

— Mi pare ch'egli abbia gettato le lettere sul fuoco ed i guanti fuori della finestra: — ma senza gesti da teatro, senza posare; — così, — tranquillamente come si fa quand'uno si sbarazza di un oggetto inutile.

— Mio caro signore vi giuro che dal fondo del cuore desidero che questa indifferenza sia durevole.

— Ma vi ripeto anche una volta, — sicuramente, — là, — che io non credo ad una sì rapida guarigione; ad onta di quanto mi dite io sono convinta che il mio povero poeta ha il cuore infranto.

— Può darsi, rispose Marcelle prendendo congedo da Mimi; — però, mi inganno assai, credo che anche i frantumi sono ancora eccellenti.

Durante questo colloquio in sulla pubblica via il signor Visconte Paolo aspettava la sua novella amante, la quale arrivò troppo tardi, e che fu perfettamente sgarbata col signor Visconte. Egli si accosciò ai suoi piedi e le tubò la sua romanza favorita, cioè: — che ell'era ben bella, pallida come la luna, dolce come un montone, ma ch'egli l'amava specialmente per la bellezza delle sue manine.

— Ah? pensava Mimi; sciogliendo le onde dei suoi capelli neri sulla neve delle sue spalle; — il mio Rodolfo non era tanto esclusivo!

II.

Come Marcello l'aveva detto, Rodolfo sembrava guarito radicalmente del suo amore per Mimi, e tre o quattro dì dopo la sua separazione si vide comparire il poeta metamorfosato affatto. Egli era vestito con una eleganza, che doveva renderlo irriconoscibile perfino pel suo specchio. — Del resto nulla in lui non sembrava far temere che avesse l'intenzione di precipitarsi negli abissi del nulla, — come madamigella Mimi ne spargeva la voce con ogni sorta di dolenti ipocrisie. — Rodolfo era difatti perfettamente tranquillo; — egli ascoltava senza commoversi il racconto che gli facevano della nuova e sontuosa esistenza della sua amica; la quale si divertiva a fargli dare ragguagli sul di lei conto da una donna, che le era stata sempre fida, e che aveva occasione di veder Rodolfo quasi ogni sera.

— Mimi è assai felice col Visconte Paolo, dicevano al Poeta: — ella pare ne sia pazzamente innamorata: — la tormenta una cosa sola, ed è che voi non andiate a disturbar la sua tranquillità con delle persecuzioni, che del resto sarebbero pericolose per voi, perchè il Visconte adora la sua amica, ed ha due anni di scuola di scherma.

— Oh oh! rispondeva Rodolfo: — ch'ella dorma pure tranquilla: — io non ho alcuna voglia d'andare a versar dell'aceto nel dolciume della sua luna di miele. — Quanto poi al giovine suo amico egli può lasciar dormire la sua daga appesa al suo chiodo, come *Gastilbelza*, — l'uomo dalla carabina.
— Io non desidero alcun male ad un gentiluomo che ha ancora la fortuna di essere a balia dalle illusioni.

— E siccome non mancano di riferire a Mimi la attitudine colla quale il suo antico amante riceveva tutti questi dettagli, ella non dimenticava di rispondere.

— Bene, bene; — fra qualche giorno si vedrà cos'è tutta sta roba.

Intanto e più d'ogni altro Rodolfo era egli stesso meravigliato di questa subita indifferenza, la quale senza passare pei transiti ordinarii della tristezza e della melanconia succedeva alle tempestose burrasche, che l'agitavano alcuni dì prima soltanto. — L'oblio, sì lento ad arrivare, specialmente pei desolati d'amore: — l'oblio ch'essi chiamano ad alta voce, e che discacciano ad alta voce quando lo vedono; — questo spietato consolatore aveva d'un tratto, all'improvviso assalito il cuore di Rodolfo che non aveva potuto difendersi: — il nome della donna tanto amata poteva cadervi dentro senza risvegliarvi nessun eco. — Cosa strana!.... Rodolfo, la cui memoria aveva bastante potenza da rammentargli cosa facesse nei più lontani giorni del suo passato, — e le persone che vi avevano figurato ed avevano esercitata un influenza nella sua esistenza: — Rodolfo, per qualunque sforzo facesse, dopo quattro giorni di separazione, non poteva più ricordarsi i lineamenti di questa donna, che aveva arrischiato di rompere colle delicate sue mani l'esistenza di lui. — Egli non ritrovava più la dolcezza di quegli occhi allo splendore dei quali egli s'era sì spesso addormentato. — Egli non rammentavasi più il suono di quella voce, le cui tenere carezze i collerici accenti lo facevano delirare. — Un poeta suo amico, il quale dopo il suo divorzio non l'aveva veduto più, l'incontrava una sera; — Rodolfo pareva affaccendato ed irritato: egli camminava per la strada a gran passi facendo girare il suo bastone.

— Oh! siete qui? disse il poeta stendendogli la mano ed esaminando Rodolfo con curiosità. — E vedendo ch'egli aveva la faccia lunga credette suo dovere di fare anch'egli una faccia di condoglianza.

— Coraggio, mio caro, coraggio; — sò anche io che è dura, ma in fin dei conti bisognava arrivarci un dì o l'altro: — è meglio adesso che più tardi: e fra tre mesi voi sarete guarito completamente.

— Cosa mi venite a contare di guarigione? rispose Rodolfo: io non sono ammalato, caro mio.

— Oh Dio mio! — disse l'altro, — non fate tanto il bravo; per bacco! sò tutta la storia e se anche non la sapessi ve la leggerei sulla faccia.

— Badate, voi mi prendete in fallo, disse Rodolfo: — Io sono di malumore stassera, è vero, — ma quanto alla causa della mia noja voi non ci avete proprio messo sopra il dito, nò.

— Ah, ah — ma perchè volete difendervi? è una cosa affatto naturale: — non si può rompere, così — tranquillamente — una relazione che durava da due anni.

— E tutti mi cantano la stessa canzone! — disse Rodolfo perdendo la pazienza. — Ebbene, sul mio onore, voi vi ingannate, — voi e gli altri tutti — Se sono profondamente tristo di presente è che oggi aspettava il mio sarto il quale doveva portarmi un vestito nuovo, e non venne; — ecco, ecco perchè sono di malumore.

— Cattiva cavata; — disse l'altro ridendo.

— Niente cattiva; — buona, invece, — buonissima, — anzi eccellente — Seguite il mio ragionamento e vedrete.

— Vediamo, disse il poeta; — v'ascolto: — oh provatemi un pò come si possa ragionevolmente aver l'aria si contristata, perchè un sarto vi manca di parola. — É qui che v'aspetto.

— Eh! disse Rodolfo, voi sapete bene che le piccole cause producono i più grandi effetti. — Questa sera io doveva fare una importantissima visita e non posso farla perchè non ho il mio vestito. La capite?

— Nient'affatto. — Fin qui non c'è un motivo sufficiente per desolarsi. — Voi siete desolato.... perchè... insomma... voi siete un'asino facendo il comico con me. Ecco il mio parere.

— Amico caro, disse Rodolfo, voi siete assai ostinato; — c'è sempre motivo da desolarsi quando si perde una felicità, stassera avevo appuntamento con una donnina, bella e giovane: — dovevo andarla a vedere in una casa, da dove l'avrei condotta forse... a casa mia, se la mia casa è più presso della sua, — ed anche se fosse più lontana. — In questa casa c'è una festa, — ad una festa non si può andare che con un abito; — io non ho l'abito: — il mio sarto doveva portarmene uno — non me lo porta: — io non vado a quella festa, — non trovo la signora, — la quale forse incontra un altro; — io non la conduco nè a casa mia, nè a casa sua, dove un altro forse l'accompagna.

— Ecco dunque come vi dicevo che io perdo una felicità, od un divertimento; ecco perchè sono desolato, — ecco perchè ne ho l'aspetto, è una cosa affatto naturale.

— Sia, — disse l'amico; — Ah, ah avete appena tirato fuori un piede da un inferno e già mettete l'altro piede in un altro inferno; — Però caro amico; — allorchè vi trovai lì in istrada voi avevate tutt'affatto l'aria di un'uomo che aspetta.

— E difatti aspettavo.

— Ma, qui noi siamo nel rione dove abita l'antica vostra amante; e chi mi prova che voi non l'aspettavate?

— Benchè io sia separato da lei ci sono delle ragioni particolari che mi obbligano a rimanere in questo rione; — ma, benchè vicini noi siamo lontani l'uno dall'altro come se abitassimo io ad un polo, ella ad un altro. — D'altronde la mia antica amante a quest'ora è seduta accanto al fuoco e prende lezione di francese dal signor Visconte Paolo, il quale vuol ricondurla alla virtù pel cammino dell'ortografia. — Dio! come lo guasterà! Basta; — quest'è affar suo, ora ch'egli è il redattore in capo della sua felicità. — Voi vedete dunque che le vostre osservazioni sono assurde e che invece di essere sulle traccie cancellate della mia antica passione, io sono sulle traccie di una nuova la quale è già un po' mia vicina, — e lo diventerà ancor più; perchè io acconsento a fare tutta la strada necessaria, e se ella vuol fare il rimanente, noi non staremo un pezzo ad andare d'accordo.

— Davvero? — voi siete già innamorato?

— Io sono così; — il mio cuore è simile a quegli appartamenti che sono d'affittare appena un inquilino li abbandona. Quando un amore esce dal mio cuore, io metto subito fuori un cartello per trovarne un'altro. — Del resto il sito è perfettamente abitabile e ben riparato.

— E chi è quest'idolo novello? Dove e quando l'avete voi conosciuto?

— Ecco qui, disse Rodolfo: — andiamo in regola. — Quando Mimi se ne andò, io pensai che in vita mia non m'innamorerei più: — mi figurai che il mio cuore era morto di fatica, di languore, di ciò che volete. — Egli aveva palpitato tanto, per sì gran tempo, sì presto e troppo presto, che la cosa era credibile. — Insomma lo credetti morto, stramorto, putrefatto, e già pensavo a seppellirlo come il signor Marlbourough. — Allora diedi un pranzo funerario al quale invitai alcuni miei amici. Gli invitati dovevano avere una faccia piagnolosa: — le bottiglie avevano un velo nero al collo.

— E voi non m'avete invitato?

— Vi domando scusa, ma non sapevo l'indirizzo della nuvola nella quale abitate. — Uno dei convitati condusse seco una donna, abbandonata anch'essa da poco tempo da un suo amante. — Le raccontarono la mia storia; fu un mio amico, che suona assai bene il violoncello del sentimento. — Egli parlò a quella giovane vedova delle qualità del mio cuore, — quel povero defunto che noi volevamo seppellire, — e l'invitò a bere pel suo eterno riposo. — Ah bah! diss'ella — io bevo invece alla sua salute! — e mi lanciò un'occhiata.... un'occhiata da svegliare un morto, come si dice, e quest'era il caso di dirlo, o mai più, — poichè appena ella aveva finito il suo brindisi, che io sentiva già il mio cuore che cantava l'*O filii* della Risurrezione. — Che avreste voi fatto al mio posto?

— Bella domanda! — Come si chiama ella?

— Finora nol so; — non le chiederò il suo nome se non nel momento in cui firmeremo il nostro contratto. — So benissimo che non sono nei termini legali, secondo il punto di vista di certa gente, ma io dirigo a me stesso delle supliche e mi accordo certe dispense. — Quel che so anche si è che la mia futura sposa mi porterà in dote l'allegria che è la salute dell'animo, e la salute del corpo.

— È ella bella?

— Bellissima, — di colorito specialmente; si direbbe che alla mattina ella si lava la faccia nella tavolozza di Watteau.

» Ha biondo il crine e latte e sangue il viso.

— Una bionda? voi mi sorprendete!

— Sì; — ne ho abbastanza dell'avorio e dell'ebano; — adesso passo al biondo: e Rodolfo si pose a cantare saltellando:

« Vieni diletta bionda
» Vieni la barca è pronta

» Vieni sull'altra sponda
» Ci parlerem d'amor.

— Povera Mimì! disse l'amico; — dimenticata sì presto!!...

Questo nome gettato così in mezzo all'allegria di Rodolfo, diede subito un'altro tuono alla conversazione. — Rodolfo prese pel braccio il suo amico e gli raccontò distesamente i motivi della sua separazione da Mimì; — i terrori che l'avevano assalito quand'ella era partita — come egli si era disperato, nella persuasione che ella portava via con sè tutto ciò che a lui restava di passione e di gioventù, — come due dì dopo nel sentire riscaldarsi, accendersi e scoppiare la polvere del suo cuore, bagnata da tante lagrime e da tanti singhiozzi, sotto il primo sguardo lanciatogli dalla prima donna da lui incontrata, egli s'era accorto di essersi ingannato. — Gli raccontò l'invasione fatta in lui dall'oblio, invasione repentina ed imperiosa, senza ch'egli l'avesse chiamato in suo ajuto, e come quel dolore fosse morto e sepolto in quell'oblio.

— Tutto ciò non egli un miracolo? — egli diceva al poeta, il quale sapendo a memoria e per esperienza tutti i dolorosi capitoli degli amori rotti, gli rispose:

— Eh!... nò, amico mio, non è un miracolo nè per voi, nè per gli altri. Successe anche a me ciò che a voi ora succede. Le donne che noi amiamo quando diventano nostre amanti cessano, per noi, di essere ciò che sono realmente. Noi le vediamo non soltanto cogli occhi dell'amante, ma anche cogli occhi del poeta. Nello stesso modo che un pittore getta sul modello la porpora imperiale od il velo stellato di una vergine sacra, noi abbiamo sempre dei magazzini di splendidi manti, e di vesti di puro lino, che gettiamo sulle spalle di creature senza intelligenza, sgarbate o cattive, e lorchè esse sono così abbigliate di quel vestito, sotto il quale le ideali nostre amanti passano nell'azzurro dei nostri sogni, noi ci lasciamo ingannare da questo travestimento; — noi incarniamo il nostro sogno nella prima donna capitata, alla quale noi parliamo il nostro linguaggio, ch'ella non capisce. — Ma se questa creatura, ai piedi della quale noi viviamo inginocchiati, si strappa il divino viluppo sotto il quale noi l'abbiamo nascosta per mostrarci la sua cattiva natura ed i suoi perfidi istinti, se ella posa la nostra mano al posto del suo cuore, dove nulla più palpita, dove nulla forse palpitò mai; — se ella apre il suo velo e ci mostra i suoi occhi spenti, la pallida bocca, i suoi vezzi appassiti, noi le rimettiamo il suo velo e gridiamo: Tu menti! tu menti! Io t'amo e tu pure mi ami! Questo candido seno è il tempio di un cuore che ha tutta la sua giovinezza, io t'amo, e tu pure mi ami! Tu sei bella, tu sei giovane! — In fondo a tutti i vizii l'amore esiste! — Io t'amo, e tu pure mi ami! — Poi, alla fine, oh ma proprio sempre alla fine, allorchè dopo esserci messo triplici bende sugli occhi, ci accorgiamo ancora di essere vittime dei nostri stessi errori, noi scacciamo la scellerata, che il dì prima era ancora il nostro idolo; — noi le togliamo il velo d'oro della nostra poesia, che domani noi getteremo sulle spalle d'una sconosciuta, che in un momento diventa idolo aureolato; — ed ecco come siamo tutti: — egoisti mostruosi, che amiamo l'amore per l'amore, — voi mi capite, n'è vero ? — e noi beviamo questo divino liquore nella prima coppa che ci capiti.

« Che importa il nappo se l'ebbrezza io trovo ? »

— È vero come due e due fan quattro, quel che voi dite, susurrò Rodolfo al poeta.

— Sì, rispose questi, — è vero e triste come la metà e mezza della verità. — Buona sera.

Due giorni dopo la signora Mimì seppe che Rodolfo aveva un'altra amante.

Ella non domandò di saper altro se non se Rodolfo le baciava le mani così spesso, come le baciava a lei.

— Oh! egualmente, rispose Marcello. — E dippiù egli le bacia i capelli ad uno ad uno, ed essi debbono star insieme finchè egli avrà finito.

— Ah! rispose Mimì, passando la mano nella sua capellatura! — che fortuna per me ch'egli non abbia immaginato di fare altrettanto con me, — noi saressimo stati insieme tutta la vita. — Credete voi proprio ch'egli non mi ami più, niente affatto ?

— Peuh! . . . . E voi l'amate ancora, voi ?

— Io ? ma io non l'ho mai amato in vita mia!

— Sì, Mimì, sì, voi l'avete amato: — in quei

momenti in cui il cuore delle donne cambia di luogo. Voi l'amaste e non negatelo, poichè questa è la vostra giustificazione.

— Ah bah!! disse Mimi: — egli adesso ne ama un'altra.

— È vero, ma non importa. — Più tardi la vostra memoria sarà per lui come quei fiori che si mettono freschi ed odorosi tra le foglia d'un libro .... che si trovano molto tempo dopo morti, scolorati, avvizziti, ma che conservono ancora un pò della primiera freschezza.

Una sera che Mimi presso il Visconte cantava a bassa voce una canzone, egli le domandò:

— Cosa cantate, mia cara?

— Canto l'orazione funebre dei nostri amori composta ultimamente dal mio amante.

» Non ho un soldo, mia cara e in simil caso
» Il codice comanda un pieno oblio;
» Senza pianti, Mimi, son persuaso
» Tu caccerai dal core l'amor mio.

» Ma che importa, Mimi? noi sempre avremo
» Passato de' bei dì, (taccio le notti.)
» Fur brevi è ver; che farci mai potremo?
» É scritto che un bel dì più presto annotti.

CAPITOLO XX.

GIULIETTA E ROMEO.

Vestito come un figurino del suo giornale la *Sciarpe d'Iride*, guantato, inverniciato, sbarbato, arricciato, il baffo appuntato, lo stik in mano, il vetro sull'occhio, fiorente, ringiovanito, proprio bello, una sera del mese di dicembre si sarebbe potuto vedere il nostro amico il poeta Rodolfo, il quale fermo sul boulevard aspettava una carrozza per farsi condurre a casa.

Rodolfo aspettare una carrozza? Qual metamorfosi era dunque succeduta nella sua vita privata?

Con un fare aristocratico il nostro poeta arricciava i suoi baffi, e masticava fra i denti un enorme zigaro di Regalia ed incantava lo sguardo delle signore, quando un suo amico passava pure sul boulevard. — Era il filosofo Gustavo Colline. Rodolfo lo vide venire e lo riconobbe all'istante; chi mai, avendolo veduto anche solo una volta, avrebbe potuto non riconoscerlo? Colline era carico, come sempre di una dozzina di vecchi libri. — Vestito del suo immortale paletot color nocciola, la cui solidità fà credere sia stato fabbricato dai Romani, —

coperto il capo di quel famoso cappello a larghe falde, — colla cupola di castoro, — sotto la quale si agitava lo sciame dei suoi sogni iperfisici, e che fu soprannominato l'*elmo di Mambrino della moderna filosofia*, Gustavo Colline camminava a lento passo, e ruminava a bassa voce la prefazione di un'opera che da tre mesi stava sotto i torchj, — nella sua immaginazione. — Avanzandosi egli verso il luogo dove Rodolfo stava fermo Colline credette un momento di riconoscerlo, — ma la suprema eleganza sfoggiata dal poeta lo gettò nel dubbio e nell'incertezza.

— Rodolfo guantato, — con un giunco — chimere! utopie! che aberrazione! — Rodolfo pettinato a ricci! Egli con meno capelli che non ne ha l'*Occasione!* — Dove avevo io mai la testa! — D'altronde in questo momento l'infelice mio amico stà lamentandosi, e compone versi piagnolosi sulla partenza della giovane Mimi, che lo ha piantato, mi han detto. — Davvero io lo rimpiango quella *giovinezza:* — ella metteva una grandissima distinzione nel modo di preparare il caffè, che è la bevanda degli spiriti serici! — Ma giovami il credere che Rodolfo si consolerà e che tra poco egli prenderà una *caffettiera* nuova.

Colline era così soddisfatto del suo deplorabile giuoco di parole, che egli si sarebbe gridato: *Bis!* se la voce grave della filosofia non si fosse risvegliata in lui e non avesse messo uno energico: alto là! a questo stravizzo di spirito.

Però siccome egli s'era fermato vicino a Rodolfo, Colline fu obbligato di arrendersi all'evidenza: — era proprio Rodolfo, pettinato, guantato, *imbastonato*: — era impossibile, ma vero.

— Eh! eh! per Dio! disse Colline: — Nò, non m'inganno; sei proprio tu, ne son certo!

— Anch'io rispose Rodolfo. — E Colline si mise a considerare il suo amico dando alla faccia l'espressione usata da Lebrun pittore del Re — per esprimere la sorpresa. — Ma tutto ad un tratto egli sorprese due oggetti bizzarri di cui era carico Rodolfo:

I. Una scala di corda;

II. Una gabbia nella quale volteggiava un'uccello qualunque.

A tal vista la fisionomia di Gustavo Colline espresse un sentimento che Lebrun, pittore del Re, ha dimenticato nel suo quadro delle passioni.

— Andiamo, — disse Rodolfo: — io vedo distintamente la curiosità del tuo spirito, che si mette alla finestra dei tuoi occhi; — voglio soddisfarti; — però lasciamo la pubblica strada; — fà un freddo che gelerebbe le tue domande e le mie risposte.

Entrarono tutti due in un caffè.

Gli occhi di Colline non abbandonavano la scala di corda, nè la gabbia nella quale l'uccelletto, riscaldato dalla tiepida atmosfera del caffè, si mise a cantare in un linguaggio sconosciuto e Colline benchè poliglotto.

— Infine, disse il filosofo — indicando la scala; — che roba è questa?

— É una lineetta di unione fra la mia diva e me, rispose Rodolfo con voce da mandolino.

— E quest'altra? disse il filosofo indicando l'uccello.

— Questo, rispose il poeta la cui voce diventava dolce come il canto della brezza questo è un' orologio.

— Parlami di grazia senza parabole — in vil prosa — ma correttamente.

— Sia. — Hai letto Shakespeare tu?

— Se l'ho letto! — *To be or not to be.* — Era un grande filosofo! Sì, l'ho letto.

— Ti ricordi tu di Giulietta e Romeo?

— Se me ne ricordo! disse Colline. L'altro allora si mise a declamare:

» Nò, non è giorno ancora, non fu il canto
» Dell'angiol mattinier, ch'ora colpiva
» Il tuo orecchio; nò fu l'usignolo ec.

— Per bacco! sì — me ne ricordo. — E poi?

— Come! disse Rodolfo mostrando la scala e l'uccello; — non capisci? — Ecco qui il poema bell'e fatto! — Io sono innamorato, caro mio, — innamorato d'una donna che ha nome Giulietta.

— Va bene: — e poi?

— Ecco qui. — Avendo la mia amante il nome di Giulietta — ho concepito un piano; — quello di rifare con lei il dramma di Shakespeare. — Prima di tutto io non mi chiamo Rodolfo: — il mio nome è Romeo Montecchi, e tu mi farai piacere di non darmi altro nome — Del resto, affinchè tutti lo sappiano — ho fatto fare dei viglietti di visita nuovi. — Ma non è tutto: — voglio approfittare delle circostanze che noi siamo in carnovale per mettermi un corpetto di velluto e portare una spada.

— Per uccidere Tebaldo? disse Colline.

— Assolutamente, continuò Rodolfo. — Infine la scala che tu vedi, deve servirmi per entrare in casa della mia amante, la quale possiede precisamente un balcone.

— Ma l'uccello, l'uccello? disse il testardo Colline.

— Eh per bacco! quest'uccello che è una cingallegra, deve rappresentare l'usignuolo, ed indicare ogni mattina il momento preciso in cui, pronto ad abbandonare le adorate sue braccia, la mia amica mi bacierà e mi dirà colla sua dolce voce, esattamente come nella scena del terrazzo: — Nò, non è il giorno, non è la lodoletta, — cioè — non sono ancora le undici; — c'è del fango per le strade, — non partire — stiamo così bene qui! — affine di completare l'illusione procurerò di trovare una balia, che metterò a disposizione della mia diletta. — Infine poi spero che l'almanacco sarà abbastanza buono da accordarmi di quando in quando un pò di chiaro di luna, — allorchè darò la scalata al verone della mia Giulietta. — Che ti pare del mio progetto?

— É bello come tutto quel che vuoi, disse Colline; — ma potresti tu spiegarmi anche l'altro mistero di questa superba sovraccoperta che ti fà irriconoscibile. Sei forse diventato ricco?

Rodolfo non rispose, ma fece un segno al garzone del caffè: e gli gettò con indifferenza un luigi dicendogli.

— Pagatevi. — Poi battè sul suo taschino che si mise a cantare.

— Hai tu un campanile in tasca, per suonare come suoni?

— Soltanto alcuni luigi.

— Dei luigi in oro? disse Colline con una voce strozzata dalla sorpresa: — lasciami un pò vedere come son fatti. Oh! oh!

E si lasciarono — Colline per andar a raccontare le abitudini opulenti ed i novelli amori di Rodolfo; e questi per ritornare a casa sua.

Ciò succedeva la settimana posteriore alla seconda separazione di Rodolfo e Mimì. Il poeta accompagnato dal suo amico Marcello, allorchè fu diviso dalla sua amante, sentì il bisogno di cambiar aria e sito; — lasciò dunque il nero albergo, il cui padrone lo vide partire con Marcello senza dispiacere per entrambi. Come dicemmo andarono tutti due a cercare altrove un asilo e presero in affitto due camere nella stessa casa e sullo stesso pianerottolo. La camera scelta da Rodolfo era senza confronto più decente di tutte quelle fin allora da lui abitate. — Vi si vedevano mobili quasi savii, specialmente un canapè di una stoffa rossa che doveva imitare il velluto, la quale stoffa però non seguiva il proverbio: — Fa il tuo dovere ecc.

Sulla camminiera c'erano due vasi di porcellana con fiori, ed in mezzo una pendola di alabastro con orribili ornati. — Rodolfo mise i vasi in un armadio, e siccome il padrone era salito per montare la pendola, il poeta lo pregò di lasciar stare.

— Io acconsento a lasciare la pendola sul cammino, ma solo come un oggetto d'arte; essa segna mezzanotte, è una bell'ora, — stia lì: — il dì che segnerà mezzanotte e cinque minuti cambierò di casa. Una pendola!.... — diceva Rodolfo, che mai non aveva saputo sottomettersi alla tirannia del quadrante, — ma è un nemico intimo che vi conta spietatamente la vostra esistenza minuto per minuto, e vi dice ad ogni momento: — Ecco una particella della tua vita che se ne va! — Oh io non potrei dormir tranquillo in una camera dove vi sia uno di questi stromenti di tortura, presso i quali la negligenza e la meditazione sono impossibili. — Una pendola le cui sfere si stendono fino al vostro letto e vi pungono la mattina allorchè siete ancora assorto nelle molli dolcezze del primo risvegliarsi! — Una pendola la cui voce vi grida den, den, den! — É l'ora degli affari, — lascia il roseo tuo sogno, — togliti alle carezze delle tue visioni (e qualche volta a quelle della realtà); — mettiti guanti e cappello: — fa freddo — piove — vattene ai tuoi affari, è ora — den, den,

den! — È già anche troppo che si abbia l'almanacco. — Stia dunque muto e paralizzato il mio pendolo, se nò....

E monologando così egli visitava il nuovo suo albergo e sentivasi agitato da quella segreta inquietudine che quasi sempre ci assale entrando in un nuovo appartamento.

— Ne ho già fatto il rimarco, — egli pensava; i luoghi che noi abitiamo esercitano sui nostri pensieri una misteriosa influenza, che si stende persino sulle nostre azioni. — Questa camera è muta — fredda come un sepolcro. — Se l'allegria canterà qui un giorno, sarà segno che ve l'avremo condotta noi; — eppoi ella non ci starà un pezzo, perchè le risa morrebbero senza eco sotto questo impalcato basso, freddo, bianco come un cielo di neve. — Ahimè! qual vita sarà la mia fra queste quattro mura!....

Nondimeno pochi dì dopo quella camera sì melanconica era piena di luce e risuonava di un allegro frastuono; — si appendeva la catena al focolare, e numerose bottiglie elettrizzavano il gajo amore dei convitati. — Lo stesso Rodolfo s'era lasciato vincere dalla contagiosa allegria dei suoi ospiti. — Ritirato in un canto con una signora che eravi andata per caso, egli se ne era impadronito; e madrigalizzava con lei a voce ed in atti. Verso il finir della festa egli aveva ottenuto un appuntamento per l'indomani.

— Via, diss'egli quando fu solo; — la serata

non fu cattiva e non ho inaugurato male il mio soggiorno qui.

Il dì dopo all'ora stabilita arrivò la signora Giulietta. — La sera passò in sole spiegazioni. — Giulietta sapeva la recente separazione di Rodolfo da quella ragazza degli occhi azzurri, ch'egli aveva tanto amato; — ella sapeva che dopo averla già lasciata una volta egli l'aveva ripresa ed ella temeva di rimanere vittima di questa minestra riscaldata dell'amore.

— L'affare si è, vedete, ella diceva, — che io non ho alcuna volontà di rappresentare una parte ridicola. — Vi avverto che sono assai cattiva; — una volta ch'io sia *padrona qui*, — e con un'occhiata ella sottolineò la parola, io vi starò e non cederò mai il mio posto.

Rodolfo chiamò allora alla riscossa tutta la sua eloquenza per convincerla che i suoi timori non erano fondati; e siccome la ragazza dal canto suo avea molta volontà d'essere convinta, finirono coll'intendersi. Però quando mezzanotte suonò essi non s'intesero più: Rodolfo voleva che Giulietta stesse lì: Giulietta voleva andarsene.

— Nò, ella gli disse mentre insisteva; — a che fine tanta premura? noi arriveremo sempre dove dobbiamo arrivare, a meno che voi non vi fermiate per istrada: — ritornerò domani.

E per una settimana ella ritornò tutte le sere e se ne andava sempre quando suonava mezzanotte.

Rodolfo non s'annojava molto di queste lentezze.

Nell'amore ed anche nei capricci egli era della scuola di quei viaggiatori, che non hanno mai premura di arrivare; e che alla strada postale preferiscono i sentieri perduti che allungano il viaggio, ma lo fanno pittoresco. — Questa piccola prefazione sentimentale ebbe per risultato di trascinare Rodolfo più lontano ch' egli non volesse. Certo madamigella Giulietta aveva impiegato questo strattagemma per condurlo al punto in cui il capriccio fatto maturo dalla resistenza incomincia a rassomigliare all' amore.

Ad ogni nuova visita ch'ella faceva a Rodolfo ella notava una sincerità più pronunciata in ciò che Rodolfo le diceva. — Egli, quand'ella tardava un po', provava certe sintomatiche impazienze che rallegravano la giovinetta; — anzi egli le scriveva perfino delle lettere il cui linguaggio conteneva tanto da farle sperare che tra poco ella sarebbe diventata la sua legittima amante.

Avendo un giorno Marcello, che era il suo confidente, sorpreso una di quelle epistole, ei gli disse ridendo:

— È per far dello stile, — o perchè pensi realmente ciò che scrivi?

— Davvero, lo penso, rispose Rodolfo, — ne sono ben meravigliato un po' ma è così. — Otto dì fa io ero in una assai triste situazione di spirito: — la solitudine, il silenzio che erano succeduti così brutalmente alle tempeste della mia antica famiglia mi spaventavano orribilmente; — ma Giulietta arrivò quasi subito. Ho udito suonare al mio orecchio la sinfonia d'un' allegria di vent'anni; — mi vidi davanti un faccino fresco, — due occhi pieni di sorrisi, — una bocca piena di baci e mi lasciai trascinare mollemente a seguire questo pendio del capriccio, che forse mi ha condotto all'amore: — io amo amare.

Rodolfo non tardò molto ad accorgersi che non dipendeva più se non da lui di giungere allo scioglimento di quel romanzetto: e fu allora ch'egli immaginò di copiare da Shakespeare la messa in iscena degli amori di Giulietta e Romeo. La sua futura amante aveva trovato divertente quest'idea ed acconsentì a star a metà nello scherzo.

Fu proprio il giorno in cui si doveva dare quella rappresentazione che Colline aveva incontrato Rodolfo, mentre aveva comperato quella scala di seta fatta di corda, che doveva servirgli per dar la scalata al verone di Giulietta. — Siccome poi il mercante d'uccelli al quale si era diretto Rodolfo non aveva usignuoli, Rodolfo vi sostituì un piccione il quale, gli avevano assicurato, cantava tutte le mattine al sorgere dell'alba.

Tornato a casa il poeta fece questa riflessione — che un'escursione su di una scala di corda non era cosa facile, — che sarebbe prudenza di fare una piccola prova generale della scena del balcone, seppure non voleva arrischiare di farsi vedere ridicolo e poco pratico da colei che doveva aspettarlo. Attaccò dunque la sua scala a due chiodi solidamente fissati nel soffitto e passò le due ore che gli restavano facendo esercizj ginnastici, e dopo un numero infinito di tentativi giunse finalmente a poter salire una dozzina di gradini bene o male.

— Via, va bene, — diss'egli tra sè: — ora son sicuro del fatto mio e d'altronde se restassi per istrada *l'amore mi darà le ali*.

Carico della sua scala e della gabbia col piccione egli andò da Giulietta che abitava lì vicino. — La sua camera era posta in fondo ad un giardinetto e possedeva difatti una specie di verone. — Ma quella camera era al pian terreno, e quel verone potevasi scavalcare colla più grande facilità del mondo.

Rodolfo fu atterrato allorchè s'accorse di quella disposizione locale che riduceva al nulla il suo poetico progetto di scalata e il suo esercizio ginnastico.

— Fa lo stesso, diss'egli a Giulietta — noi eseguiremo però l'episodio del balcone. — Ecco qui un uccello che domattina ci sveglierà colla melodiosa sua voce, e che ci avvertirà del momento preciso in cui noi dovremo lasciarci con disperazione.

E Rodolfo appese la gabbia in un angolo della camera.

L'indomani mattina alle cinque il piccione fu perfettamente esatto e riempì la camera di un prolungato tubamento che avrebbe svegliato i due amanti se avessero dormito.

— Ebbene, disse Giulietta, — ecco il momento d'andare sul verone e di darci un disperato addio; — cosa ne dici?

Il piccione è avanti, rispose Rodolfo; — noi siamo in novembre — il sole non si leva che a mezzodì.

— Non importa, io m' alzo, disse Giulietta.

— Oh! e perchè?

— Ho lo stomaco vuoto, e non ti nascondo che prenderei qualche cosetta.

— È strano l'accordo che regna nelle nostre simpatie; — anch'io ho una fame atroce, disse Rodolfo, alzandosi anch'egli e vestendosi in fretta.

Giulietta aveva già acceso il fuoco e guardava nella credenza se vi era qualche cosa: — Rodolfo l'ajutava in quelle ricerche.

— Oh! diss' egli, delle cipolle!

— E del lardo, disse Giulietta.

— E burro!

— E pane!

— Ahimè, non c'è altro!

Mentre si facevano quelle ricerche il piccione ottimista e imprevidente cantava.

Romeo guardò Giulietta, — Giulietta guardò Romeo, — tutti due guardarono il piccione.

Non dissero dippiù. — La sorte del piccione pendolo era decisa; — egli avrebbe potuto ricorrere in cassazione che sarebbe stato fiato perduto: — la fame è una sì cattiva consigliera!

Rodolfo aveva acceso del carbone e faceva friggere del lardo nel burro; egli aveva una faccia grave e solenne.

Giulietta pelava le cipolle in un melanconico atteggiamento.

Il piccione cantava sempre: era la sua *romanza del salice*.

A questi lamenti si mesceva il canto del burro nella cazzeruola.

Cinque minuti dopo il burro cantava ancora, ma il piccione, simile ai templari, non cantava più.

Giulietta e Romeo avevano cucinato il piccione *à la crapaudine*.

— Aveva una bella voce, diceva Giulietta mettendosi a tavola.

— Egli era assai tenero, disse Romeo trinciando il suo svegliarino arrostito a meraviglia.

E i due amanti si guardarono e si sorpresero entrambi colle lagrime agli occhi.

— Ipocriti! — erano le cipolle che li facevano piangere.

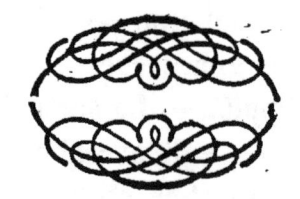

CAPITOLO XXI.

RIEPILOGO DEGLI AMORI DI RODOLFO E DI MADAMIGELLA MIMI.

I.

Nei primi giorni della sua rottura definitiva con Mimì, la quale lo aveva abbandonato per montare nella carrozza del sig. Visconte Paolo, il poeta Rodolfo aveva tentato di stordirsi facendo un'altra amante che fu quella bionda istessa per la quale l'abbiamo veduto vestirsi da Romeo un giorno di pazzia e di paradosso. — Ma quella relazione, che in lui non era che un'affare di dispetto, e nell'altra un affare di capriccio, non poteva avere lunga durata. Quella giovanetta infine non era altro che una pazzarella che vocalizzava a perfezione il solfeggio della furberia; — abbastanza provveduta di talento per rimarcare il talento altrui e servirsene al bisogno, e non avendo cuore se non per sentirsi male quando mangiava troppo. — Con tutto ciò un amor proprio feroce ed una sfrenata civetteria che l'avrebbero spinta a preferire una gamba rotta al suo amante, piuttosto che avere un volante di meno al suo vestito, èd un nastro avvizzato al cappello. — Bellezza discutibile, creatura ordinaria, dotata dalla natura di tutti i cattivi istinti, e nondimeno seduttrice da certi lati, e ad ore fisse, ella non stette molto ad accorgersi che Rodolfo l'aveva presa soltanto per ajutarlo a fargli dimenticare l'altra, che invece ella gli faceva rimpiangere, poichè mai la sua antica amante aveva fatto maggior fracasso nel suo cuore.

Un giorno, Giulietta la nuova amante di Rodolfo, discorreva del suo amico poeta con uno studente di medicina che le faceva la corte; lo studente le rispose:

— Ragazza mia cara, quel giovane là si serve di voi come noi ci serviamo del nitro per cauterizzare le piaghe; — egli vuole cauterizzarsi il cuore; — per cui voi avete un famoso torto di farvi della bile e di essergli fedele.

— Ah ah! sclamò la giovinetta scoppiando dal ridere: — siete così innocente da credere ch'io me ne dia pena?

E la stessa sera ella diede allo studente la prova del contrario.

Grazie all'indiscrezione d'uno di quegli amici officiosi che non saprebbero a qualunque costo tener inedita una notizia che vi può dare un dispiacere, Rodolfo seppe la cosa e se ne servì come pretesto per rompere colla sua amante interinale.

Allora egli si chiuse in un'assoluta solitudine, nella quale tutti i pipistrelli della noja vennero a fare il loro nido: — egli chiamò in ajuto il lavoro, ma invano. — Ogni sera dopo aver sudato tante goccie d'acqua quante ne aveva consumate d'inchiostro — egli scriveva una ventina di linee nelle quali una vecchia idea ballava pesantemente sulla corda tesa del paradosso, — stanca più dell'Ebreo Errante, e mal vestita di cenci prestati dai rigattieri letterari. — Rodolfo rileggendo quelle linee rimaneva costernato come un'uomo che vede spuntare delle ortiche nell'ajuola dov'egli aveva creduto seminar rose. — Allora egli lacerava la pagina nella quale egli aveva snocciolato il suo rosario di sciocchezze, — e la calpestava rabbiosamente.

— Andiamo, — sclamava battendosi il seno al posto del cuore — la corda è rotta: — rassegniamoci.

E siccome a tutti i suoi tentativi di lavoro da molto tempo succedeva un tale disinganno, egli fu assalito da uno di quegli scoraggianti languori, che fanno inciampare gli ingegni i più robusti, ed abbrutiscono le più lucide intelligenze. Nulla è difatti più terribile di queste lotte solitarie che qualche volta s'impegnano fra l'artista ostinato e l'arte ribella: — nulla è più commovente di questa rabbia alternata di preghiere ora imperiose, ora supplichevoli innalzate alla sdegnosa o fuggitiva Musa. — Le più violenti angoscie umane, — le più profonde ferite fatte nel vivo del cuore, — non cagionano un dolore che s'avvicini a quello che si soffre in quelle ore d'impazienza e di dubbio sì frequenti per tutti coloro che si dedicano al periglioso mestiere dell'immaginazione.

A queste crisi violenti succedevano penosi abbattimenti. — Rodolfo allora rimaneva dell'ore intiere come pietrificato in un'ebete immobilità coi gomiti appoggiati sul tavolino, l'occhio fisso sullo spazio luminoso che il raggio delle lampade descriveva in mezzo al foglio di carta « campo di battaglia » dove il suo spirito era quotidianamente sconfitto, — e sul quale la sua penna era diventata zoppa correndo dietro all'idea imprendibile — egli vedeva sfilare a sè dinnanzi quadri fantastici che spiegavano ai suoi occhi il panorama del suo passato, come succede colla figura delle lanterne magiche colla quale si divertono i bambini. — Prima erano i giorni del lavoro nei quali ogni ora suonava il compimento di un dovere; — le notti studiose passate in colloquio colla Musa che veniva ad abbellire coi suoi incanti la sua povertà solitaria e paziente. — E ripensava allora l'orgogliosa sua beatitudine che l'inebbriava allorchè egli terminava il còmpito impostogli dalla sua volontà.

« Oh nulla vi eguaglia, — egli sclamava — nul-
» la vi vale voluttuose fatiche del travaglio, che
» fate trovar così dolci i materassi del far niente.
» Nulla vale, nulla uguaglia quella gioja calma ed
» onesta, quella legittima soddisfazione di sè stes-
» so, che il lavoro accorda ai lavoratori come un
» primo salario: — nè le soddisfazioni dell'amor
» proprio, nè quelle che le ricchezze procura, nè

» i febbrili svenimenti soffocati sotto le pesanti
» tendine delle misteriose alcove, oh nò, nulla vi
» vale! »

E cogli occhi sempre intenti su quelle visioni che continuavano a dipingergli le scene dei tempi svaniti, egli risaliva i cinque piani di tutte le soffitte, nelle quali erasi accampata la vagabonda sua vita, dove la sua musa, unico amor suo in quel tempo, amica perseverante e fedele, l'aveva sempre seguito vivendo in pace colla miseria, e non interrompendo mai la sua canzone di speranza. — Ma ecco: — in mezzo a questa esistenza regolata e tranquilla apparisce ad un tratto la figura d'una donna: — e la Musa, vedendola entrare in quell'abituro in cui ell'era stata fino a quel punto padrona sola e regina, s'alzava melanconica e lasciava il posto alla nuova arrivata, nella quale aveva indovinata una rivale. — Rodolfo esitava un momento fra la Musa a cui il suo sguardo sembrava dire: *Rimani!* nel mentre un gesto attrattivo pareva dicesse alla straniera: *Vieni!* — E come scacciarla quell'incantevole creatura che veniva a visitarlo armata di tutte le seduzioni d'una bellezza nascente? — roseo labbro e bocca seducente, che parlava un linguaggio ingenuo ed ardito, pieno di vezzeggianti promesse: — come negare la mano a questa bianca mano dalle vene azzurre, che si stendeva verso di lui piena di carezze? — Come dire: *Va via!* a quei fiorenti diciott'anni la cui presenza imbalsamava già di gioventù e di gioja il mesto abituro? — E poi....

colla sua voce teneramente commossa ella cantava sì bene la cavatina della tentazione! — Coi suoi occhi vivi e brillanti ella diceva sì bene: — *Io sono l'amore* — colle sue labbra sui quali il bacio fioriva: — *Io sono il piacere!* — con tutta la persona infine — *Io sono la felicità!.....* che Rodolfo cadeva vinto. — E d'altronde, quella giovinetta non era dessa la poesia vivente, e reale! — non le dovea egli le sue più fresche ispirazioni? — non l'avea ella iniziato sì spesso ad entusiasmi che lo trasportavano sì alto nell'etere dell'immaginazione, che egli perdeva di vista le cose della terra? — Se egli aveva molto sofferto per sua cagione, quei patimenti non erano forse l'espiazione delle gioje immense ch'ella gli avea procurate? — Non era questa la comune vendetta del destino umano, che vieta l'assoluta felicità come un delitto? — Se la legge del Cristo perdona coloro che molto hanno amato, è perchè avranno molto sofferto; — l'amore terrestre non si fa divina passione se non a patto di purificarsi nel pianto. — E come non s'inebbria respirando l'odore delle rose appassite, — così Rodolfo s'inebbriava ancora rivivendo colla memoria di quella vita d'un tempo in cui ogni dì riconduceva una nuova elegia, — un terribile dramma: — una grottesca commedia. — Ei ripassava in tutte le fasi dello strano suo affetto per la cara assente dalla luna di miele fino alle domestiche tempeste che avevano cagionato l'ultima loro separazione: — e rammentava il repertorio di tutta la furberia dell'antica sua amante — ridiceva tutti i suoi frizzi. — Ei la vedeva avvolgersi intorno a lui nella piccola loro casa, cantarellando *La mia cara Annetta*, ed accogliere colle stesse giocondità i buoni giorni e i cattivi. Alla fine dei conti poi conchiudeva che la ragione ha sempre torto in amore. — E difatti cos'aveva egli guadagnato con questa separazione? — Allorchè egli viveva con Mimi — ella l'ingannava, va benissimo, — ma s'egli lo sapeva la colpa era sua, perchè egli si dava tutte le pene del mondo per saperlo, e perchè egli passava tutto il suo tempo aspettando in agguato le prove, ed affilava egli stesso i pugnali che s'immergeva nel cuore. — Del resto Mimi non era ella destra abbastanza da provargli al bisogno ch'era lui che s'ingannava? — E poi con chi gli era ella stata infedele? — Il più delle volte era stato con uno schiall, — con un cappello — con degli oggetti insomma, non con degli uomini. — La calma, la tranquillità ch'egli aveva sperato dividendosi da lei, le aveva egli trovate? — Ahimè, nò! — Non mancava ch'ella sola — in casa. — Una volta il suo dolore poteva spandersi; — egli poteva sfogarsi in ingiurie, in iscene; — egli poteva mostrare quanto soffriva, — e svegliar la pietà di colei che lo faceva soffrire. — Ed ora il suo affanno era solitario: — la sua gelosia era diventata rabbia; — chè altre volte almeno quando avea dei sospetti egli poteva proibire a Mimi di uscir di casa: — tenerla lì vicino a lui, in sua mano; — ed ora ei la incontrava per strada a braccio al nuovo suo amante — e bisognava che si voltasse per lasciarla passare: — certamente felice; — e recantesi ai divertimenti.

Questa misera vita durò tre o quattro mesi. — Poco a poco la calma ritornava. — Marcello, che aveva fatto un lungo viaggio per distrarsi di Musette, ritornò a Parigi ed andò ancora ad abitare con Rodolfo. — Essi si consolavano l'un l'altro.

Un dì, — una domenica — traversando il Luxembourg — Rodolfo incontrò Mimì — in gran toilette. — Ella andava al ballo. — Ella gli fece un cenno dal capo, — al quale egli rispose con un saluto. — Quell'incontro gli diede un colpo nel cuore, ma quell'emozione fu meno dolorosa del solito. — Passeggiò ancora un po' nel giardino, poi se ne tornò a casa. — Allorchè Marcello lo trovò la sera, — lo vide lavorare.

— Ah bah! — disse Marcello inchinandosi sulla sua spalla — tu lavori, — dei versi!

— Sì, rispose Rodolfo: — con piacere. — Io credo che la bestiolina non sia morta del tutto. — Da quattro ore che sono qui, — ho ritrovato la vena de' giorni antichi. — Ho incontrato Mimì.

— Ahi! disse Marcello inquieto: — A che punto siete?

— Non aver paura — disse Rodolfo, non abbiamo fatto altro che salutarci. — Non si andò più oltre.

— Davvero?

— Davvero. — Fra noi è finita — lo sento, — ma se mi rimetto al lavoro, le perdono.

— Poichè le cose son così ben finite, — aggiunse Marcello, che aveva letti i versi di Rodolfo, — perchè le scrivi dei versi?

— Ahimè, rispose il Poeta, piglio la mia poesia dove la trovo.

Egli lavorò otto giorni a quel piccolo poema. — Quand'egli ebbe finito andò a leggerlo a Marcello, il quale dichiarò esserne contento; — ed incoraggiò Rodolfo ad impiegare in altro modo la vena che gli era ritornata; — poichè, — dicevagli, — non valeva la pena di abbandonare Mimi se devi sempre vivere colla sua ombra.

— In fine poi, aggiungeva Marcello, — invece di moralizzare gli altri, farei meglio di predicare a me stesso, — poichè ho ancora della Musette nel cuore. — Che fare? noi forse non saremo sempre dei giovanotti invaghiti di creature del diavolo.

— Ahimè! replicò Rodolfo; — non fa bisogno di dire alla gioventù: — Va via!

— È vero, — disse Marcello, — ma vi sono giorni in cui io vorrei essere un onesto vecchiotto, membro dell'accademia, — decorato di molti ordini — e disingannato dalle Musette di questo mondo.

— Il diavolo mi porti se mi lascerei pigliare ancora! — E tu, aggiunse ridendo l'artista, — ti piacerebbe aver sessant'anni?

— Oggi mi piacerebbe di più avere sessanta franchi.

Alcuni giorni dopo Musette entrò col Visconte Paolo in un caffè, dov'ella sfogliando una rivista trovò stampati i versi che Rodolfo aveva fatto per lei.

— Quest'è buona! ella esclamò ridendo sulle prime, — ecco che il mio amante Rodolfo parla male di me nei giornali!

Ma quand'ella ebbe letto tutti i versi rimase muta ed assorta. — Il Visconte Paolo indovinando ch'ella pensava a Rodolfo tentò di distrarla.

— Ti compererò degli orecchini, — le disse.

— Ah! — disse Mimi; — avete del denaro, voi?

— Ed un cappello di paglia d'Italia, continuò il Visconte piccato.

— Nò, disse Mimi. — Se volete farmi un piacere comperatemi questa qui. — Ed ella indicava la dispensa sulla quale aveva letto la poesia di Rodolfo.

— Oh! questa poi no! — rispose il Visconte Paolo.

— Va benissimo, rispose freddamente Mimi. — La compererò io stessa, — con del denaro che io mi guadagnerò. — Diffatti è meglio che non sia col vostro.

E per due giorni Mimi ritornò al suo antico magazzino di fiorista; — dov'ella guadagnò tanto da comperarsi il volume. — Imparò a memoria la poesia di Rodolfo, e tutto il giorno ella la ripeteva ai di lui amici. — Eccone alcune strofe:

Allor ch'io volli scegliere un'amante
E un dì che il caso ritrovar ci fea
Il mio cor, la mia età ti posi innante
E ti dissi di farne ogni tua idea.
Il tuo voler fu ben crudel, mia cara;
Della mia gioventù facesti un straccio,
Ed il mio core l'hai ridotto uno staccio.
La mia stanza è un camposanto
Dove stanno seppelliti
I frantumi inariditi
Di chi tanto un dì t'amò.
Or tutto fra di noi, cruda, è finito;
Uno spettro io son fatto e tu un fantasma;
E al nostro amore morto e seppellito
Salmeggerem se ce 'l consente l'asma.
Non prendiamo però tropp'alto il tuono
Chè, s'ei sentisse la canzone antica,
Il mio cor, benchè morto, saria buono
Di risvegliarsi alla tua voce amica.
Mi, re, mi, do, re, la.... Oh non quest'aria
Chè le voci potrian esser mal ferme; —
Piglieremo un *minor* più grave e piano;
Io farò il basso, tu sarai soprano.
Do, mi, fa, sol, mi, do! Questa rimembra
Un valzer in due tempi e mi fa male. —
Il piffero che ride celiar sembra
La viola che piange in suon ferale.
Sol, do, do, si, si, la! — Oh ti scongiuro
Neppur questa, che noi l'abbiam cantata
Con dei Tedeschi, che piangean sicuro
I patrii colli nell'està passata. — ecc. ecc.

II.

Era il 24 dicembre, — ed in quella sera il quartier Latino aveva una fisionomia tutta sua. — Fin dalle quattro ore del dopo pranzo gli uffizj del Monte di Pietà, — le botteghe dei rigattieri e quelle dei rivenditori di libri vecchi erano pieni di una folla chiassosa, che nella sera venne poi ad inondare le botteghe dei salsamentari, a prendere d'assalto quelle dei venditori di cibi arrostiti e dei droghieri. — I giovani del negozio non avrebbero potuto bastare a servire gli avventori che si rubavano le provvigioni, se anche avessero avuto cento braccia. — Dai fornai si faceva la coda come nei giorni di carestia. — I mercanti di vino vendevano il prodotto di tre vendemmie; — un abile statista avrebbe avuto da fare a trovare la cifra dei prosciuttini e dei salsicciotti che furono venduti dal celebre Borel della via *Dauphine*. — Il padre Crètaine, detto *Panetto*, smerciò diciotto edizioni dei suoi pasticci al burro. — Un tremendo frastuono uscì tutta notte dalla casa ammobigliata le cui finestre brillavano di luce: — un' atmosfera di Kermesse [1] riempiva il quartiere.

Si celebrava l'antica solennità della vigilia di Natale, *Réveillon*.

Marcello e Rodolfo quella sera se ne tornavano

[1] Parola fiamminga che significa fiera e convito di festa.

a casa abbastanza tristi. — Salendo la via *Dauphine* — essi videro una grandissima folla nella bottega di un mercante di commestibili, e si fermarono un momento alla vetrina tantalizzati dallo spettacolo degli odorosi prodotti gastronomici; — i due boemi nella loro contemplazione rassomigliavano quel personaggio d'un romanzo spagnuolo, che faceva diventar magri i prosciutti col solo guardarli.

— Questo si chiama un tacchino coi tartufi! — diceva Marcello indicando un magnifico pollo che lasciava vedere a traverso la sua rosa e trasparente epidermide i tubercoli perigordini di cui era piena. — Ho conosciuti degli empi che ne mangiavano senza essersi inginocchiati d'innanzi — diceva il pittore gettando sul volatile sguardi tali da farlo arrostire.

— Che pensi tu di questa modesta coscia di montone di prato salato? aggiunse Rodolfo. — Che bel colore; — si direbbe che fu spiccato adesso da quella bottega di salumiere che si vede in un quadro di Jourdaëus. — Quella coscia là è il piatto favorito degli Dei, e della signora Chandelier, mia matrina.

— Guarda un po' quei pesci? diceva Marcello indicando delle trote, — sono i più svelti nuotatori della razza acquatica. — Queste piccole bestioline, che hanno l'aria senza pretesa — potrebbero ammassare una buona rendita facendo dei giuochi; — figuratevi che essi rimontano la corrente di un torrente a picco così facilmente, quanto noi accetteressimo uno o due inviti a cena. — Una volta andai a rischio di mangiarne.

— E laggiù — quei grossi frutti fatti a cono — il cui fogliame pare una panoplia di sciabole selvaggie — si chiamano ananas; — è la mela appinola dei tropici.

— Per me è lo stesso, — rispose Marcello — in genere di frutti io preferisco questo pezzo di manzo, — questo prosciutto, o quell'altro più piccolo, che ha una corazza di gelatina trasparente come l'ambra.

— Hai ragione; — il prosciutto è l'amico dell'uomo — quando ne ha. — Però io non rifiuterei questo fagiano.

— Sacrilego! è il piatto delle teste coronate.

E siccome continuando la loro strada essi incontravano gioconde processioni che se ne andavano a casa per festeggiare Momus, Baccus, Comus e tutti i golosi Dei in *us*, essi si domandavano l'un l'altro chi era il signor Gamache del quale si celebravano le nozze con tanta profusione di vettovaglie.

Marcello fu il primo che si rammentò la data e la festa del giorno.

— Oggi è la vigilia di Natale, diss'egli.

— Ti ricordi di quella dell'anno scorso? disse Rodolfo.

— Sì, rispose Marcello, — da Momus. — Fu Barbemuche che ci trattò. — Mai, mai io non avrei potuto supporre che una donna così gracile come era Femia potesse assorbire tanto salame.

— Che sventura che Momus ci abbia vietato l'ingresso! disse Rodolfo.

— Ahimè! disse Marcello, — gli almanacchi si succedono, ma non si rassomigliano.

— Non faresti tu un po' la festa della vigilia? domandò Rodolfo.

— Con che, e con chi?

— Oh bella! con me.

— E l'oro?

— Aspetta un momento, — disse Rodolfo, — vado in quel caffè lì: — conosco là delle persone che giuocano grosso. — Mi farò prestare alcuni sesterzj da un favorito della sorte e ti porterò di che inaffiare una sardella ed un piede di porco.

— Va dunque — rispose Marcello — ho una fame cannibalesca: — t'aspetto qui.

Rodolfo salì nel caffè dove conosceva delle persone. — Un signore che guadagnava in quel momento 300 franchi in dieci giri di *bouillotte* si fece un vero piacere di prestare al poeta un pezzo da due franchi, — ch'egli gli offerse avvolto in quel cattivo umore che è cagionato dalla febbre del giuoco. — In un altro momento ed in un altro luogo egli avrebbe forse dato 40 franchi.

— Ebbene? interrogò Marcello vedendo Rodolfo che scendeva.

— Ecco l'introito, disse il poeta facendo vedere il denaro.

— Una crosta ed una goccia.

Con quella modica somma essi trovarono però il

modo di comperare pane, vino, tabacco, lumi, fuoco e salato.

Ritornarono all'albergo dove alloggiavano tutti due in camere separate. — La camera di Marcello, che gli serviva anche di studio, come la più grande fu scelta per la sala del convito, e gli amici vi fecero i preparativi del loro Baldassare intimo.

Ma a quella picciola tavola dove eransi seduti — presso quel fuoco sul quale i pezzi di cattivo legno venuto sull'acqua si consumavano senza fiamme e senza calore — venne a sedersi, melanconico convitato, il fantasma dello sparito passato.

Essi rimasero un'ora almeno muti e pensosi — preoccupati entrambi certo della stessa idea e sforzandosi di dissimularla. — Fu Marcello che pel primo ruppe il silenzio.

— Andiamo avanti, diss'egli a Rodolfo, — non eravamo rimasti a questo punto.

— Cosa vuoi dire? rispose Rodolfo.

— Eh Dio mio! vuoi tu fingere con me? tu pensi a cose che bisogna dimenticare: — ed io pure, per bacco! . . . . . non lo nego.

— Ebbene, allora?...

— Ebbene, bisogna che sia l'ultima volta — Vadano al diavolo le reminiscenze che ci fan trovar cattivo il vino, — e che ci rendono melanconici mentre tutti si divertono! esclamò Marcello facendo allusione alle grida allegre che venivano dalle stanze vicine alla loro. — Andiamo. — pensiamo ad altro, e sia l'ultima volta.

— Diciamo sempre così, e poi!... disse Rodolfo ridiventando pensoso.

— E poi vi torniamo sempre, rispose Marcello — Questo vuol dire che invece di cercare francamente l'obblio noi ci serviamo delle più futili occasioni per pretesto a richiamare le rimembranze, — e ciò deriva specialmente dalla nostra ostinazione a vivere nella stessa cerchia nella quale vissero le creature che furono per sì gran tempo il nostro tormento. — Noi siamo schiavi di una abitudine, — piuttosto che d'una passione. — Questa è la schiavitù che bisogna rompere, se no noi sfiniremo in un servaggio ridicolo e vergognoso. — Ebbene, il passato è passato; bisogna rompere i legami che vi ci attaccano tuttavia; — è venuto il momento di andare innanzi senza volgere il capo alle spalle; — noi abbiamo consumata la nostra ragione di gioventù, di improvvidenza, di paradossi. — Quelle son tutte belle cose; — si potrebbe farne un romanzo; — ma questa commedia delle pazzie amorose, — questo spreco di giorni perduti colle prodigalità di gente che crede di avere l'eternità da spendere — tutto ciò deve avere un termine. — Non ci è più permesso di vivere ancora sul margine delle società, — quasi sul margine della vita, — sotto pena di giustificare lo sprezzo che si farebbe di noi, e di disprezzarci noi stessi. — Poichè, poi, è dessa una vita la nostra? Questa indipendenza, questa libertà di costumi di cui ci vantiamo tanto, — non sono esse un ben piccolo compenso? — La vera libertà consiste nel poter far senza l'ajuto altrui, nel bastare a sè stessi: — Io possiamo noi? — Nò. — Il primo briccone che passa, — e del quale noi non vorremmo portar il nome per cinque minuti solo, — diventa il nostro signore e padrone il dì in cui gli chiediamo cinque franchi in prestito, — che egli ci dà dopo averci fatti spendere cinque franchi in astuzie ed in umiliazioni. — Per conto mio io ne ho abbastanza. — La poesia non sta soltanto nel disordine della esistenza, — nella felicità improvvisata, — negli amori che durano l'esistenza di una candela — nella rivolta più o meno originali contro i pregiudizj, che saranno sempre i sovrani del mondo: — si rovescia più facilmente una dinastia, che non un usanza; — foss' ella ridicola. — Non basta mettere un paletot d'estate nel mese di dicembre per avere del talento; — si può benissimo essere un vero poeta od un vero artista anche tenendosi caldi i piedi e facendo tre pasti al dì. — S'ha bel dire e bel fare, ma se si vuol arrivare a qualche cosa, bisogna sempre prendere la strada dal luogo oratorio. — Questo discorso ti sorprenderà forse, — caro Rodolfo mio, — tu dirai ch'io spezzo i miei idoli; — tu mi chiamerai corrotto, eppure ciò che ti dico è l'espressione sincera del mio pensiero. — Una lenta e salutare metamorfosi si operò in me senza che io me ne accorgessi: — la ragione entrò in me, — mediante rottura, mediante scalata, contro mia voglia, se vuoi; — ma entrò, e mi ha dimostrato, ch'io camminavo su di una cattiva strada, — e che perseverandovi avrei incontrato pericolo e dispregio. — Diffatti, cosa succederà se noi continuiamo questo inutile e monotono vagabondaggio? — Noi arriveremo sulla sponda dei nostri trent'anni, — sconosciuti, — isolati, — disgustati di tutto e di noi stessi, — pieni d'invidia contro tutti coloro che noi vedremo giungere ad uno scopo qualunque, — costretti a ricorrere al vergognoso espediente del parassitismo per vivere. — Non star a credere che qui io ti faccia un quadro di fantasia, che vado evocando espressamente per spaventarti. — Io non vedo per sistema l'avvenire in nero: — ma non lo vedo neppure in rosa: — vedo giusto. — L'esistenza che noi abbiamo menato finora ci era imposta: — noi avevamo la scusa della necessità. — Oggi noi non avressimo più scuse; — e se non entriamo nella vita comune, sarà perchè non lo vogliamo, — poichè gli ostacoli contro i quali noi abbiamo dovuto lottare non esistono più.

— Ma finalmente, si può sapere cosa vuoi dire? — a che proposito ed a qual fine mi fai questa mercuriale?

— Tu mi capisci perfettamente, rispose Marcello colla stessa serietà: — poco fa ti ho veduto assalito, com'io lo era, d rimembranze che ti facevano desiderare il tempo passato; — tu pensavi a Mimì, come io pensava a Musette; — come me tu avresti voluto avere al lato la tua amica. — Ebbene io ti dico che noi non dobbiamo più pensare a queste donne — che noi non siamo stati creati e messi al mondo al solo scopo di sagrifitare la nostra vita a queste volgari Manon: — e che il cavaliere Desgrieux, — che è così bello, — sì vero e poetico, — non sfugge al ridicolo, se non grazie alla sua giovinezza, ed alle illusioni che aveva saputo conservare. — A vent'anni egli può seguire la sua amica alle isole senza cessare di essere interessante; — ma a venticinque anni egli avrebbe messo alla porta Manon ed avrebbe avuto ragione. — Noi abbiamo bel dire, mio caro, — noi siam vecchi, sai? — abbiamo vissuto troppo e troppo presto: il nostro cuore è screpolato e non da più che suoni falsi: — non si può stare impunemente innamorati tre anni di una Musette e di una Mimi. — Per conto mio è proprio finita: — e siccome voglio fare completo divorzio colla sua memoria, così, ora voglio gettare sul fuoco alcuni oggetti, ch'ella mi lasciò in casa nelle sue diverse stazioni, — i quali mi forzano a pensare a lei quando li trovo.

E Marcello, levatosi in piedi, andò a prendere nel tiratojo della canterà una scatola di cartone dove stavano i *souvenirs* di Musette; un mazzolino di fiori secco, una cintura, un pezzo di nastro ed alcune lettere.

— Andiamo, diss'egli al poeta; imitami, amico Rodolfo!

— Sia! esclamò questi facendo uno sforzo, — hai ragione. — Anch'io voglio finirla con questa fanciulla dalle pallide mani.

Ed alzandosi rabbioso andò a prendere un pacco contenente le memorie di Mimì — press'a poco dello stesso genere di quelle di cui Marcello faceva l'inventario in silenzio.

— Arrivano a proposito, mormorò il pittore. — Queste cianfrusaglie ci serviranno a riaccendere il fuoco che va spegnendosi.

— Diffatti, aggiunse Rodolfo, — qui regna una temperatura capace di far sbucciare degli orsi bianchi.

— Andiamo, disse Marcello, — abbruciamo in duetto. — Vedi, vedi la prosa di Musette che fiammeggia come un punch, — le piaceva molto a lei il punch. — Andiamo, amico Rodolfo, attento!

E gettarono or l'uno or l'altro per cinque minuti sul fuoco, — che scintillava chiaro e brillante, il reliquiario della passata loro tenerezza.

— Povera Musette, — dicèva Marcello sotto voce guardando l'ultimo oggetto che gli restava in mano: — era un mazzolino tutto avvizzito di fiori di prato.

— Povera Musette, era ben bella però: e mi amava molto, — non è vero, o mazzolino? — te l'ha detto il suo cuore il dì in cui tu le posavi sul seno? — Povero mazzolino tu sembri implorar grazia: ebbene, sì, ad un patto, che cioè tu non mi parli di lei mai più, mai più.

Ed approfittando di un momento in cui egli credette di non essere veduto da Rodolfo, fece sdrucciolare il mazzolino in tasca. — Tanto peggio! —

ma è più forte di me. — Io rubo al giuoco, — pensò il pittore, — e mentre egli gettava a Rodolfo uno sguardo furtivo, vide il poeta, che arrivato alla fine del suo *auto de fè* — metteva in saccoccia senza far mostra di nulla una cuffietta da notte, dopo averla baciata teneramente.

— Va bene; mormorò Marcello, egli è vile come lo sono io.

Nel momento in cui Rodolfo stava per ritirarsi in camera sua e coricarsi si udirono due colpi alla porta.

— Chi diavolo può venir qui a 'quest'ora? — disse il pittore andando ad aprire.

Un grido di sorpresa gli sfuggì allorchè la porta fu aperta.

Era Mimì.

Siccome la camera era oscurissima — Rodolfo non riconobbe subito la sua amica; egli vedeva che era una donna; — pensò dunque che fosse una delle passeggiere conquiste del suo amico e si disponeva a ritirarsi.

— Vi incomodo? — disse Mimì che era rimasta sulla soglia della porta.

A quella voce Rodolfo cadde sulla sua sedia come colpito dal fulmine.

— Buona sera, — gli disse Mimì andandogli vicino; — e prendendogli la mano che egli le lasciò prendere macchinalmente.

— Che diavolo vi guida qui? — domandò Marcello, ed a quest'ora?

— Ho assai freddo, — disse Mimì abbrividendo, — passando per istrada ho veduto lume in camera vostra, e, benchè sia assai tardi — sono salita. —

Ella tremava: — la sua voce aveva una sonorità cristallina che penetrava nel cuore di Rodolfo come il suono d'un'agonia, e lo riempiva d'un lugubre spavento. — Egli la guardò più attentamente e alla sfuggita: non era più Mimì, era il suo spettro.

Marcello la fece sedere accanto al fuoco.

Mimì sorrise vedendo la bella fiamma che ballava allegramente nel camino:

— Com'è buono! diss'ella accostando al fuoco le sue povere manine violette. — A proposito — signor Marcello, — voi non sapete perchè io venni qui da voi.

— Nò davvero.

— Ebbene, rispose Mimì. — venivo semplicemente per domandarvi se voi non potreste farmi dare una camera, quì in casa vostra. — Mi hanno licenziata dalla mia, perchè devo due quindicine, e non sò dove andare.

— Diavolo! disse Marcello dondolando la testa, — noi non siamo in buon odore col nostro oste, e la nostra raccomandazione sarebbe deplorabile, povera figlia mia.

— Come fare allora? — disse Mimì, — il caso è che io non sò dove andare.

— Ma? disse Marcello, — non siete più Viscontessa?

— Oh Dio mio! nò, più affatto.
— Da quanto tempo?
— Da più di due mesi.
— Voi avete dunque dato dei dispiaceri al Viscontino?
— No, — diss'ella gettando un furtivo sguardo su Rodolfo, che si era posto nell'angolo più oscuro della camera; — il Visconte mi ha fatto una scena in causa di alcuni versi che furono composti sul conto mio. — Noi abbiamo avuto una spiegazione ed io l'ho mandato a spasso: — era un famoso canchero.

— Però, rispose Marcello, egli vi aveva messo molto in ordine, da ciò che vidi quel dì che v'incontrai.

— Ebbene! figuratevi ch'egli mi ha ritolto tutto, quando me ne andai, — e seppi che aveva messo in lotteria le mie cose a una table d'hôte dov'egli mi conduceva a pranzo. — Egli è ricco però quel giovane, e con tutte le sue ricchezze è avaro come una mignatta, — e stupido come un'oca, — egli non voleva ch'io bevessi vino puro e mi faceva mangiar di magro il venerdì. — Credereste che egli voleva farmi portare delle calze di lana nera, — sotto pretesto che si sporcano meno delle bianche! — guardate se si possono aver simili idee!! Insomma egli mi ha maledettamente annojato, andate! Posso ben dire che con lui ho fatto il mio purgatorio.

— E.... sa egli qual'è la vostra posizione adesso? — domandò Marcello.

— Io non l' ho più veduto, nè voglio vederlo; egli mi fa venire il mal di mare, soltanto a pensarvi: piuttosto che chiedergli un soldo morrei di fame.

— Ma,... continuò Marcello, — dacchè voi lo lasciaste voi non siete stata sola sempre.

— Oh! esclamò Mimi, — vi assicuro di sì, — signor Marcello; — ho lavorato per vivere; — però siccome il mestiero di fiorista non andava troppo bene, — ne ho imparato un altro; — servo di modello ai pittori. — Se avete lavoro da darmi?.... diss' ella scherzando. — Ed avendo osservato un gesto di Rodolfo ch' ella sorvegliava sempre collo sguardo, benchè parlasse con Marcello, ella soggiunse: — Ma però, — non faccio il modello, che per la testa e per le mani. — Ho molto da fare, — e mi si deve del denaro in due o tre luoghi, — fra due giorni ne avrò, — è da oggi fino a quel dì soltanto che vorrei trovar alloggio. — Quando avrò denaro, ritornerò al mio albergo. — Oh! continuava Mimi guardando la tavola, dov' erano i preparativi della modesta cena, che i due amici avevano toccato appena, — voi cenavate?

— Nò, disse Marcello, — non abbiamo fame.

— Siete ben fortunati, disse ingenuamente Mimi.

A queste parole Rodolfo sentì il cuore serrarglisi orribilmente, e fece un segno a Marcello, che lo comprese.

— Ma,... giacchè siete quì, Mimi, — disse

l'artista, dividete con noi quel che dà il convento.
— Avevamo stabilito io e Rodolfo di fare la vigilia di Natale, e poi . . . abbiamo pensato ad altro.

— Allora disse Mimì, io giungo a puntino, ed ella gettava sul tavolo dove erano i cibi, uno sguardo quasi affamato. — Non ho pranzato, caro mio, diss'ella all'orecchio dell'artista, in modo di non essere udita da Rodolfo, il quale mordeva il fazzoletto per soffocare i singhiozzi.

— Avvicinati, Rodolfo, disse Marcello al suo amico: ceneremo tutti tre.

— Nò, rispose Rodolfo restando nel suo cantuccio.

— Vi secca forse ch'io sia venuta qui, Rodolfo? disse Mimì con dolcezza: — dove volete mai che io vada?

— Nò, Mimì, rispose Rodolfo — ma mi fa pena rivedervi così.

— È colpa mia, Rodolfo, — non me ne lamento, — quel ch'è passato è passato — non ci pensate più di quanto ci penso io. — Non potreste voi essere amico mio, perchè siamo stati... un'altra cosa? — Sì, — egualmente, non è vero? — Ebbene, allora non mi tenete il broncio e venite qui a tavola con noi.

Ella s'alzò per andarlo a pigliare per mano, — ma era sì debole che non potè fare un passo e ricadde sulla sedia.

— Il caldo m'ha intormentita, diss'ella — non posso star ritta.

— Andiamo, disse Marcello a Rodolfo, — vieni a farci compagnia.

Il poeta si avvicinò alla tavola e si pose a mangiar con loro. — Mimi era lietissima.

— Allorchè il frugal pasto fu terminato — Marcello disse a Mimi:

— Figlia mia cara, ci è proprio impossibile di farvi dar una camera qui in casa.

— Bisogna dunque ch'io me ne vada, — disse ella tentando di alzarsi.

— Ma nò! ma nò! esclamò Marcello; — ho trovato un altro modo d'accomodare la cosa: — voi starete qui in camera mia, ed io anderò a dormire con Rodolfo.

— Oh come starete male, — disse Mimi; — ma non sarà un'affare lungo, due soli giorni.

— Così non staremo male nient'affatto, rispose Marcello: — dunque siamo intesi; qui siete in casa vostra, — e noi andiamo a metterci a letto in camera di Rodolfo. — Buona notte, Mimi, — dormite bene.

— Grazie, rispose Mimi dando la mano a Marcello ed a Rodolfo che se ne andavano.

— Volete chiudervi in camera? le domandò Marcello allorchè fu presso alla porta.

— Perchè? disse Mimi guardando Rodolfo; — non ho paura, io!

Quando i due amici furono soli nella camera vicina che era sullo stesso pianerottolo, — Marcello disse a Rodolfo.

— Ebbene, cosa farai adesso?

— Ma!.. balbettò Rodolfo; — non so.

— Andiamo, non far smorfie, va a raggiungere Mimì; — se tu ci vai ti predico che domattina voi sarete ancora insieme.

— Se fosse Musette che fosse venuta, cosa faresti tu? interrogò Rodolfo.

— Se fosse Musette quella che sta nella camera vicina, — ebbene — francamente — io credo che sarebbe già un quarto d'ora ch'io non sarei più in questa.

— Ebbene, io — disse Rodolfo, — io sarò più coraggioso di te: — io sto qui.

— La vedremo, per dio! — disse Marcello che era già a letto; — come? vieni in letto anche tu?

— Sì, certo, — rispose Rodolfo.

Ma Marcello svegliatosi durante la notte s'accorse che Rodolfo se n'era andato.

Alla mattina seguente andò a battere pianino alla porta della camera dov'era Mimì.

— Entrate, diss'ella, ed appena lo vide gli fece segno di parlar piano per non isvegliare Rodolfo che dormiva. — Egli stava seduto in una poltrona accanto al letto; — la sua testa posava sul guanciale accanto alla testa di Mimì.

— È così che avete passato la notte? chiese Marcello stupito.

— Sì, rispose la ragazza.

Rodolfo si svegliò tutt'ad un tratto, — e dopo aver abbracciato Mimì, stese la mano a Marcello, che pareva imbarazzato.

— Vado a cercar del denaro per far colazione, diss'egli al pittore; — fa un po' di compagnia a Mimì.

— E così? domandò Marcello alla fanciulla allorchè Rodolfo fu uscito, — cos'è successo stanotte?

— Assai melanconiche cose, — disse Mimì, — Rodolfo m'ama ancora.

— Lo so bene, io.

— Sì, — voi avete voluto staccarlo da me, — ma io non ve ne faccio una colpa, Marcello; — voi avevate ragione; — io gli ho fatto del male a quel povero ragazzo.

— E voi, domandò Marcello: — l'amate voi ancora?

— S'io l'amo?.... diss'ella giungendo le mani — quest'è il mio solo tormento. — Sono ben cambiata, vedete, mio povero amico, e non ci volle un gran tempo.

— Bene, — giacchè vi ama e che voi l'amate, che voi non potete stare l'uno senza l'altro, rimettetevi insieme e procurate di starvi una buona volta.

— É impossibile.

— Perchè? — Ella sarebbe forse cosa assai più ragionevole che voi vi lasciaste — ma per non rivedervi mai più bisognerebbe che voi foste a mille leghe l'uno dall'altro.

— Fra poco io sarò ancora più lontana.

— Eh? cosa volete dire?

— Non ne dite nulla a Rodolfo, — ciò gli farebbe troppo gran pena; — sto per andarmene e per sempre.

— Ma, dove?

— Guardate, mio povero Marcello, — disse Mimi singhiozzando, — guardate. — Ed alzando un pò la coperta del suo letto ella fece vedere all'artista le sue spalle, il collo e le braccia.

— Oh mio Dio! esclamò dolorosamente Marcello; — povera fanciulla!!

— Non è vero, amico mio, ch'io non m'inganno e che tra poco morrò?

— Ma come, come mai foste ridotta in questo stato in sì poco tempo?

— Ah! rispose Mimi, — colla vita che faccio già da due mesi, non c'è da meravigliarsene; — tutte le notti passate in lacrime, i giorni a fare il modello in istudi senza fuoco, — il cibo cattivo, — il dispiacere che avevo; — e poi voi non sapete tutto. — Ho tentato di avvelenarmi con dell'acqua di *javelle*; — mi hanno salvata, ma non per un pezzo e... lo vedete. — E poi io non fui mai troppo forte.... infine è colpa mia: — s'io fossi rimasta quieta con Rodolfo non sarei a questo punto. — Povero amico, ecco, io gli casco ancora sulle spalle: — ma sarà per poco; — l'ultimo vestito ch'egli mi regalerà sarà tutto bianco, mio povero Marcello, — e mi seppelliranno con quello. Oh se voi sapeste com'io soffro sapendo che sto per morire! — Rodolfo lo sà che sono ammalata; — fu un'ora senza parlare, jeri, quando vide le mie braccia e le mie spalle sì dimagrate; — egli non riconosceva più la sua Mimi. — Ohimè!..... neppure il mio specchio non mi riconosce più. — Oh è lo stesso: — sono stata bella ed egli mi ha amato molto. — Oh Dio mio! ella sclamò nascondendo la faccia nelle mani di Marcello — mio povero amico io debbo lasciarvi — ed anche Rodolfo. — Oh! Dio mio! Dio mio! — ed i singhiozzi le strozzaron la voce.

— Andiamo, Mimi, andiamo, ... non vi desolate così — voi guarirete; — non ci vuole che molta cura e quiete.

— Oh nò, disse Mimi, — è proprio finita, — lo sento io. — Non ho più forze, e jeri sera quando venni quì io impiegai più d'un'ora a salire le scale. — Se avessi trovato quì una donna, sarei discesa dalla finestra. — Pure egli ne ha il diritto, egli è libero, giacchè non siamo più insieme: — ma io, vedete Marcello, era sicura ch'egli mi amava ancora. — È per questo, — diss'ella rompendo in uno scoppio di pianto — è per questo che non vorrei morir così subito; — ma è finita — del tutto. — Vedete, Marcello, bisogna ch'ei sia ben buono quel povero amico per ricevermi dopo tutto il male che gli feci! — Oh Dio non è giusto, s'egli non mi lascia almeno il tempo di far dimenticare a Rodolfo i dispiaceri che gli diedi. — Egli non sospetta il mio stato. — Non ho voluto ch'ei si coricasse vicino a me perchè mi pare, vedete, che i vermi della terra già si siano impadroniti del mio corpo. — Noi abbiamo passato la notte piangendo e parlando del tempo passato. — Oh! com'è triste, amico mio, il mirare dietro di sè la felicità accanto alla quale si passò una volta senza rivederla più mai! Ho un fuoco nel petto; — ho freddo. Fatemi il piacere, Marcello, datemi la mia veste. Voglio *far le carte* per vedere se Rodolfo porterà a casa del denaro. — Vorrei fare ancora una buona colazione con voi altri — come una volta; — ciò non mi farebbe male; — Dio non può farmi ammalar più di quanto lo sono già. — Vedete, diss'ella a Marcello facendogli vedere la carta; — questo è più che..... il color della morte: — questo è fiori, diss'ella ridendo; — sì, avremo del denaro.

Marcello non sapeva cosa dire in faccia al delirio lucido di quella creatura, che aveva, — com'ella aveva detto — i vermi della terra intorno al corpo.

Rodolfo fu di ritorno in capo a un'ora — Schaunard e Colline lo accompagnarono. — Il filarmonico portava il suo paletot d'estate. Egli aveva venduti i suoi abiti di panno per prestarne a Rodolfo il denaro, allorchè seppe che Mimì era malata. Colline dal canto suo aveva venduto dei libri. — Egli avrebbe più volontieri acconsentito a vendere un braccio od una gamba, che non i suoi libri. — Ma Schaunard gli aveva fatto osservare che non si poteva cavar nulla dal suo braccio e dalla sua gamba.

Mimi si sforzò di riprendere la sua allegria per accogliere i suoi vecchi amici.

— Non sono più cattiva, diss'ella — Rodolfo m'ha perdonato. — S'egli vuol tenermi con lui mi metterò gli zoccoli ed una cuffia — poco m'importa. — Davvero la seta non fà bene alla mia salute, — soggiunse con un'orribile sorriso.

Rodolfo, dietro le osservazioni di Marcello, aveva mandato a chiamare un suo amico, che era da poco stato nominato medico. — Quand'egli arrivò lo lasciarono solo con Mimi.

Rodolfo, avvertito da Marcello, sapeva il pericolo in cui si trovava la sua amica. Allorchè il medico ebbe visitato Mimi, disse a Rodolfo:

— Voi non potete tenerla quì. — A meno di un miracolo ella è perduta. — Bisogna mandarla all'ospitale. — Vi darò una lettera per la *Pietà*: io conosco i superiori, — si avranno per lei tutte le cure. — Se ella può arrivare alla primavera, noi la salveremo forse: — ma se ella stà quì — fra otto giorni ella non esisterà più.

— Io non avrò mai il coraggio di farle simile proposta, — disse Rodolfo.

— Gliel'ho già detto io, — rispose il medico; — ella acconsente. — Domani vi manderò un bollettino di ammissione alla *Pietà*.

— Amico mio, disse a Rodolfo Mimi, — il medico ha ragione; — voi non potreste curarmi quì. All'ospitale forse mi guariranno; — bisogna condurmi là. — Oh, adesso ho tanta volontà di vivere, vedi, che sarei contenta di passare i miei giorni con una mano nel fuoco, ma l'altra fra le tue. — D'altronde tu verrai a trovarmi. — Non devi darti pena; — sarò ben curata, — quel giovane me l'ha detto. — All'ospitale danno del pollastro e c'è del fuoco. — Mentre io mi curerò, tu lavorerai per guadagnarti del denaro, — e quando sarò guarita verrò a vivere con te. — Adesso ho molta speranza. — Ritornerò bella come una volta. — Tempo fa fui già ammalata come adesso, — allorchè non ti conoscevo — e mi hanno salvata. Eppure allora non ero felice: avrei ben dovuto morire, allora. — Ora che ti ho trovato possiamo essere felici, mi salveranno ancora, perchè mi difenderò accanitamente contro il malore. — Beverò tutte le porcherie che mi si daranno, — e se la morte mi piglia, sarà di forza. — Dammi lo specchio: parmi di aver già buon colore. — Sì, disse guardandosi nello specchio, — ecco lì il mio buon colore che ritorna; — e le mani, — guarda esse sono ancora belle; — baciale ancora una volta, — non sarà l'ultima, va, mio povero amico — diss'ella serrando Rodolfo intorno al collo ed inondandogli il capo colla sua sciolta cappellatura.

Prima d'andare all'ospitale volle che i suoi amici passassero una sera con lei.

— Fatemi ridere, ella disse — l'allegria è la mia salute. — È quel beretto da notte di Visconte che mi fece ammalare. — Egli voleva insegnarmi l'ortografia, — figuratevi! — cosa volete ch'io ne faccia? — E i suoi amici dunque!! che compagnia! — un vero cortile del quale il Visconte era il pavone. — Era lui che si marcava la biancheria. — Se mai egli prende moglie son sicura che i figliuoli li farà lui. Ah, ah ah....

Niente era più lacerante dell'allegria quasi febbrile di quell'infelice ragazza — Tutti i boemi facevano sforzi penosi per dissimulare le loro lacrime e tenere la conversazione sul turno scherzevole sul quale quella povera fanciulla l'aveva posta: — poverina! il destino filava velocemente il lino dell'ultima sua veste.

L'indomani Rodolfo ricevette il bollettino dello spedale. — Mimì non poteva star ritta: — bisognò portarla fin abbasso in carrozza — Durante il cammino ella sofferse orribilmente degli urti dalla vettura. — In mezzo a questi dolori, l'ultima cosa che muore nelle donne — la civetteria, — sopravviveva ancora: — Mimì fece fermare due o tre volte la vettura per ammirare le mostre dei magazzini di novità.

Nell'entrare nella sala indicata dal bollettino. — Mimì sentì un gran colpo al cuore; — qualche cosa le disse internamente, che la sua vita sarebbe finita fra quelle mura lebbrose e desolate. Ella si servì di tutta la forza di volontà che le rimaneva per dissimulare l'impressione lugubre che l'aveva agghiacciata.

Allorchè fu coricata nel suo letto — ella abbracciò Rodolfo un'ultima volta e gli disse addio, raccomandandogli di venirla a trovare la seguente domenica, che era giorno di visita: — c'è un gran puzzo qui dentro, — gli disse ella, — portami dei fiori — delle mammole — ce n'è ancora.

— Sì, disse Rodolfo, — a domenica.

E tirò su lui la tendina del letto. — Udendo i passi di Rodolfo che se ne andava, Mimì fu presa da un accesso di febbre delirante. — Aperse di furia la tendina del letto e gridò con una voce piena di pianto:

— Rodolfo!... riconducimi via! voglio uscire di qui!...

Alle sue grida accorse la religiosa e tentò di calmarla.

— Oh! disse Mimì; — qui io morrò.

La domenica mattina, giorno in cui Rodolfo doveva andare a trovarla, egli si ricordò di averle promesso delle viole mammole. — Per una superstizione poetica e da innamorato egli andò a piedi, con un tempo orribile, a cercare i fiori che la sua amica gli aveva chiesti, nei boschi di Aulnay e di Fontenay dove era stato tante volte con lei. Egli trovò trista e muta quella natura sì gaja ed allegra sotto il sole dei bei giorni di giugno e d'agosto. — Per due ore continue egli esaminò i boschetti coperti di neve, — sollevò le eriche e le erbe con un bastone e finì col rinvenire un piccolo mazzolino di viole, — proprio in un angolo del bosco presso lo stagno di Plescis, che era il luogo prediletto del loro ritiro quando andavano in campagna.

Traversando il villaggio di Chatillon per ritornare a Parigi, Rodolfo incontrò sulla piazza della chiesa il corteo d'un battesimo nel quale riconobbe un suo amico che era padrino con un'artista dell'opera.

— Che diavolo fate da queste parti? domandò l'amico sorpreso di trovar Rodolfo in quel luogo.

Il poeta gli raccontò cosa gli succedeva.

Il giovane che aveva conosciuto Mimi, fu contristato da quel racconto, e frugando in tasca ne tirò fuori un pacco di dolci del battesimo e lo diede a Rodolfo.

— Quella povera Mimi! — datele questo da parte mia, e ditele che anderò a trovarla.

— Venite presto, se volete arrivare a tempo, gli disse Rodolfo.

Allorchè Rodolfo giunse all'ospitale, Mimi che non poteva muoversi, gli saltò al collo con uno sguardo.

— Ah! ecco qui i miei fiori, ella esclamò col sorriso del desiderio soddisfatto.

Rodolfo le raccontò il suo pellegrinaggio in quelle campagne che era stato il paradiso del loro cuore.

— Cari fiori, disse la povera fanciulla baciando le viole.

Anche i dolci la resero contenta.

— Non sono dunque dimenticata affatto! — Voi siete buoni, voi altri giovani. — Oh! io li amo molto tutti i tuoi amici, ve! diss'ella a Rodolfo.

Questo colloquio fu quasi allegro. — Schaunard

e Colline avevano raggiunto Rodolfo, e bisognò che gli infermieri venissero a farli sortire perchè l'ora era passata.

— Addio, disse Mimi, — a giovedì, senza fallo, e venite presto.

Il dì dopo Rodolfo andando a casa ricevette una lettera dello studente di medicina suo amico al quale egli aveva raccomandato la ammalata. — La lettera non conteneva che queste parole.

» Amico mio, ho una triste notizia da darvi: il
» N. 8 è morto. Questa mattina passando nella sa-
» la ho trovato il letto vuoto. »

Rodolfo cadde sur una sedia e non versò una lacrima. Quando Marcello alla sera andò a casa trovò il suo amico nella stessa posizione; il poeta gli indicò la lettera col gesto.

— Povera ragazza! — disse Marcello.

— È strano; disse Rodolfo: io non sento nulla qui! — Forse che il mio amore morì sapendo che Mimi doveva morire?

— Chi sà! mormorò il pittore.

La morte di Mimi fu causa di un gran lutto nel cenacolo.

Otto giorni dopo, Rodolfo incontrò per istrada lo studente che gli aveva annunziato la morte di Mimi.

— Ah mio caro Rodolfo, disse questi correndo incontro al poeta, perdonatemi il male che vi feci colla mia storditaggine.

— Cosa volete dire? chiese Rodolfo sorpreso.

— Come? replicò l'altro, voi non lo sapete? non l'avete riveduta?

— Chi? — esclamò Rodolfo.

— Ella.... Mimi.

— Cosa? disse il poeta impallidendo.

— M'ero ingannato. — Quando vi scrissi quella trista notizia, io ero stato vittima d'un errore, ed ecco come. — Fui assente dall'ospitale due giorni. Quando vi ritornai, seguendo la visita, ho trovato vuoto il letto della vostra donna. Domandai alla suora di carità dov'era la malata, e mi rispose che era morta nella notte. Ecco invece cos'era successo. Durante la mia assenza Mimi fu cambiata di sala e di letto. Al numero otto lasciato da lei si pose un altra donna che morì il giorno stesso. — Ciò vi spiega l'errore in cui caddi. — Il dì dopo quello in cui vi scrissi, trovai Mimi in una sala vicina. La vostra assenza l'aveva messa in un'orribile stato: ella mi diede una lettera per voi. — L'ho portata io stesso al vostro albergo.

— Oh Dio mio! sclamò Rodolfo, dal dì ch'io credetti morta Mimi, non andai più a casa mia. — Ho dormito a destra ed a sinistra in casa dei miei amici. — Mimi è viva! — Dio mio! che debb'ella pensare della mia lontananza? Povera ragazza! povera ragazza! — come sta? — quand'è che l'avete veduta.

— L'altro jeri mattina; — ella non stava nè meglio, nè peggio; — ella è inquietissima e vi crede ammalato.

— Conducetemi subito alla *Pietà*, disse Rodolfo: ch'io la vegga.

— Aspettatemi un momento, disse il medico quando furono giunti alla porta dello spedale, — vado dal direttore a farmi dare un permesso per farvi entrare.

Rodolfo aspettò un quarto d'ora sotto il vestibolo. — Allorchè l'amico ritornò verso di lui, gli prese la mano e gli disse queste parole:

— Amico mio, supponete che la lettera ch'io vi scrissi giorni sono fosse vera.

— Come! disse Rodolfo appoggiandosi ad un pilastrino; — Mimì . . . .

— Stamattina alle quattro.

— Conducetemi all'anfiteatro, disse Rodolfo, che io la vegga

— Ella non c'è più

Ed indicando al poeta un gran carro che si vedeva lì in corte — fermo dinnanzi ad un padiglione, sul quale si leggeva *Anfiteatro*, aggiunse:

— Ella è là.

Diffatti era il carro nel quale si trasportano alla fossa comune i cadaveri che non furono riclamati.

— Addio, disse Rodolfo all'interno.

— Volete che vi accompagni? — propose questi.

— Nò, disse Rodolfo andandosene. — Ho bisogno di essere solo.

CAPITOLO XXII.

LA GIOVINEZZA NON HA CHE UNA STAGIONE!

Un'anno dopo la morte di Mimì, — Rodolfo e Marcello che non si erano separati, — inaugurarono con una festa il loro ingresso nel mondo officiale. Marcello il quale finalmente aveva potuto essere ammesso alla Esposizione vi aveva esposti due quadri che furono comperati da un'Inglese, che in altri tempi era stato l'amante di Musette. — Col prodotto di questa vendita e con quello di una commissione del governo — Marcello aveva pagato in parte i debiti del suo passato. — Egli si era ammobigliato un'appartamento decente, — ed aveva uno studio serio. — Quasi nello stesso tempo — Schaunard e Rodolfo arrivavano davanti al pubblico che dà la ricchezza e la fama, — l'uno con un album di melodie che furono cantate in tutti i concerti e che furono la base della sua riputazione; l'altro con un libro che tenne occupati i critici per un mese. Barbemuche, da lungo tempo aveva rinunziato alla Boemia — Gustavo Colline aveva fatto un'eredità ed un matrimonio vantaggioso; — egli dava delle soirées con musica e dolci.

Una sera Rodolfo — seduto sulla *sua* poltrona — coi piedi sul *suo* tappeto, vidde entrar Marcello tutt' affannato.

— Non sai cosa mi succede? diss'egli.

— Nò, rispose il poeta. — So che fui a casa tua, che tu eri benissimo in casa, e che non mi si volle aprire.

— Diffatti t'ho udito. Indovini con chi mi trovava?

— Che so io?

— Con Musette, che arrivò in casa mia jeri sera vestita in maschera.

— Musette! tu hai trovato Musette? — disse Rodolfo con un' accento di rimpianto.

— Non inquietarti, non ci fu ripresa di ostilità! Musette è venuta in casa mia a passarvi la sua ultima notte di boemia.

— Come?

— Ella si marita.

— Ah bah! esclamò Rodolfo. Ma a danno di chi dimmi?

— A danno di un maestro di posta che era il tutore del suo ultimo amante; un demonio, a quanto pare. — Musette gli ha detto: — Mio caro signore — prima di darvi definitivamente la mano e di entrare insieme nel Municipio — io voglio otto giorni di libertà. — Debbo assestare i miei affari; — voglio bere il mio ultimo bicchiere di Champagne, — ballare la mia ultima quadriglia, ed abbracciare il mio amante Marcello, il quale è un signore come gli altri a quel che mi dicono. — E questa cara creatura mi cercò otto giorni. — È così ch' ella mi cascò in casa jeri sera, — proprio nel momento che pensavo a lei. — Oh, amico mio, noi abbiam passato una trista notte; — eh non era più lo stesso ... ma proprio nient' affatto. — Noi sembravamo la cattiva coppia d' un capolavoro; — anzi a proposito di questa ultima separazione ho scritto un piccolo lamento che ti voglio singhiozzare, se me lo permetti: e Marcello si pose a cantarellare le seguenti strofe:

Vedendo l' altro dì la rondinella
   Che ritorna portandoci il bel tempo,
   Ripensavo in me stesso alla zitella
   Che m' amò tanto quando n' ebbe tempo.
E meditando per tutta la giornata
   Rimasi sopra l' almanacco vecchio
   Di quell' anno nel qual l' ho tanto amata,
   Per dispiacer grattandomi l' orecchio.

Nò, la mia gioventù non è ancor morta;
   Nò, non è morto, dissi, il nostro amore;
   Se tu venissi a battere alla porta,
   Verria Musetta, per aprirti il core.
E poichè tremo ancora al sol nomarti
   Musa dell' *Incostanza*, amica mia,
   Oh riedi a me che so cotanto amarti,
   Riedi a mangiare il pan dell' allegria.

I mobili del nostro camerino,
  Amici vecchi dell' amor passato,
  Già si veston da festa e stan perfino
  Celebrando il ritorno sospirato.
Vieni, mia cara, e allor conoscerai
  Chi vestì il lutto per la tua partenza.
  Il picciol letto e il bicchierone, sai ?
  Che vuotavi da te, senza coscienza.

Tu metterai la candida tua vesta
  Che portavi una volta, e come allora
  Anderemo correndo ad ogni festa,
  Nel conscio bosco, che ci aspetta ancora
E all' ombra poi seduti in sulla sera
  Noi beveremo quel sì chiaro vino
  In cui la tua canzon l' ali bagnava
  Pria di volar nell' aere divino.

E Musetta, finito il carnevale,
  Di me si ricordava e fè ritorno
  Volando tutta ansiosa per le scale
  Al nido suo verso il cader del giorno.
Ma mentre l' infedele e' riabbracciava
  Nessuna scossa risentiva il core:
  Ella d' esser cambiato m' accusava
  Ed ella stessa non avea più amore.

» Addio! riparti, amica desiata
  Morta davvero coll' estremo affetto!
  La nostra gioventù proprio è spirata
  E l' almanacco vecchio è il cataletto.

» Invan tentammo il cener del passato
Più non sappiam godere un sol minuto,
É morto il nostro amore e sotterrato,
E l'Eden nostro o cara, abbiam perduto. »

— Ebbene: disse Marcello terminato che ebbe, tu sei rassicurato adesso; il mio amore per Musette è morto davvero.

— Povero amico, disse Rodolfo, il tuo spirito si batte in duello col tuo cuore: bada che non l'uccida!

— É fatto già, rispose il pittore; noi siamo finiti, vecchio mio; noi siamo morti e sepolti. La gioventù ha una stagione sola. — Dove pranzi tu stassera?

— Se vuoi, disse Rodolfo, anderemo a pranzo a dodici soldi dal nostro antico trattore della via del *Four*, là dove ci sono dei piatti di majolica di villaggio; dove avevamo tanta fame quando avevamo finito di mangiare.

— Oh! per me poi, nò, replicò Marcello. — Voglio ben acconsentire a guardare il passato, ma traverso una bottiglia di vino vero e seduti in una buona poltrona. Cosa vuoi? Sono un po' corrotto. Non piacemi più se non ciò che è buono.

FINE.

Ingram Content Group UK Ltd.
Milton Keynes UK
UKHW031318240323
419106UK00009B/627